Herfried Münkler

Die neuen Kriege

Büchergilde Gutenberg

Lizenzausgabe für die Büchergilde Gutenberg
Frankfurt am Main, Wien und Zürich
mit freundlicher Genehmigung der
Rowohlt Verlag GmbH, Reinbek bei Hamburg

Redaktion Bernd Klöckener
Satz aus der Janson Text PostScript, PageMaker
bei Pinkuin Satz und Datentechnik, Berlin
Druck und Bindung Clausen & Bosse, Leck
Printed in Germany 2003
ISBN 3-7632-5366-1
www.buechergilde.de

Die Schreibweise entspricht den Regeln
der neuen Rechtschreibung.

Inhalt

Einleitung

Von der politischen Öffentlichkeit lange Zeit unbemerkt, hat der Krieg in den letzten Jahrzehnten schrittweise seine Erscheinungsform verändert: Der klassische Staatenkrieg, der die Szenarien des Kalten Krieges noch weithin geprägt hat, scheint zu einem historischen Auslaufmodell geworden zu sein; die Staaten haben als die faktischen Monopolisten des Krieges abgedankt, und an ihre Stelle treten immer häufiger parastaatliche, teilweise sogar private Akteure – von lokalen Warlords und Guerillagruppen über weltweit operierende Söldnerfirmen bis zu internationalen Terrornetzwerken –, für die der Krieg zu einem dauerhaften Betätigungsfeld geworden ist. Nicht alle, aber doch viele von ihnen sind Kriegs*unternehmer*, die den Krieg auf eigene Rechnung führen und sich die dazu benötigten Einnahmen auf unterschiedliche Art und Weise verschaffen: Sie werden durch reiche Privatleute, Staaten oder Emigrantengemeinden finanziell unterstützt, verkaufen Bohr- und Schürfrechte für die von ihnen kontrollierten Gebiete, betreiben Drogen- und Menschenhandel oder erpressen Schutz- und Lösegeld, und durchweg profitieren sie von den Hilfslieferungen internationaler Organisationen, da sie die Flüchtlingslager (oder zumindest die Zugänge zu ihnen) kontrollieren. Wie auch immer aber die Kriegsparteien zu den erforderlichen Mitteln gelangen – stets ist die Finanzierung des Krieges, anders als in den klassischen Staatenkriegen, ein wichtiger Aspekt der Kriegführung selbst. Die gewandelten Finanzierungsformen tragen entscheidend dazu bei, dass die neuen Kriege sich oftmals über Jahrzehnte erstrecken, ohne dass ein Ende in Sicht kommt. Will man die spezifischen Merkmale dieser neuen Kriege verstehen, muss man daher ihre wirtschaftlichen Grundlagen in den Blick nehmen.

Freilich sind, wenn im Folgenden den Ökonomien des Krieges und der Gewalt besondere Aufmerksamkeit geschenkt wird, darüber ideologische Faktoren keineswegs zu vernachlässigen. Ethnisch-kulturelle Spannungen und zunehmend auch religiöse Überzeugungen spielen in den neuen Kriegen eine wichtige Rolle. Die im letzten Jahrzehnt auf dem Balkan geführten Kriege, die Kriege in der Kaukasusregion sowie die Afghanistan-Kriege wären ohne ethnische und religiöse Gegensätze anders verlaufen oder hätten überhaupt nicht stattgefunden. Solche Ideologeme sind eine Ressource zur Mobilisierung von Unterstützungsbereitschaft, und darauf haben die Kriegsparteien in jüngster Zeit verstärkt zurückgegriffen. Offenbar hängt das damit zusammen, dass andere Motivations- und Legitimationsquellen kriegerischer Gewaltanwendung, die in vielen früheren Konflikten im Vordergrund standen, inzwischen an den Rand gedrängt worden sind. Das gilt vor allem für sozialrevolutionäre Ideologien; ihnen müsste eine sehr viel größere Bedeutung zukommen, falls Armut und Elend tatsächlich – wie immer wieder zu hören ist – die Hauptursachen dieser Kriege wären. Zweifellos ist die ungleiche Verteilung von Reichtum und Armut auch für die neuen Kriege relevant, doch sind kriegerische Auseinandersetzungen keineswegs dort am häufigsten anzutreffen, wo die bitterste Armut herrscht. Eher schon kann man behaupten, dass die hoffnungslose Verelendung einer Region umso wahrscheinlicher ist, je länger sich

Kriegsunternehmer in ihr eingenistet und die vorhandenen Ressourcen ausgebeutet haben, und selbst mit der Beendigung des Krieges entsteht keine Hoffnung auf politische Stabilität und wirtschaftliche Erholung. Die spezifische Ökonomie der neuen Kriege sorgt in Verbindung mit deren langer Dauer dafür, dass die ausgezehrten und verwüsteten Regionen ohne umfassende Hilfe von außen nicht mehr auf die Beine kommen.

Angesichts der Unübersichtlichkeit der Konfliktgründe und Gewaltmotive bevorzuge ich den unscharfen, aber offenen Begriff der neuen Kriege, wobei ich mir durchaus darüber im Klaren bin, dass sie so neu eigentlich gar nicht sind, sondern in mancher Hinsicht eine Wiederkehr des ganz Alten darstellen. Ein Vergleich mit älteren Formen der Kriegführung kann dabei helfen, die Merkmale und Besonderheiten dieser Kriege herauszuarbeiten. Zum einen müssen diese gegen den klassischen Staatenkrieg abgegrenzt werden, der die heutige Vorstellung von Krieg in vieler Hinsicht immer noch prägt.[1] Darüber hinaus stellt sich jedoch die Frage, ob sich die neuen Kriege nicht in gewisser Hinsicht als eine Rückkehr hinter die Anfänge der Verstaatlichung des Kriegswesens beschreiben lassen, wie sie in Europa während der Frühen Neuzeit stattgefunden hat. Der Blick auf die Verhältnisse vor der Verstaatlichung des Krieges ist geeignet, Ähnlichkeiten mit den inzwischen entstandenen Verhältnissen aufzuzeigen, in denen der Staat *nicht mehr* ist, was er damals *noch nicht* war: Monopolist des Krieges.

Insbesondere die Konstellationen des Dreißigjährigen Krieges weisen viele Parallelen mit den neuen Kriegen auf. Charakteristisch für ihn war eine Gemengelage aus privaten Bereicherungs- und persönlichen Machtbestrebungen (Wallenstein, Ernst zu Mansfeld, Christian von Braunschweig), Expansionsbestrebungen der Politiker benachbarter Mächte

(Richelieu, Bethlen Gabor) sowie Interventionen zur Rettung und Verteidigung bestimmter Werte (Gustav Adolf von Schweden), außerdem ein inneres Ringen um Macht, Einfluss und Herrschaftspositionen (Friedrich von der Pfalz, Maximilian von Bayern), wobei nicht zuletzt auch religiös-konfessionelle Bindungen eine Rolle spielten.

In den meisten größeren Kriegen unserer Tage – sieht man einmal ab von den wenigen nach klassischem Muster geführten Staatenkriegen wie etwa zwischen China und Vietnam, zwischen Irak und Iran oder zuletzt dem zwischen Äthiopien und Eritrea – ist eine ähnliche Gemengelage aus Werten und Interessen, staatlichen, parastaatlichen und privaten Akteuren zu beobachten. Vor allem sind sie gekennzeichnet durch eine Vielzahl von Interessengruppen, die sich von einem dauerhaften Verzicht auf Gewalt mehr Nach- als Vorteile erwarten und denen daher am Frieden nichts gelegen ist. Die Kriege im subsaharischen Afrika, vom südlichen Sudan über das Gebiet der großen Seen und den Kongo bis nach Angola; die mit dem Zerfall Jugoslawiens verbundenen Kriege; die bewaffneten Konflikte in der gesamten Kaukasusregion, unter ihnen am prominentesten der Tschetschenienkrieg; die Afghanistan-Kriege seit Anfang der achtziger Jahre – sie alle sind dem Modell des Dreißigjährigen Krieges sehr viel ähnlicher als den zwischenstaatlichen Kriegen vom 18. bis ins 20. Jahrhundert.

Ein solcher historischer Vergleich kann dazu beitragen, die Besonderheiten der neuen Kriege deutlich zu machen. Dabei werden namentlich drei Entwicklungen zu verfolgen sein: zunächst die bereits angesprochene *Entstaatlichung* beziehungsweise Privatisierung kriegerischer Gewalt. Sie wurde dadurch möglich, dass die unmittelbare Kriegführung in den neuen Kriegen relativ billig ist. Leichte Waffen sind allenthalben günstig zu erhalten und erfordern keine langen

Ausbildungszeiten. Diese Verbilligung hat mit der zweiten für die neuen Kriege charakteristischen Entwicklung zu tun, der *Asymmetrisierung* kriegerischer Gewalt, also dem Umstand, dass in der Regel nicht gleichartige Gegner miteinander kämpfen. Es gibt keine Fronten mehr, und deshalb kommt es auch nur selten zu Gefechten und eigentlich nie zu großen Schlachten, sodass sich die militärischen Kräfte nicht aneinander reiben und verbrauchen, sondern sich gegenseitig schonen und die Gewalt stattdessen gegen die Zivilbevölkerung richten. Diese Asymmetrisierung wiederum ist dadurch gekennzeichnet, dass in ihr bestimmte Formen der Gewaltanwendung, die zuvor untergeordnete taktische Elemente einer militärischen Strategie waren, selbst eine eigenständige strategische Dimension erlangt haben. Das gilt für den Partisanenkrieg, wie er sich nach dem Ende des Zweiten Weltkriegs entwickelt hat, und insbesondere für den Terrorismus. Man kann hier – und damit ist die dritte Tendenz benannt, die für die neuen Kriege typisch ist – von einer sukzessiven Verselbständigung oder *Autonomisierung* vordem militärisch eingebundener Gewaltformen sprechen. In der Folge haben reguläre Armeen die Kontrolle über das Kriegsgeschehen verloren, und diese ist zu erheblichen Teilen in die Hände von Gewaltakteuren geraten, denen der Krieg als Auseinandersetzung zwischen Gleichartigen fremd ist.

Ist es unter solchen Bedingungen überhaupt noch sinnvoll, am Begriff des Krieges als einer zusammenfassenden Bezeichnung großräumig organisierter Gewalt festzuhalten?[2] Tatsächlich hat mit dem Ende des staatlichen Monopols der Krieg zusehends seine Konturen verloren: Kriegerische Gewalt und organisierte Kriminalität gehen immer häufiger ineinander über, und es ist oftmals kaum noch möglich, zwischen kriminellen Großorganisationen, die sich mit politischen Ansprüchen drapieren, und den Überresten einstiger Armeen oder der bewaffneten Anhängerschaft eines Warlords zu unterscheiden, die sich durch Plünderungen und den Handel mit illegalen Gütern alimentieren. So ist «Krieg» zu einem politisch umstrittenen Begriff geworden: Redet man einer Eskalation der Gewalt das Wort, wenn man ihn auf diese Phänomene anwendet? Oder verschließt man die Augen vor den neuen Entwicklungen des Kriegsgeschehens, wenn man, am herkömmlichen Modell des Staatenkrieges festhaltend, den substaatlichen Formen der Gewaltanwendung die Qualität eines Krieges abspricht? Vor allem in der Auseinandersetzung mit den jüngsten Formen des internationalen Terrorismus hat diese Frage erhebliche politische Brisanz gewonnen.[3] Was als Krieg zu bezeichnen ist und was nicht, ist spätestens seit dem 11. September 2001 keine innerakademische Frage mehr, sondern eine Entscheidung von womöglich weltpolitischer Relevanz. Dieses Buch will dazu beitragen, hierauf eine Antwort zu finden.

1 Was ist neu an den neuen Kriegen?

Die alten Reiche und die neuen Kriege

Nahezu alle Kriege, die in den letzten zehn bis zwanzig Jahren unsere Aufmerksamkeit für kurze oder längere Zeit in Anspruch genommen haben,[1] entwickelten sich an den Rändern und Bruchstellen der einstigen Imperien, die bis zu Beginn des vorigen Jahrhunderts die Welt beherrscht und unter sich aufgeteilt hatten: So hatten die mit dem Zerfall Jugoslawiens verbundenen Balkankriege dort die größte Intensität und längste Dauer, wo bis ins frühe 20. Jahrhundert hinein Donaumonarchie und Osmanisches Reich aneinander stießen und ihre Einflusssphären in einer Abfolge kleinerer und größerer Kriege immer wieder veränderten. Ähnliches gilt für die an der Südflanke der ehemaligen Sowjetunion – im Kaukasus und den angrenzenden Regionen – aufflackernden bewaffneten Konflikte und Kriege: Sie erstrecken sich im Wesentlichen auf jene Regionen, in denen seit dem 18. Jahrhundert das expandierende Zarenreich und das schwächelnde Osmanenreich um die Vorherrschaft rangen und es den Russen nur unter großen Anstrengungen und nie auf Dauer gelang, die hier ansässigen Bergvölker unter ihre Herrschaft zu bringen. Aus dem endgültigen Zusammenbruch des Osmanischen Reichs am Ende des Ersten

Weltkriegs sind aber nicht nur die Konflikt- und Kriegsgebiete des Balkan und Kaukasus hervorgegangen, sondern auch die zahlreichen Auseinandersetzungen im Nahen Osten, unter denen der Palästinakonflikt seit längerem am bedeutendsten und gefährlichsten ist.

Ähnliches gilt für Afghanistan, das während des 19. Jahrhunderts zu einer Pufferzone zwischen dem auch hier vordringenden Zarenreich und der britischen Herrschaft auf dem indischen Subkontinent wurde und das diese Funktion bis ins 20. Jahrhundert hinein behalten hat. Als die Sowjetunion Ende der siebziger Jahre innerafghanische Auseinandersetzungen zwischen modernistischen und traditionalistischen Kräften auszunutzen suchte,[2] um ihr Einflussgebiet über den Hindukusch hinaus zu erweitern und ein strategisches Sprungbrett zwischen dem Vorderen Orient und den dort lagernden Weltenergiereserven auf der einen und dem als potenziellem Verbündeten gegen China bedeutsamen Indien auf der anderen Seite zu gewinnen, begann ein sich über mehr als zwei Jahrzehnte erstreckender Krieg, der schließlich im Zerfall sämtlicher Staatsstrukturen in Afghanistan endete. Sind in den achtziger Jahren die USA als indirekter Widerpart der Sowjetunion aufgetreten, indem sie die antisowjetischen Mudschaheddin mit Waffen und Geld versorgten, so ist nach dem Abzug der Russen und mit nachlassendem strategischen Interesse der USA an der Region der pakistanische Staat an deren Stelle getreten: Die Militärführung Pakistans hoffte, durch die Installierung eines befreundeten Regimes in Kabul könne man gegen Indien die für einen größeren Krieg erforderliche strategische Tiefe gewinnen.[3] Dieses Interesse wiederum resultierte aus einem Konflikt, der aus dem Zerbrechen des zuvor von den Briten beherrschten Raumes erwachsen ist: den immer wieder auch in zwischenstaatlichen Kriegen ausgetragenen Spannungen zwischen Indien und Pakistan. Ende der vierziger Jahre als verfeindete Staaten aus der «Konkursmasse» des britischen Empire hervorgegangen, konnten sie sich vor allem in Kaschmir nicht auf von beiden Seiten anerkannte Grenzen einigen, und so ist diese zum Teil zu Indien, zum Teil zu Pakistan (und teilweise auch zu China) gehörende Provinz bis heute ein ständiger Konfliktherd geblieben, in dessen schwer zugänglichen Bergregionen sich der Kleine Krieg, der Krieg der Partisanen und Milizen, seit Jahrzehnten eingenistet hat.

Schließlich finden nahezu alle Kriege Südostasiens und Schwarzafrikas – von Indonesien über Somalia bis nach Guinea oder Sierra Leone – in Gebieten statt, die bis nach dem Zweiten Weltkrieg von europäischen Kolonialmächten beherrscht wurden. Dabei sind es freilich weniger die aus der Kolonialzeit stammenden Grenzziehungen, die zu Streitigkeiten zwischen den Staaten geführt haben, als vielmehr innere Auseinandersetzungen um politischen Einfluss und den jeweils einzuschlagenden sozioökonomischen Kurs. Neben ethnischen Konflikten, deren Ursprünge teilweise bis in die vorkoloniale Zeit zurückreichen und die von den Kolonialmächten zur Herrschaftssicherung ausgenutzt worden sind, spielen dabei nicht selten auch religiös-kulturelle Differenzen eine erhebliche Rolle. Beides ist freilich im Verlaufe der sich oft über Jahrzehnte hinziehenden Konflikte durch machtpolitische und wirtschaftliche Auseinandersetzungen so stark überlagert worden, dass sich nur selten ausmachen lässt, was Ursache und was bloßer Anlass ist. Außerdem beuten die Kriegsakteure solche Unterschiede nur zu gern als ideologische Ressource aus, mit der sich Anhänger gewinnen und Unterstützung mobilisieren lassen. Selbst wo das Zusammenleben in multikulturellen, multiethnischen Gemeinschaften über Jahrzehnte reibungslos funktioniert hat, wie etwa in Bosnien, werden ethnische und religiöse Trennlinien mit Ausbruch offener Gewaltanwendung zu Bruchstellen der Freund-Feind-Erklärung. Kurz, ethnische wie religiöse Gegensätze sind meist nicht die Ursachen eines Konflikts, sondern sie verstärken ihn nur. Die neuen Kriege werden von einer schwer durchschaubaren Gemengelage aus persönlichem Machtstreben, ideologischen Überzeugungen, ethnisch-kulturellen Gegensätzen sowie Habgier und Korruption am Schwelen gehalten und häufig nicht um erkennbarer Zwecke und Ziele willen geführt. Besonders dieses Gemisch unterschiedlicher Motive und Ursachen macht es so schwer, diese Kriege zu beenden und einen stabilen Friedenszustand herzustellen.

Ein erster Blick auf die geographische Verteilung und die Verteilungsdichte der Kriege am Ende des 20. und zu Beginn des 21. Jahrhunderts zeigt also, dass sich dort, wo eine stabile Staatsbildung stattgefunden hat, wie in Westeuropa und Nordamerika, Zonen eines dauerhaften Friedens entwickelt haben, während vor allem in den Zerfallsgebieten der großen Reiche der Krieg endemisch geworden ist. Zwar sind auch dort Staaten entstanden, die umgehend einen Platz in der Weltorganisation der Vereinten Nationen eingenommen haben, aber sie haben sich in ihrer überwiegenden Mehrzahl als schwach und kaum belastungsfähig erwiesen. Es ist hier nicht zur Entstehung einer ähnlich robusten Staatlichkeit gekommen wie in Europa. Inzwischen kann es keinen Zweifel mehr daran geben, dass die vielen Staatsbildungsprozesse in der Dritten Welt sowie an der Peripherie der Ersten und Zweiten Welt gescheitert sind.[4]

Als eine der wichtigsten Ursachen für dieses Scheitern muss der Mangel an integren und korruptionsresistenten politischen Eliten genannt werden, die im Zugriff auf den Staatsapparat nicht die Möglichkeit zur persönlichen Bereicherung, sondern Aufgabe und Pflicht sehen. Tatsächlich hat sich in vielen Regionen eine Praxis des «Kaperns» der Staatsgewalt durchgesetzt, die dann entweder der Ausweitung der Macht oder der Vergrößerung des Reichtums dient, und in der Regel lässt sich beides unschwer miteinander verbinden. Entgegen einer verbreiteten Vorstellung, die man in den Debatten über die Ursachen der neuen Kriege und die Chancen zu ihrer Beendigung immer wieder hören kann, deutet keineswegs Armut als solche auf die Gefahr einer Eskalation von Gewalt und den bevorstehenden Ausbruch von Kriegen hin; allenfalls das Nebeneinander von bitterem Elend und unermesslichem Reichtum ist ein aussagekräftiger Indikator für die Wahrscheinlichkeit, mit der innergesellschaftliche Auseinandersetzungen in offene Bürgerkriege umschlagen. Und die Wahrscheinlichkeit, dass solche Bürgerkriege nicht nach einem kurzen und heftigen Gewaltausbruch enden, sondern sich zu lange währenden transnationalen Kriegen auswachsen, steigt in dem Maße, wie auf dem umkämpften Territorium Bodenschätze vermutet werden, die durch ihre weltwirtschaftliche Vermarktung zu Quellen des Reichtums für jene werden können, die sie notfalls auch mit Gewalt unter ihre Kontrolle bringen. Potenzieller Reichtum ist eine sehr viel wichtigere Ursache für Kriege als definitive Armut. Ein weiterer Faktor, der zum Ausbruch innergesellschaftlicher Kriege beiträgt, besteht im Aufkommen zahlungskräftiger Emigrantengemeinden, die je nach Interessen und Loyalitäten eine oder mehrere der Kriegsparteien finanziell unterstützen und so deren Durchhaltefähigkeit erhöhen.

Bei der Entstehung der neuen Kriege spielen also mehrere Ursachen zusammen, von denen keine als die eigentliche und entscheidende herausgehoben werden kann, und daher greifen monokausale Ansätze wie eine modernisierte Variante von Imperialismustheorien, Konzepte des Neokolonialismus, ethnische Erklärungen oder der Verweis auf religiöse Gegensätze zu kurz. Jene undurchdringliche Gemengelage unterschiedlicher Motive und Ursachen, die den Friedensschluss zu einem oftmals aussichtslosen Projekt werden lässt, ist aber zunächst die unmittelbare Folge der Tatsache, dass in den neuen Kriegen nicht Staaten, sondern parastaatliche Akteure gegeneinander kämpfen.

Staatsbildungs- oder Staatszerfallskriege?

Nun ließe sich gegen die These, dass die neuen Kriege aus dem Staatszerfall erwachsen und in ihm enden, sicherlich einwenden, sie sei vom Ansatz her zu pessimistisch: Sie rechne nicht mit der Möglichkeit, dass es sich bei diesen Kriegen, zumindest auf längere Sicht, um Staatsbildungskriege handeln könnte, wie sie auch den Prozess der Staatsbildung in Europa begleitet, gelegentlich unterbrochen, aber letztlich doch vorangetrieben haben.[5] Eine solche Analogie ist prinzipiell nicht völlig von der Hand zu weisen, zumal sich der aus dem Zerfall universaler Mächte erwachsene Staatsbildungsprozess in Europa alles andere als gradlinig und keineswegs innerhalb von ein, zwei Generationen vollzogen hat. Aber der entscheidende Unterschied zwischen den *Staatsbildungskriegen* in Europa oder Nordamerika (der Unabhängigkeits- und der Sezessionskrieg lassen sich ohne weiteres als Staatsbildungskriege begreifen) und den *Staatszerfallskriegen* in der Dritten Welt oder an der Peripherie der Ersten und Zweiten Welt besteht darin, dass Erstere unter quasi-klinischen Bedingungen, also ohne größere Einflüsse «von außen», verlaufen sind, während das für Letztere gerade nicht zutrifft: Die zum Zerfall junger und noch instabiler Staaten führenden Kriege unserer Tage unterliegen vielmehr ständigen politischen Einflussnahmen von außen, und vor allem sind sie in weltwirtschaftliche Austauschsysteme eingebunden, die eine *politisch kontrollierte* Entwicklung ihrer nationalen Ökonomien unmöglich machen. Gerade nationaler Reichtum in Form von Bodenschätzen, Erdöl und Erzen, Diamanten und Edelmetallen ist in der Regel nicht einer sich selbst tragenden Wirtschaftsentwicklung zugute gekommen, sondern hat zumeist die Konflikte um die Aneignung und Verteilung dieser Reichtümer lediglich forciert. So ist die Mehrzahl der *failed states* unserer Tage keineswegs nur am Tribalismus sozial wie kulturell unzureichend integrierter Gesellschaften gescheitert, sondern ebenso am Sog einer wirtschaftlichen Globalisierung, die vor allem dort ihre destruktiven Wirkungen entfaltet hat, wo sie nicht auf eine robuste Staatlichkeit traf.

Die in der Zeit des Kalten Krieges von beiden Seiten zu verantwortenden Einflussnahmen haben die angestrebte Konsolidierung der Staaten zumindest nicht befördert. Der Versuch sowohl des Westens als auch des einstigen Ostblocks, Staatsbildung durch die Entsendung von Militärberatern sowie die Lieferung von Waffen und Gerät zu beschleunigen beziehungsweise eine bereits einsetzende Erosion zu stoppen, endete fast immer in einem Desaster. Der polnische Journalist Ryszard Kapuściński, ein hervorragender Kenner der politischen Entwicklung Afrikas in den letzten dreißig Jahren, hat dies am Beispiel des von der Sowjetunion unterstützten äthiopischen Militärregimes des General Mengistu beschrieben: «Mengistu hatte mit Hilfe Moskaus die größte Armee in Afrika südlich der Sahara aufgebaut. Sie zählte 400 000 Mann und verfügte über Raketen und chemische Waffen. [...] Als bekannt wurde, dass ihr Führer geflohen war, zerfiel diese gigantische, bis an die Zähne bewaffnete Armee innerhalb weniger Stunden. [...]

Die Soldaten Mengistus ließen Panzer, Raketenwerfer, Flugzeuge und Kanonen stehen und machten sich, jeder auf eigene Faust, zu Fuß, auf Mauleseln oder mit Autobussen, in ihre Dörfer auf, nach Hause. Wenn man durch Äthiopien fährt, kann man in vielen Dörfern und Städten junge, kräftige und gesunde Männer sehen, die untätig vor den Häusern oder in den armseligen Bars entlang der Straße lungern – das sind die Soldaten der großen Armee von General Mengistu, die im Sommer 1991 an einem einzigen Tag zerfiel.»[6]

Die Vermutung, dass es sich bei den neuen Kriegen wohl eher um Staatszerfalls- als um Staatsbildungskriege handelt, wird dadurch verstärkt, dass inzwischen auch in den OECD-Ländern der Höhepunkt in der Entwicklung staatlicher Steuerungs- und Integrationsfähigkeit überschritten ist.[7] Wenn sogar hier die staatliche Administration mit der Aufgabe, komplexe Prozesse zielgenau und mit vertretbaren Kosten zu steuern, überfordert ist und seit Mitte der siebziger Jahre staatliche Kontroll- und Garantieansprüche kontinuierlich zurückgenommen worden sind, so haben vergleichbare Einwirkungen und Herausforderungen die sehr viel leistungsschwächeren und weniger robusten Staatsapparate der Entwicklungsländer regelrecht überrollt. Da ihre Eliten zudem noch nicht über das Stadium patrimonialer Macht- und Loyalitätssicherung hinausgelangt waren, ist die Art ihrer Herrschaftsausübung zumeist in offene Korruption und Ausplünderung der nationalen Ressourcen umgeschlagen. Die Notwendigkeit, die eigene Klientel fortgesetzt mit Wohltaten und Zuwendungen bei der Stange zu halten, und die Möglichkeit, die hierfür erforderlichen Geldmittel durch den Verkauf von Rohstoffen und die Vergabe von Schürfrechten oder den Handel mit illegalen Gütern aufzutreiben, hat sehr bald dazu geführt, dass zunehmend größere Anteile dieser Einkünfte für die eigene Risikovorsorge abgezweigt und auf Konten in Westeuropa oder den USA deponiert worden sind. So wurden in vielen Ländern die mühsam entwickelten Ansätze von Staatlichkeit und eines entsprechenden Ethos politischer Eliten und staatlicher Erfüllungsstäbe in kürzester Zeit ruiniert. Zwischen herkömmlichem Tribalismus und postmoderner Globalisierung sind die Ansätze von Staatsbildung in den meisten Drittweltländern buchstäblich zerrieben worden. Sie hatten, anders als im Europa der Frühen Neuzeit, keine Chance, sich zu entwickeln und die nötige Widerstandsfähigkeit auszubilden.

Dramatische Züge bekam diese Entwicklung freilich erst dadurch, dass beide Faktoren, der traditionelle Tribalismus und die neuen Formen der Globalisierung, in eben dem Maße, wie sie die Staatsbildung blockierten und deren Ansätze zerstörten, nicht nur die Entstehung von innergesellschaftlichen Kriegen begünstigt, sondern darüber hinaus auch zu deren Verstetigung beigetragen haben. Während unter den Bedingungen einer agrarischen Subsistenzökonomie, auf der das wirtschaftliche Leben im frühneuzeitlichen Europa über weite Strecken beruhte, Kriege nach geraumer Zeit schon deswegen wieder erlöschen, weil das Land zerstört, die Felder verwüstet und die Vorräte geplündert sind, ist dies bei den neuen Kriegen gerade nicht der Fall: Über die Kanäle der Schattenglobalisierung sind sie auf vielfältige Weise mit der Weltwirtschaft verbunden und beziehen daraus die für ihre Weiterführung nötigen Ressourcen. Nicht zuletzt deswegen hat sich auch der Vorschlag des amerikanischen Politikwissenschaftlers und Strategietheoretikers Edward Luttwak sehr schnell als illusorisch erwiesen, man solle diese Kriege zunächst ausbrennen lassen, um nach Erschöpfung der in ihnen einsetzbaren Ressourcen umso erfolgreicher einen stabilen und dauerhaften Frieden stiften zu können.[8] Die zeitweilig von Seiten des Westens, aber auch der

Vereinten Nationen betriebene Embargopolitik, die den erhöhten Ressourcenverbrauch in Kriegen als ein Mittel zu ihrer schnelleren Beendigung nutzen wollte, schlug in nahezu allen Fällen fehl.[9] Fast immer ist es den Kriegsparteien gelungen, an die für die Weiterführung des Krieges erforderlichen Ressourcen heranzukommen – entweder auf dem herkömmlichen Weg, indem sie von einem ideologisch verbundenen oder strategisch interessierten Regime unterstützt wurden, oder weil sie auf die neuen Formen der Schattenglobalisierung zurückgreifen konnten. Das erklärt zugleich, warum ein knappes Viertel dieser Kriege inzwischen länger als zehn Jahre dauert.[10] In Angola wird seit bald dreißig Jahren gekämpft, im Sudan seit mindestens zwanzig Jahren, in Somalia seit über fünfzehn Jahren. Der Krieg in Afghanistan wird, sollte er denn jetzt tatsächlich zu Ende gehen, vierundzwanzig Jahre gedauert haben, der in Ostanatolien nähert sich, ebenso wie der in Sri Lanka, einer Dauer von zwanzig Jahren. Ohne Anlehnungsmächte, vor allem aber ohne Schattenglobalisierung wäre dies kaum möglich. Zu einer solchen Schattenglobalisierung gehören auch die bereits erwähnten Emigrantengemeinden, die durch den Transfer von Geldern, die Abwicklung von Geschäften aller Art, die Bereitstellung von Freiwilligen sowie die Aufnahme von Verwundeten und Erschöpften eine der am Krieg beteiligten Parteien unterstützen. Hierbei kommt der fast alle neuen Kriege begleitenden Entstehung von Flüchtlingslagern auf dem Territorium eines Nachbarstaates oder unter dem Schutz der Vereinten Nationen eine wichtige Rolle zu. Flüchtlingslager sind keineswegs bloß die «Müllhalden des Krieges», sondern ebenso dessen Nachschubzentren und Kraftreserven, in denen die humanitäre Hilfe internationaler Organisationen zumindest teilweise in Ressourcen für die Fortführung des Krieges umgewandelt wird.

Flüchtlingslager in Kibumba, Zaire, 1994
Flüchtlingslager sind zur allgegenwärtigen Begleiterscheinung der neuen Kriege geworden. In ihnen wird das menschliche Leid und Elend dieser Kriege durch internationale Hilfsorganisationen gelindert; gleichzeitig dienen die verteilten Nahrungsmittel und Medikamente aber auch zur Versorgung der Kriegsparteien.

Kurze Staatenkriege, lange innergesellschaftliche Kriege

Hinsichtlich ihrer langen Dauer freilich unterscheiden sich die neuen Kriege kaum von den Staatsbildungskriegen im frühneuzeitlichen Europa, denn auch die konnten sich infolge eines religiös-ideologisch motivierten Ressourcenzuflusses von außen ebenfalls über viele Jahre hinziehen. Ganz im Gegensatz dazu waren die Staatenkriege, wie sie in Europa von der Mitte des 17. bis zum Anfang des 20. Jahrhunderts geführt wurden – von einigen Ausnahmen abgesehen – eher kurz; beide Seiten waren nämlich bestrebt, die Entscheidung der strittigen Angelegenheit in einer Schlacht auszutragen, deren Ausgang die Grundlage für die anschließenden Friedensverhandlungen bildete. Insbesondere Napoleon und der ältere Moltke haben diese auf dem Prinzip der Konzentration der Kräfte in Raum und Zeit beruhende Form der Kriegführung perfektioniert. Der Krieg wurde nach Regeln erklärt, und nach ebensolchen Regeln wurde er auch wieder beendet. Dementsprechend war er zeitlich präzise begrenzt: An seinem Anfang stand die Kriegserklärung und an seinem Ende der Friedensschluss. Auch wenn der Erste und besonders der Zweite Weltkrieg die Grundsätze dieser Art von Kriegführung vielfach durchbrochen haben, so hat der Staatenkrieg doch im Wesentlichen unsere Vorstellung vom Krieg bis heute geprägt: Er ist ein Kampf zwischen Soldaten, der nach Regeln, die als Kriegsrecht kodifiziert sind, ausgetragen wird. Nur wenn im Krieg nicht alles erlaubt ist, kann von Kriegsverbrechen gesprochen werden, die geahndet werden müssen.

All dies ist in den neuen Kriegen nicht der Fall. Nicht das Prinzip der Konzentration, sondern das der Dislozierung der Kräfte in Raum und Zeit bestimmt ihren Verlauf; meist werden sie nach den Grundsätzen des Partisanenkrieges geführt: Die Unterscheidung zwischen Front, Hinterland und Heimat löst sich auf, sodass die Kampfhandlungen nicht auf einen kleinen Geländeabschnitt beschränkt bleiben, sondern überall aufflackern können. Und vor allem wird versucht, einer größeren, womöglich entscheidenden Auseinandersetzung mit dem Gegner auszuweichen, entweder weil man sich ihm kräftemäßig nicht gewachsen sieht oder weil die eigenen Truppen für eine solche Form der Kriegführung nicht geeignet sind. In fast allen neuen Kriegen dominiert ein Typus von Bewaffneten, mit dem sich Kriege, wie sie die europäische Geschichte des 18. bis 20. Jahrhunderts bestimmt haben, nicht hätten führen lassen. So sind die neuen Kriege dadurch charakterisiert, dass in ihnen fehlt, was die Staatenkriege gekennzeichnet hat: die Entscheidungsschlacht, die für Clausewitz «der eigentliche Schwerpunkt des Krieges» war. «Die Hauptschlacht ist um ihrer selbst willen da, um des Sieges willen, den sie geben soll und der in ihr mit der höchsten Anstrengung gesucht wird. Hier an dieser Stelle, in dieser Stunde den Gegner zu überwinden, ist die Absicht, in welcher der ganze Kriegsplan mit allen seinen Fäden zusammenläuft, alle entfernte Hoffnungen und dunkle Vorstellungen von der Zukunft sich zusammenfinden; es tritt das Schicksal vor uns her, um die Antwort auf die dreiste Frage zu geben.»[11] Solche Fragen werden in den neuen Kriegen nicht gestellt, und dementsprechend gibt es auch weder Stelle noch Stunde, an denen die Fäden des Krieges zusammenlaufen und die Entscheidung gesucht wird.[12]

Von fast allen beteiligten Parteien werden die neuen Kriege nach den Grundsätzen des, um mit Mao Tse-tung zu sprechen, «lange durchzuhaltenden Krieges» geführt. In Maos Partisanendoktrin allerdings war die Taktik des Rückzugs und Zerstreuens nach einem kurzen und schnellen Angriff bloß ein Mittel, einen zahlenmäßig sowie waffentechnisch weit überlegenen Gegner zu zermürben und seine Kräfte langsam aufzuzehren, um mit ihm in ein strategisches Gleichgewicht zu kommen; im Anschluss daran konnte die zunächst unterlegene Seite allmählich in die strategische Offensive übergehen und die militärische Entscheidung des Krieges suchen.[13] Die meisten Akteure der neuen Kriege dagegen bescheiden sich mit dem, was bei Mao «strategische Defensive» heißt: Sie gebrauchen die militärische Gewalt im Wesentlichen zum Zwecke der Selbsterhaltung, ohne je ernsthaft eine militärische Entscheidung zur Beendigung des Krieges anzustreben. Wird der Krieg von beiden Seiten mit diesen Absichten geführt, so ist klar, dass er, wenn hinreichend interne oder externe Ressourcen zur Verfügung stehen, im Prinzip endlos dauern kann. Dabei ist er oft als Krieg gar nicht mehr identifizierbar, weil kaum noch Kampfhandlungen stattfinden und die Gewalt gleichsam eingeschlafen zu sein scheint. Aber dann bricht sie plötzlich abermals hervor, und der Krieg gewinnt erneut an Intensität, bis er wieder abflaut und es den Anschein hat, er sei unbemerkt zu Ende gegangen. In der Bezeichnung der neuen Kriege als *low intensity wars* soll genau dieser Verlauf zum Ausdruck kommen.[14]

Die unterschiedlichen Formen der Kriegführung fußen auf unterschiedlich organisierten Ökonomien, aus denen sie ihre Kraft und Energie beziehen. War das Fundament der klassischen Staatenkriege eine zentral kontrollierte, nach Möglichkeit auf dem Autarkieprinzip beruhende Wirtschaft, die spätestens seit der Französischen Revolution durch eine umfassende Massenmobilisierung ergänzt wurde, so ist die Ökonomie der neuen Kriege durch hohe Arbeitslosigkeit, hohe Importraten und eine schwache, fragmentierte und dezentralisierte Verwaltung gekennzeichnet: «Man kann sagen, dass diese Kriegsökonomie einen neuen Typ der dualen Ökonomie repräsentiert, der vor allem in weltwirtschaftlichen Peripherien, die von der Globalisierung erfasst worden sind, auftritt.»[15]

Während die klassischen Staatenkriege durch Rechtsakte wie Kriegserklärung und Friedensschluss vom Zustand des Friedens getrennt waren und es in ihnen, wie Hugo Grotius in seinem großen Werk *De iure belli ac pacis* betont hat, kein Drittes zwischen Krieg und Frieden gab,[16] haben die neuen Kriege weder einen identifizierbaren Anfang noch einen markierbaren Schluss. In den seltensten Fällen wird man datieren können, wann einer dieser Kriege begonnen hat und wann die Gewalt, nachdem sie über einige Zeit erloschen ist, wieder auflodert. Die klassischen Kriege endeten durch einen Rechtsakt, der den Menschen die Gewissheit gab, dass sie nunmehr ihr Sozialverhalten und Wirtschaftsgebaren wieder auf Friedensbedingungen umstellen konnten; die meisten der neuen Kriege hingegen sind zu Ende, wenn die überwiegende Mehrheit der Menschen sich so verhält, als sei Frieden, und dabei zugleich die Durchsetzungskraft besitzt, die verbliebene Minderheit auf Dauer zu nötigen, sich ebenso zu verhalten. Das Problem ist freilich, dass in diesen Fällen die Definitionsmacht nicht bei der Mehrheit, sondern bei einer Minderheit liegt: Wo keine Staatsmacht vorhanden ist, die mit Hilfe ihrer Exekutivorgane den Mehrheitswillen durchzusetzen vermag, bestimmen diejenigen über Krieg und Frieden, die die größte Gewaltbereitschaft haben. Sie halten das Gesetz des Handelns in ihren Händen und zwingen den anderen ihren Willen auf. Das ist ein weiterer Grund für die lange Dauer innergesellschaftlicher und transnationaler Kriege: Wenn auch nur kleine Gruppen mit den Verhältnissen unzufrieden sind, die sich als Friedenszustand abzeichnen, ist es für sie ein Leichtes, den Krieg wieder aufleben zu lassen. Weil bei innergesellschaftlichen Kriegen alle zur Gewaltanwendung fähigen Gruppierungen für den Gewaltverzicht gewonnen werden müssen, sind die Friedens*schlüsse*, mit denen zwischenstaatliche Kriege beendet wurden, durch Friedens*prozesse* abgelöst worden, in deren Verlauf die Kriegsakteure auf den gemeinsamen Verzehr der Friedensdividende eingeschworen werden sollen. Diese Friedensprozesse sind in der Regel aber nur dann erfolgreich, wenn sie von einem Dritten moderiert werden, der die Gewaltoptionen der örtlichen Parteien notfalls mit überlegener Gewalt zu unterdrücken vermag und gleichzeitig erhebliche Geldmittel in den Friedensprozess investiert, um die Friedensdividende attraktiv genug zu machen. Dass unter solchen Umständen Friedensprozesse häufiger scheitern als gelingen, ist kaum verwunderlich.

Opferbilanzen, Flüchtlingslager, Seuchen

In den bis Anfang des 20. Jahrhunderts geführten Kriegen gehörten etwa 90 Prozent der Gefallenen und Verwundeten zu den Kombattanten, wie sie durch das Völkerrecht definiert sind; in den neuen Kriegen am Ende des 20. Jahrhunderts ist die Opferbilanz ziemlich genau ins Gegenteil verkehrt: Bei etwa 80 Prozent der Getöteten und Verletzten handelt es sich um Zivilisten und nur bei den restlichen 20 Prozent um Soldaten, die bei Kampfhandlungen zu Schaden kommen.[17] Eine der Erklärungen für diese Umverteilung ist sicherlich im zahlenmäßigen Rückgang zwischenstaatlicher und der dramatischen Zunahme innergesellschaftlicher und transnationaler Kriege zu suchen. Aber damit ist es nicht getan. Entscheidend ist vielmehr, dass sich die Gewaltanwendung in den neuen Kriegen im Wesentlichen nicht gegen die bewaffnete Macht des Gegners, sondern gegen die Zivilbevölkerung richtet, die entweder – in so genannten «ethnischen Säuberungen», die sich bis zur physischen Vernichtung ganzer Bevölkerungsgruppen steigern können –, zum Verlassen eines Gebiets oder zur permanenten Unterstützung und Versorgung der bewaffneten Gruppen gezwungen werden soll. Vor allem Letzteres ist typisch für die neuen Kriege, und so verschwimmen in ihnen die Grenzen zwischen Erwerbsleben und Gewaltanwendung. Der Krieg wird zur Lebensform: Seine Akteure sichern ihre Subsistenz durch ihn, und nicht selten gelangen sie dabei zu beträchtlichem Vermögen. Jedenfalls bilden sich Kriegsökonomien aus, die kurzfristig durch Raub und Plünderungen, mittelfristig durch unterschiedliche Formen von Sklavenarbeit und längerfristig durch die Entstehung von Schattenökonomien gekennzeichnet sind, in denen Tausch und Gewaltanwendung eine untrennbare Verbindung eingehen.[18] Infolgedessen sind die Kriegsakteure und die ihnen verbundenen Gruppen zunehmend daran interessiert, den Krieg fortzuführen,[19] und das Mittel zur gewaltsamen Durchsetzung dieses Interesses ist nicht länger die Entscheidungsschlacht, sondern das Massaker.[20] In ihm wird nicht, wie in der Schlacht, ein bewaffneter und widerstandsfähiger Gegner zur Erfüllung eines politischen Willens gezwungen, sondern eine unbewaffnete und daher auch nicht widerstandsfähige Zivilbevölkerung wird durch exzessive Gewalt eingeschüchtert, damit sie den Bewaffneten in jeder Hinsicht zu Willen ist. Die Ökonomie des Raubes und der Plünderung beruht fast immer auf einer umfassenden Organisation von Angst. Fast alle neuen Kriege sind durch ein spezifisches Angstmanagement gekennzeichnet, das von den Bewaffneten gegen die Unbewaffneten aufgebaut und organisiert wird. In der Folge kommt es zu einer weitgehenden Entdisziplinierung der Bewaffneten; aus Soldaten werden Marodeure, für die das Kriegsrecht oder ein wie auch immer geartetes Militärstrafgesetzbuch keine Rolle mehr spielt. Dem entspricht die Tatsache, dass in den neuen Kriegen allenthalben eine starke Resexualisierung der Gewaltanwendung zu beobachten ist: von den in diesen Konflikten beinahe alltäglich gewordenen Vergewaltigungsorgien beziehungsweise regelrechten Vergewaltigungsstrategien[21] bis zu den immer häufiger vorkommenden Verstümmelungen der Opfer und der Trophäisierung menschlicher Körperteile. «Der Krieg», berichtet Hans Christoph Buch aus dem liberianischen Bürgerkrieg, «kehrt das Innere nach außen: Diese Metapher wird wörtlich wahr beim Anblick des abgeschnittenen Kopfes, der an einer Kreuzung in Monrovia die rote Verkehrsampel ersetzt und Autofahrern bis hierher und nicht weiter signalisiert. Erst bei genauerem Hinsehen erkenne ich, dass das quer über die Straße gespannte Seil, das die Auffahrt der Brücke sperrt, der Darm des Getöteten ist, dessen geköpfter Körper als makabres Stillleben auf einem Bürostuhl sitzt.»[22]

Besonders charakteristisch aber ist für die neuen Kriege die Verbindung militärischer Gewalt mit Hunger und Seuchen. Die Verstaatlichung des Krieges und die strategische Orientierung an seiner möglichst schnellen Entscheidung hatte in Europa seit dem späten 17. Jahrhundert dazu geführt, dass die vormoderne Trias von Hunger, Pest und Krieg, wie sie etwa auch in den apokalyptischen Reitern versinnbildlicht ist,[23] aufgelöst wurde und Zeiten des Krieges nicht mehr unbedingt mit Hungerkatastrophen und Epidemien einhergingen.[24] Im Gegensatz dazu sind die meisten Kriege der letzten zwanzig Jahre dadurch gekennzeichnet, dass in ihnen diejenigen, die sich nicht mit Waffengewalt

Nahrung beschaffen können, dem Verhungern ausgeliefert sind oder in Flüchtlingslagern, in denen miserable hygienische Verhältnisse herrschen, von Seuchen dahingerafft werden. Die Entwicklung ist zeitweise noch durch eine Politik der Wirtschaftsembargos gegenüber Kriegsregimen verstärkt worden, durch welche diese ohne den Einsatz militärischer Gewalt zum politischen Einlenken bewegt werden sollten. Kleinkinder, Frauen und Alte entrichten insofern, auch wenn sie der Kriegsgewalt nicht unmittelbar zum Opfer fallen, in den neuen Kriegen regelmäßig den höchsten Preis. Da dieser Preis in die Opferbilanz eines Krieges gar nicht oder nur zum Teil eingeht, dürfte bei genauerem Hinsehen der Anteil von Zivilisten unter den Opfern noch um einiges höher liegen.

Es kommt also nicht von ungefähr, wenn für uns die neuen Kriege vor allem in Flüchtlingsströmen, Elendslagern und Verhungernden, nicht aber in Gefechten und Entscheidungsschlachten sichtbar werden. Die Enthegung des Krieges, die Diffusion der Gewalt bis in die äußersten Enden des gesellschaftlichen Kapillarsystems hat die neuen Kriege über die Unbestimmbarkeit ihres Anfangs wie Endes hinaus konturlos werden lassen. Weder kennen sie die Unterscheidung zwischen Kombattanten und Nonkombattanten, noch sind in ihnen definierte Ziele und Zwecke auszumachen, um derentwillen der Krieg geführt wird. Und wie in ihnen die Gewaltanwendung nicht zeitlich begrenzt ist, so wird sie auch nicht räumlich eingeschränkt: Innergesellschaftliche Kriege haben eine starke Tendenz, die Grenzen ihres Ursprungsgebiets zu überspringen und sich innerhalb kürzester Zeit in transnationale Kriege zu verwandeln. Schließlich gehen die Akteure dieser Kriege eine Fülle von Verbindungen mit der internationalen organisierten Kriminalität ein – sei es, um Beutegut zu verkaufen, illegale Güter zu vertreiben oder sich selbst mit Waffen und Munition zu versorgen –,[25] sodass sich verschiedentlich die Frage stellt, ob es sich bei den beobachtbaren Formen der Gewaltanwendung noch um kriegerische Gewalt oder schlichtweg kriminelle Akte handelt. Aber was heißt «Verbrechen», wenn es keine staatliche Ordnung mehr gibt? Der innergesellschaftliche Krieg in Kolumbien ist das wohl prominenteste Beispiel für diese Diffusion,[26] aber auch der Tschetschenienkrieg wird von beiden Seiten in einer Weise geführt, bei der nicht mehr klar ist, wo die Grenze zwischen Kriegshandlungen und gewöhnlicher Gewaltkriminalität verläuft.[27] «Da das Verbrechen und der Schwarzmarkt», schreibt David Rieff über den Bosnienkrieg, «im Krieg Verbündete sind, waren die meisten Händler keine gewöhnlichen Kriminellen auf der Jagd nach einer schnellen Mark, sondern Gangster in Uniform, Mitglieder der radikalsten und mordgierigsten paramilitärischen Tschetnik-Gruppen. Es war schon mehr als Ironie, dass viele der Soldaten, die sich im Hotel Bosna voll laufen ließen und anschließend krakeelend durch die Straßen von Banja Luka zogen – wobei sie beiläufig Handgranaten durch die Fenster der von Moslems bewohnten Häuser warfen –, dieselben waren, bei denen die Moslems das zum Leben Notwendigste kaufen mussten.»[28] Die Unterscheidung zwischen Gewaltanwendung und Erwerbsleben hergestellt und tendenziell durchgesetzt zu haben, war eine der häufig übersehenen Leistungen des Staates, die er allein dadurch bewirkte, dass er der faktische Monopolist des Krieges war. Insofern ist es nahe liegend, die neuen Kriege zunächst dadurch zu definieren, dass man sie gegen die klassischen Staatenkriege absetzt und auf diese Weise das spezifisch Andere und Neue an ihnen herausarbeitet.

Privatisierung und Kommerzialisierung: Warlords, Kindersoldaten, Söldnerfirmen

Die Entstaatlichung des Krieges, die ihren deutlichsten Ausdruck im vermehrten Auftauchen parastaatlicher und privater Akteure findet, wird nicht zuletzt durch die Kommerzialisierung der kriegerischen Gewalt und die zunehmende Diffusion von Gewaltanwendung und Erwerbsleben vorangetrieben.[29] Für die neuen Kriege ist charakteristisch, dass der Staat sein Monopol der Kriegsgewalt verloren hat. Wenn er in ihnen überhaupt noch in Erscheinung tritt, dann nur in einer Reihe mit privaten Kriegsunternehmern, die sich teilweise aus ideologischen Gründen, vor allem aber um des Raubens und Plünderns willen den Kriegführenden zugesellt haben. Die gefürchteten Tschetniks etwa, jene paramilitärischen Gruppen und Banden, die in den jugoslawischen Staatszerfallskriegen als Freiwillige für die serbische Sache gekämpft haben, taten dies in vielen Fällen primär aus wirtschaftlichen Gründen: Die Beute, die ihnen in den Wohnungen und Häusern der Vertriebenen und Ermordeten in die Hände fiel, erlaubte ihnen zeitweilig eine Art der Lebensführung, von der sie als Zivilpersonen nur träumen konnten. In den neuen Kriegen bekommt die dem spanischen General Spinola, dem Söldnerführer Ernst zu Mansfeld und schließlich dem Schwedenkönig Gustav Adolf zugeschriebene Devise, wonach der Krieg den Krieg ernähren müsse, wieder aktuelle Relevanz: Die paramilitärischen Verbände, die Truppen der Warlords, lokale Milizen und Söldnereinheiten werden nicht von funktionsfähigen Staaten ausgerüstet und besoldet, die durch Steuern einen Teil des gesellschaftlichen Mehrprodukts für diese Zwecke abschöpfen, sondern müssen sich in der Regel selbst versorgen. Das hat zu einem unmittelbaren Anstieg der Gewalt besonders gegen Zivilisten geführt, ist sie doch das einzige Mittel, über das die Bewaffneten verfügen, um ihren Lebensunterhalt zu sichern. Und in Bürgerkriegskonstellationen ist es obendrein das effektivste Mittel hierzu: Wer eine Waffe trägt, hat nicht nur bessere Chancen zu überleben, er lebt auf diese Weise auch besser und sicherer unter Verhältnissen, in denen die Verteilung des zum Leben Notwendigen vorzugsweise mit Waffengewalt geregelt wird.

Es sind vor allem die Warlords, lokale Kriegsherren und überregionale Kriegsunternehmer, die als Protagonisten und Hauptprofiteure der Entstaatlichung des Krieges auftreten.[30] Einige von ihnen, zumal solche, die größere Gebiete eines zerfallenen Staates unter ihre Kontrolle gebracht haben und sie so ausplündern können, reklamieren dabei die wichtigsten Attribute von Staatlichkeit für sich – freilich nicht, um nun selbst den mühseligen Prozess der Staatsbildung voranzutreiben, sondern um über die gewaltsam angeeignete Beute hinaus auch noch die Vorteile einer internationalen Anerkennung einzustreichen: den Anspruch auf wirtschaftliche Unterstützung, den ungehinderten Zugang zu internationalen Märkten und nicht zuletzt die Möglichkeit, das zusammengeraffte Vermögen ins Ausland zu transferieren, um es gegen den Zugriff konkurrierender Warlords abzusichern. Der Anspruch auf die Attribute der Staatlichkeit ist im Falle der Warlords keine Form politischer Selbstbindung und Selbstverpflichtung, aus der im Laufe der Zeit ein neuer Staatsbildungsprozess erwachsen könnte, sondern nur eine Fortsetzung des Beutemachens mit anderen Mitteln.

Warlordfigurationen unterscheiden sich von klassischen Bürgerkriegskonstellationen durch den «Gebrauch der Gewalt als Mittel zur Regulierung von Märkten sowie die Transformation von Gewalt zur Ware beziehungsweise Dienstleistung».[31] Dementsprechend sind Warlords vorwiegend dort anzutreffen, wo Märkte keinen Schutz durch den Staat erhalten und sich gewaltlose Warenökonomien mit dem gewaltsamen Erwerb von Gütern, Dienstleistungen und Rechtstiteln verbinden – und das ist überall da der Fall, wo die staatliche Ordnung definitiv zusammengebrochen ist. Beruhten jedoch die klassischen Herrschaftsbildungen von Warlords im 19. und frühen 20. Jahrhundert auf den Strukturen und Konjunkturen der Agrarwirtschaft, so sind sie inzwischen in die urbanen Teilkulturen von Jugendlichen, ihrem nunmehr wichtigsten Rekrutierungsreservoir, eingedrungen, wobei sie sich kulturindustrieller Versatzstücke wie Rap und Reggae sowie entsprechender Konsumversprechen und Statusgüter bedienen, um Kämpfer zu rekrutieren und zu motivieren. Die Sonnenbrille und die Kalaschnikow sind in einigen Warlordfigurationen ikonische Zeichen für die Bereitschaft zu brutaler, unberechenbarer Gewalt geworden. Daneben gibt es freilich auch eine Reihe von Warlordgruppierungen, in denen Gewalt lediglich zur Sicherung der puren physischen Existenz eingesetzt wird. Hartmut Dießenbacher hat dafür den Begriff des «Überbevölkerungskriegers» vorgeschlagen,[32] um deutlich zu machen, dass die Androhung und Anwendung von Gewalt hier nicht der Aneignung von Luxusgütern und Statussymbolen, sondern dem nackten Überleben dient.

Oftmals freilich sind beide Warlordtypen, der klassische rurale und der moderne urbane, nicht präzise voneinander zu unterscheiden, oder es kommt, je nach den politischen und wirtschaftlichen Konstellationen, zu fließenden Übergängen. Für alle Warlords aber gilt, dass sie ganz gezielt Flüchtlingslager als Rückzugs- und Rekrutierungsgebiete nutzen, da sie dort auf die Hilfslieferungen internationaler humanitärer Organisationen zugreifen können: «Eine unerschöpfliche Quelle des Profits», so Kapuściński, «ist für die

Warlords die internationale Hilfe für die arme hungernde Bevölkerung. Von jedem Transport nehmen sie sich so viele Säcke Getreide und Liter Öl, wie sie brauchen. Denn hier regiert das Gesetz, das da lautet: Wer Waffen hat, der schlägt sich als erster den Bauch voll. Die Hungernden bekommen, was übrig bleibt.»[33] So sind die internationalen Hilfslieferungen in zahlreichen Fällen zum Bestandteil der Kriegsökonomien geworden. Was Hunger und Elend lindern soll, wird zu einer Ressource des Krieges.[34]

Mit den Warlords haben auch die Kindersoldaten Einzug in die neuen Kriege gehalten. Ihre Zahl wird von den Vereinten Nationen auf weltweit etwa 300 000 geschätzt.[35] Dass Kinder, von denen viele unter vierzehn Jahren sind, überhaupt bei Kampfhandlungen zum Einsatz kommen können, hat nicht zuletzt mit der technischen Entwicklung von Handfeuerwaffen zu tun, deren Gewicht sich bei gleichzeitig deutlicher Erhöhung der Schussfrequenz kontinuierlich verringert hat. Aber die Waffen sind nicht nur leichter, sondern auch kleiner geworden, und manche nehmen sich aus, als seien sie eher für Kinder als für Erwachsene konstruiert.[36] Ohne längere Ausbildungs- und militärische Trainingsphasen können Kinder daher als Kämpfer eingesetzt werden, wobei ihr vergleichsweise gering entwickeltes Risikobewusstsein und ihre relative Anspruchslosigkeit sie zu einem ebenso billigen wie effektiven Instrument der Gewaltanwendung werden lässt. Die Roten Khmer in Kambodscha haben sich solcher Kindersoldaten nicht weniger bedient als die verschiedenen Gruppierungen der Afghanistankriege und die Banden fast aller schwarzafrikanischen Kriegsherren; für die Halbwüchsigen ist der Besitz einer Waffe oft die einzige Möglichkeit, an Nahrung und Kleidung zu kommen beziehungsweise der einfachste Weg, sich die begehrten Konsumgüter und Statussymbole anzueignen.

Eines der wichtigsten Antriebsmomente der neuen Kriege ergibt sich aus dem Zusammentreffen von struktureller Arbeitslosigkeit mit einem überproportional hohen Anteil von Jugendlichen an der Gesamtbevölkerung, wodurch diese weitgehend aus der Friedensökonomie ausgeschlossen werden. Sie unterliegen nicht den Disziplinierungsmechanismen regelmäßiger Arbeit, und zugleich ist ihnen der Zugang zur Welt des Konsums versperrt. «Was kann denn», so gibt Peter Scholl-Latour die Erläuterungen eines seiner afrikanischen Gesprächspartner wieder, «einem zwölf- bis vierzehnjährigen Kindersoldaten, der sonst als Straßenjunge oder Gelegenheitsarbeiter vegetiert, Besseres passieren, als mit seiner Kalaschnikow die Erwachsenen zu terrorisieren und durch Blutvergießen seine Allmacht zu beweisen?»[37] Wie wichtig außer dem Vorherrschen von Armut und Elend die Machtphantasien sind, die von den bewaffneten Halbwüchsigen hemmungslos ausgelebt werden können, zeigt auch der Bericht Hans Christoph Buchs aus dem Krieg in Sierra Leone: «Obwohl man beim Überqueren einer Straßenkreuzung sein Leben riskiert, stellten die Bandenkrieger bei der Annäherung der Journalisten das Feuer ein und forderten die hinter Autowracks verschanzten Kämpfer der anderen Seite durch Zurufe auf, die Fremden passieren zu lassen. Alle Bürgerkriegsparteien hielten sich daran – ein Phänomen, das ich nur mit der von den Medien ausgehenden Faszination erklären kann. Die durch Gewaltvideos scharfgemachten Jugendlichen wünschten nichts sehnlicher, als selbst im Fernsehen aufzutreten, und stellten sich in Rambo-Pose vor den TV-Teams zur Schau. Ein Menschenleben war in Monrovia nicht mehr als fünf Dollar wert, und die bewaffneten Teenager [...] waren auch für weniger Geld bereit, vor laufender Kamera eine Geisel zu exekutieren.»[38]

Zu solchen Allmachtsphantasien gehört schließlich auch

Kindersoldat mit Schnellfeuergewehr in Birma, 2000
Mit der Waffe in der Hand steigen die Chancen, in innergesellschaftlichen Kriegen zu überleben. Automatische Gewehre haben Kinder kriegsverwendungsfähig werden lassen, und kindliche Sorglosigkeit im Umgang mit der Gefahr, Abenteuerlust sowie die Aussicht auf regelmäßige Versorgung treiben Halbwüchsige zu Tausenden in den Krieg.

die Erfüllung sexueller Bedürfnisse, denen die Halbwüchsigen mit der Waffe in der Hand freien Lauf lassen können. Nicht selten gehen besonders grausame Vergewaltigungen und anschießende Verstümmelungen der Geschlechtsorgane auf das Konto von jugendlichen Kämpfern. Michael Ignatieff, der in seinen Berichten wie kaum ein anderer Beobachtung und Analyse zu verbinden versteht, hat darauf hingewiesen, dass die gesteigerte Grausamkeit und Brutalität der neuen Kriege ganz wesentlich auf das verstärkte Auftreten dieser bewaffneten Jugendlichen zurückzuführen ist: «In den meisten traditionellen Gesellschaften wird Ehre mit Zurückhaltung assoziiert und Männlichkeit mit Disziplin. [...] Die besondere Brutalität der Kriege in den neunziger Jahren knüpft an eine andere Vision männlicher Identität an – die der wilden Sexualität der männlichen Heranwachsenden. Durch diese Jugendlichen werden Armeen mit einem anderen Soldatentyp versorgt – einem, für den eine Waffe nicht etwas ist, was man respektiert und mit ritualisierter Korrektheit behandelt, sondern vielmehr eine explizit phallische Bedeutung besitzt. Einen Kontrollpunkt in Bosnien zu überqueren, an dem Teenager mit dunklen Sonnenbrillen und eng sitzenden Tarnanzügen AK-47-Maschinenpistolen schwingen, bedeutet, eine Zone toxischen Testosterons zu betreten. Kriege hatten schon immer eine sexuelle Dimension – eine Soldatenuniform zu tragen ist keine Garantie für gutes Benehmen; wenn ein Krieg aber von jugendlichen Irregulären geführt wird, dann wird sexuelle Barbarei zu einer normalen Waffe.»[39]

Ignatieffs Beschreibung lässt sich auch in Zahlen ausdrücken: Wurden in den Balkankriegen der letzten zehn Jahre nach Schätzungen internationaler Organisationen zwischen 20 000 und 50 000 Frauen vergewaltigt, so waren es während und nach der Zeit des Völkermords in Ruanda Angaben von

Human's Right Watch zufolge über eine viertel Million.[40] Die gegen die Zivilbevölkerung ausgeübte Gewalt der neuen Kriege ist vor allem eine Gewalt gegen Frauen.[41] Die Gewaltpraxen reichen von Strategien «ethnischer Säuberung», die mit systematischen Praxen der Vergewaltigung verbunden sind, über die Zerstörung des sozialen Zusammenhalts und der moralischen Normen einer Gesellschaft – durch die Vergewaltigung speziell der jungen Frauen werden diese stigmatisiert und zu Fremdkörpern in der Gemeinschaft gemacht –, bis zur Ausweitung des Beuteanspruchs auf die Erzwingung von Sexualverkehr mit den Mädchen und Frauen in den gerade besetzten Gebieten. Und der Absturz in die sexuelle Barbarei, von dem Ignatieff spricht, ist hauptsächlich dort zu beobachten, wo Gesellschaften, in denen traditionell eine rigide Sexualmoral herrschte, durch neue Kriege zerrüttet und zerstört werden: Hier sind die mit Waffengewalt sich eröffnenden Chancen zum Sexualverkehr besonders verlockend, und zugleich sind die sozialen Folgen von Vergewaltigungen besonders destruktiv, weil diese Sozialverbände, ist erst einmal ein größerer Anteil ihrer jungen Frauen vergewaltigt und dadurch stigmatisiert worden, sich nicht mehr reproduzieren können.

Außer in der Entstehung und Wucherung von Warlordfigurationen und dem Einsatz billiger Kindersoldaten zeigt sich die Tendenz zur fortschreitenden Privatisierung und Kommerzialisierung des Kriegsgeschehens nicht zuletzt im vermehrten Auftauchen von Söldnern, die inzwischen in fast allen dieser Kriege eine Rolle spielen – von den Abenteurern und Glücksrittern Westeuropas, die sich in den Balkankriegen auf eigene Faust und gegen eine in der Regel eher geringe Bezahlung einer der Parteien angeschlossen haben, bis zu den hoch professionellen Sicherheitsanbietern mit Sitz in London und Filialen in aller Welt, wie *Control Risks Groups*,

Defence Systems Ltd., *Sandline International*, *Saladin Security*, *Gurkha Security Guards* und insbesondere *Executive Outcomes*, die neben gut ausgebildetem militärischem Personal auch Flugzeuge und Hubschrauber sowie ausgearbeitete Sicherheitskonzeptionen im Angebot haben.[42] Zu ihren Kunden gehören sowohl Staatschefs, die sich im Kampf gegen Aufständische auf die eigene Armee und die Präsidentengarde nicht mehr verlassen können, als auch international tätige Unternehmen, die ihre Produktionsstätten in Kriegs- und Aufstandsgebieten durch solche Söldnerfirmen schützen lassen. In Schwarzafrika ist die Meinung verbreitet, ein einziger Söldner von *Executive Outcomes* sei so viel wert wie eine ganze Kompanie einheimischer Soldaten.[43] Zu den Söldnern der neuen Kriege gehören ferner die in Tschetschenien wie Bosnien, Afghanistan wie Algerien eingesetzten Mudschaheddin, die mit den Petrodollars arabischer Staaten oder Privatleute bezahlt werden, um dort für die Aufrechterhaltung religiöser Bindungen und kultureller Werte zu kämpfen. Zumindest teilweise sind diesen Söldnern weiterhin mehr oder weniger offiziell von den westlichen Staaten aufgestellte und ausgebildete Kampfverbände zuzurechnen – neben der ältesten und bekanntesten von ihnen, der französischen Fremdenlegion, namentlich die Gurkha-Einheiten innerhalb der britischen Armee, die zeitweilig von Israel zur Sicherung der Pufferzone an seiner Nordgrenze ausgehaltene Südlibanesische Armee und zuletzt die afghanische Nordallianz, die gleichsam für einige Monate in die Dienste der Anti-Terror-Koalition genommen worden ist.

Von den Netzwerken der Mudschaheddin bis zu den Aufgeboten hastig rekrutierter Kämpfer, von den distinguiert auftretenden Sicherheitsunternehmen mit Verbindungen zu den ersten Adressen des Waffengeschäfts bis zu den Trupps lärmender Abenteurer, deren Erscheinungsbild durch exzessiven Alkoholkonsum und wochenlangen Verzicht auf körperliche Reinigung zwecks Konservierung von Kampfspuren geprägt ist – ihnen allen ist gemeinsam, dass sie sich nicht aus Landeskindern zusammensetzen, die in einer Mischung von politischer Verpflichtung und patriotischer Bindung für ihre Sache kämpfen, sondern dass hier vorwiegend finanzielle Interessen, gepaart mit Abenteuerlust und ideologischen Motiven, mobilisierend wirken. Es steht wohl außer Frage, dass gerade diese Mischung, bei der das Entgelt vom Gegenwert des unmittelbar Lebensnotwendigen bis zu opulenten Zahlungen von etwa 15 000 Dollar im Monat reicht,[44] die Entgrenzung der Gewalt und die Brutalisierung des Krieges weiter vorantreibt. Die in der Haager Landkriegsordnung wie der Genfer Konvention mitsamt ihren Zusatzprotokollen festgehaltenen Verbote und Einschränkungen finden in den neuen Kriegen kaum Beachtung. Das hat vor allem darin seinen Grund, dass die Staaten, die herkömmlichen Adressaten des Kriegs- und Völkerrechts, für den Verlauf der neuen Kriege eher unbedeutend sind. Die so genannten regulären Armeen, die offiziell den Staat verteidigen, sind zumeist selbst nichts anderes als marodierende Banden, und die halb staatlichen, halb privaten Akteure werden von den Sanktionsdrohungen des Völkerrechts nicht wirklich erfasst, zumal sich, von wenigen Ausnahmen abgesehen, keine Macht findet, die bereit wäre, das Recht durchzusetzen, die Kriegsverbrecher festzunehmen und anschließend aufwendige, sich über Jahre hinziehende Gerichtsverfahren zu organisieren. So hat sich die zeitweilig aufgekommene Vorstellung, die weltpolitischen Verhältnisse befänden sich nach dem Ende des Ost-West-Konflikts und dem zahlenmäßigen Rückgang der zwischenstaatlichen Kriege alles in allem auf dem Weg zum Besseren,[45] als eine große Illusion erwiesen. Auf lange Sicht gesehen steigt die Zahl der Kriege an,[46] und die Chancen zu einer Begrenzung der Gewalt durch das Mittel der Verrechtlichung sind eher im Schwinden begriffen. Während viele Intellektuelle in Westeuropa und Nordamerika über Weltinnenpolitik, Weltbürgerrecht und demokratischen Frieden[47] nachdachten, hat der Krieg die ihm auferlegten Hegungen niedergerissen und sich an den Peripherien der Wohlstandszonen als eine vielleicht nicht der Form, aber doch der Quantität nach neue Art der Einkommenserzielung verselbständigt: Vielen ermöglicht er die Sicherung des unmittelbaren Lebensunterhalts, manchen dient er als Mittel, kurzfristig beträchtliche Einkünfte zu erzielen und ungehemmt blockierte Phantasien auszuleben, und einigen wenigen schließlich bescherte er gewaltige Vermögen und unbeschreiblichen Reichtum. Man mag einwenden, das sei schon immer so gewesen; ähnliches gelte auch für die herkömmlichen Staatenkriege. Aber die entscheidende Differenz besteht darin, dass das, was immer schon und auch in den Staatenkriegen eine mehr oder weniger ausgeprägte Begleiterscheinung des Krieges war, in vielen der neuen Kriege in den Mittelpunkt getreten und zum eigentlichen Zweck geworden ist.

Bürgerkriege, Kleine Kriege, Wilde Kriege: die Suche nach Begriffen

Wie lassen sich solche Kriege begrifflich fassen? In einem größeren Teil der Literatur ist der Begriff des Bürgerkriegs zu finden,[48] der den nicht gering zu veranschlagenden Vorzug hat, an lange Traditionslinien des politischen Denkens anschließen und dadurch Analyseinstrumente zur theoretischen Erfassung der neuen Kriege bereitstellen zu können. Diese Traditionen reichen zurück bis zu Sallusts Untersuchung der Catilinarischen Verschwörung im spätrepublikanischen Rom oder zu Thukydides' Beobachtung des wechselseitigen Mordens der demokratischen und aristokratischen Partei in Kerkyra. «Bürgerkrieg» ist der klassische Komplementärbegriff zu «Staatenkrieg», und insofern liegt es angesichts vieler Merkmale der neuen Kriege nahe, auf ihn zurückzugreifen. Aber der Bürgerkriegsbegriff verstellt gerade dadurch, dass er in einer langen politiktheoretischen Tradition steht, den Blick auf das spezifische Neue an den Kriegen der letzten zwei Jahrzehnte, und das ist neben ihrer Eingebundenheit in den Prozess der wirtschaftlichen Globalisierung beziehungsweise der Schattenglobalisierung vornehmlich die Herausbildung von Interessenkonstellationen, die nicht an der Beendigung des Krieges, sondern seiner im Prinzip endlosen Weiterführung orientiert sind. Demgegenüber sind die klassischen Bürgerkriege von der Antike bis zur Neuzeit dadurch gekennzeichnet, dass nach einem heftigen Gewaltausbruch die siegreiche Partei die Macht im Staate an sich gerissen und die im Krieg errungenen Erfolge im Frieden auf Dauer zu stellen versucht hat. Bürgerkriege sind innerstaatliche Auseinandersetzungen um Macht und Herrschaft, die gewaltsam ausgetragen werden. Mögen sie sich, wie der spanische Bürgerkrieg, auch über Jahre hinziehen – stets kämpfen in ihnen die beteiligten Parteien um die Macht im Staat, weil sie politische Interessen und Ideen durchsetzen wollen. Davon kann in vielen der neuen Kriege nicht die Rede sein: Die Existenz langfristiger Warlordfigurationen und der klassische Bürgerkriegsbegriff passen nicht recht zusammen, wenngleich außer Frage steht, dass viele der neuen Kriege Elemente des klassischen Bürgerkriegs aufweisen. Es ist jedoch vor allem der Begriff des Bürgers, mitsamt seinen politischen Konnotationen, wie er für die Definition des *Bürgerkriegs* zentral ist, der mit den meisten Charakteristika der neuen Kriege nicht in Einklang zu bringen ist.

Steht der Bürgerkriegsbegriff stärker in politiktheoretischen Traditionen, so stellt sich der Begriff des Kleinen Krieges, der in jüngster Zeit häufiger als eine Variation für *low intensity wars* ins Spiel gebracht worden ist,[49] stärker in kriegsgeschichtliche Bezüge: Nicht erst seit der anti-napoleonischen Guerilla in Spanien ist der Kleine Krieg zu einem ständigen Begleiter des Großen Krieges geworden. Dort führten die Hinterhalte und Überfälle, mit denen die spanischen Partisanen der *Armée d'Espagnol* unter Marschall Lefèvre permanent Nadelstiche versetzten, zu einer Verzettelung der französischen Kräfte, einer erheblichen Verschlechterung der Versorgungslage und schließlich einer wachsenden Demoralisierung der Truppen. In deren Folge hat sich die britische Expeditionsarmee unter Wellington trotz ihrer zahlenmäßigen Unterlegenheit gegenüber den Franzosen auf der iberischen Halbinsel behaupten können. Doch bereits der in den Kabinettskriegen des 18. Jahrhunderts mit leichten Truppen, Jägern und Husaren geführte Kleine Krieg[50] hatte die Funktion, die Bewegungen der Hauptarmee abzusichern, gegnerische Truppen im Anmarsch zu behindern, deren Versorgungslinien immer wieder kurzzeitig zu unterbrechen und überhaupt dem Feind durch Plünderung und Zerstörung einen möglichst großen wirtschaftlichen Schaden zuzufügen. Während der Große Krieg unmittelbar auf die militärischen Kräfte des Gegners zielte, um dessen politischen Willen zu brechen, zielte der Kleine Krieg schon immer stärker auf die wirtschaftlichen Grundlagen des Gegners, um dessen Fähigkeit, seinen politischen Willen militärisch durchzusetzen, indirekt zu schwächen. Die Partisanenkriegstheoretiker des 20. Jahrhunderts, die die Guerilla, den Kleinen Krieg, zum Königsweg bei der Entkolonisierung und Revolutionierung der Dritten Welt erklärten, haben diese klassische Verbindung zwischen Kleinem und Großem Krieg zwar aufgeben müssen, aber indem sie auf die Herausbildung regulärer oder quasi-regulärer Truppen aus den Reihen der Partisanenverbände setzten, haben sie den Zusammenhang zwischen Großem und Kleinem Krieg in modifizierter Form wieder hergestellt.[51] Eine derartige Verbindung fällt jedoch, so die Beobachtung von Christopher Daase und anderen, in den neuen Kriegen weg, und der Kleine Krieg verwandelt sich aus einem Unterstützungsinstrument des Großen Krieges in dessen funktionalen Nachfolger. Aber diese Überlegungen sind bislang eher im Hinblick auf die Folgen dieser Entwicklung für die internationale Ordnung entfaltet worden und weniger mit dem Ziel, die inneren Entwicklungsabläufe der neuen Kriege zu verstehen; in ihnen standen eher die asymmetrischen Strategien als die Privatisierung und Kommerzialisierung des Krieges im Vordergrund.

Als ein weiterer Versuch, die jüngste Entwicklung des Krieges auf den Begriff zu bringen, ist von Wolfgang Sofsky die Bezeichnung «Wilde Kriege» vorgeschlagen worden, worin die Rückkehr der Marodeure, die Häufung der Gemetzel und der systematische Gebrauch von Vergewaltigungen als Form der Kriegführung zum Ausdruck kommen soll.[52] Damit sind sicherlich einige der herausstechenden Charakteristika der neuen Kriege benannt; das Konzept des «Wilden Krieges» verstellt jedoch den Blick auf die ideologischen Ressourcen der Kriegsparteien und auf die Ökonomie dieser Kriege, in der langfristige, durchaus zweckrationale Interessen eine erhebliche Rolle spielen – beides wird durch die Akzentuierung von exzessiver Gewaltlust und regellosem Blutrausch nicht oder doch nur unzureichend erfasst. Insbesondere das für die innere Dynamik dieser Kriege entscheidende Andocken substaatlicher Kriegsakteure, wie Warlords, Söldnerfirmen und Terrornetzwerke, an die Prozesse der Globalisierung wird hier zu wenig beachtet, was im Übrigen auch für die von Enzensberger entworfenen Szenarien eines «molekularen Bürgerkriegs»[53] oder die von Trutz von Trotha vorgeschlagene Bezeichnung «neohobbessche Kriege» gilt.[54]

Die Probleme und Unzulänglichkeiten einer begrifflich prägnanten und sachlich umfassenden Bezeichnung der neuen Kriege verweisen freilich weniger auf Defizite der Begriffs- und Theoriebildung; vielmehr zeigen sie die unübersichtliche und in einer kohärenten Begrifflichkeit, geschweige denn Theorie kaum zu erfassende Gemengelage der jüngeren Entwicklung des Kriegsgeschehens auf.[55] Dramatische Veränderungen im Bereich der Waffentechnologie, die auf eine Computerisierung des Schlachtfelds hinauslaufen, sind für sie ebenso charakteristisch wie eine Rückkehr zu archaischen Gewaltpraxen, bei der zumeist nur mit Handfeuerwaffen, häufig aber auch bloß mit Messern und Macheten gekämpft wird. Einerseits ist eine sich in der Regel aus religiösen Quellen speisende Ideologisierung der Gewalt zu beobachten, der viele westliche Intellektuelle mit den Mitteln eines aufklärenden Dialogs Einhalt gebieten wollen, und andererseits lässt sich kaum leugnen, dass eine große Anzahl von Akteuren der neuen Kriege mit dem Einsatz von Gewalt ganz kalkuliert ihre Interessen verfolgt und Ideologien allenfalls benutzt, um ihren Kampf zu legitimieren. Und schließlich wird auf der einen Seite die ethnische Aufspaltung von Gesellschaften in immer kleinere Einheiten herausgestellt, während gleichzeitig von neuen weltpolitischen Blöcken die Rede ist, die durch staatenübergreifende religiöse Kulturen gebildet werden. Die politischen Konstellationen sind nach dem Ende des Ost-West-Gegensatzes fragmentierter und widersprüchlicher denn je, und der Krieg hat in ihnen eine neue, gegenüber früheren Konstellationen deutlich veränderte Funktion erhalten, die sich kaum mit einem einzigen Begriff fassen lässt. Nicht zuletzt deswegen ist hier, wenn von innergesellschaftlichen und transnationalen Kriegen, terroristischen Strategien und militärischen Interventionen zur Zerschlagung der logistischen Basen von Terrororganisationen gesprochen wird, ohne eine weitere Präzisierung bloß von den «neuen Kriegen» die Rede.[56] Ob an ihnen freilich alles so neu ist, wie es vor dem Hintergrund des klassischen Staatenkrieges den Anschein hat, wird noch zu untersuchen sein.

Weltpolitische Asymmetrien und Strategien der Asymmetrisierung

Zuvor muss jedoch ein Aspekt, von dem bislang nur am Rande die Rede war, genauer in Augenschein genommen werden: die seit den achtziger Jahren des 20. Jahrhunderts immer deutlicher hervortretende und seit dem Zusammenbruch der Sowjetunion definitive Asymmetrie der weltpolitischen Konstellationen. Die politisch-militärischen Verhältnisse, in denen sich im Europa der frühen Neuzeit die Staatenkriege als vorherrschende und bald ausschließliche Form der Kriegführung entwickelten, waren durch die Dominanz symmetrischer Beziehungen geprägt, ja man kann sagen, dass der zwischenstaatliche Krieg die höchst entwickelte, weil in Rechtsregeln umfassend institutionalisierte Form symmetrischer Kriegführung darstellt. Im Prinzip gleichartige Gegner anerkannten sich in ihrer Gleichartigkeit, und diese wechselseitige Anerkennung bildete die Grundlage ihrer politischen Rationalität, die dann zu Rüstungswettläufen, aber auch zu Rüstungsbegrenzungsvereinbarungen oder Abrüstungsschritten führen konnte. Auf dieser Anerkennung beruhte zugleich das Kriegsvölkerrecht, wie es bis heute Gültigkeit besitzt. Doch diese Konstellationen, in denen zeitweilige Disproportionalitäten zwischen den Mächten immer wieder ausgeglichen wurden, bevor sie sich zu manifesten Asymmetrien auswuchsen, gibt es nicht mehr: Kein Staat der Erde, auch nicht eine Koalition von Staaten, kann heute den USA mit militärischen Mitteln Paroli bieten – das beginnt bei Flugzeugträgern und Luftstreitkräften, geht über die Satellitenaufklärung und lasergesteuerte Bomben und endet bei Nuklearwaffen und Raketensystemen.

Unter der Voraussetzung einer symmetrischen Kriegführung nach dem Modell zwischenstaatlicher Kriege gibt es keine Macht, die den USA auch nur im Entferntesten gewachsen ist. Ganz anders sieht es freilich aus, wenn diese asymmetrischen Konstellationen ihrerseits mit Strategien der Asymmetrisierung beantwortet werden. Solche Strategien sind der Partisanenkrieg, der Terrorismus und schließlich auch das, was im Palästina-Konflikt als Intifada bekannt geworden ist:[57] der Angriff Steine schleudernder Jugendlicher auf schwer bewaffnete Soldaten, bei dem der einzige Schutz der Angreifer die Kameras der Weltpresse sind, die die ungleichen Bedingungen des Kampfes in alle Welt verbreiten. Was für die Soldaten Panzer und Schnellfeuerwaffen, sind für die angreifenden Jugendlichen die Fernsehteams, und die Steine dienen allenfalls als Mittel, deren Aufmerksamkeit zu wecken.

Wie machtlos Militärapparate gegen asymmetrische Strategien sein können, mussten die USA erstmals während des Vietnamkrieges erleben, als sie trotz ihrer immensen waffentechnischen Überlegenheit nicht in der Lage waren, einen nach Partisanenart kämpfenden Gegner entscheidend zu schlagen – eine ähnliche Erfahrung machte die Sowjetunion zwei Jahrzehnte später in Afghanistan. Noch deutlicher wurde die hochgradige Verwundbarkeit der USA dann im Libanon und in Somalia, als ein Bombenanschlag auf die Kaserne der US-Marines in Beirut beziehungsweise der verlustreich gescheiterte Versuch, den somalischen Warlord Aidid festzunehmen, und die Bilder von einem durch die Straßen geschleiften, verstümmelten amerikanischen Soldaten dazu führten, dass die USA ihre Truppen überstürzt zurückzogen und für alle Welt erkennbar in ihrem zuvor geltend gemachten politischen Willen resignierten. Der so genannte Mogadischu-Effekt führte sehr bald dazu, dass militärische Drohungen der Amerikaner erheblich an Glaubwürdigkeit verloren und die USA sich mit dem Verdacht und der darin zum Ausdruck gebrachten Verachtung konfrontiert sahen, der postheroischen Mentalität einer Konsum- und Luxusgesellschaft erlegen zu sein: «Sie glauben», so gibt David Rieff die höhnischen Bemerkungen eines bosnischen Serben wieder, «es habe die amerikanische Öffentlichkeit aus der Fassung gebracht, als achtzehn eurer Soldaten in Afrika umgebracht wurden? Wartet ab, bis die Särge aus Bosnien zurückkommen. Ihr seid keine starke Nation mehr. Ihr könnt die Vorstellung nicht ertragen, dass eure Kinder getötet werden. Aber wir Serben können dem Tod ins Auge sehen. Wir haben keine Angst. Und deshalb werden wir euch schlagen, wenn ihr den Türken [gemeint sind die bosnischen Muslime], die ihr ja so liebt, zu Hilfe kommt.»[58] Weil sie den erlittenen Gesichtsverlust wettmachen mussten, waren die USA gezwungen, in einer Reihe von späteren Konflikten eine größere Entschlossenheit zu zeigen, als es eigentlich ihrer politischen Linie entsprochen hätte. Vor allem die Erfahrung von Mogadischu hat Osama bin Laden offenbar in der

Geschändete Leiche eines US-Soldaten in Mogadischu, 1993
Der waffentechnischen Überlegenheit westlicher Truppen haben die Warlords der neuen Kriege zumeist wenig entgegenzusetzen – außer Bildern, die zeigen, was mit den Soldaten geschieht, die ihnen in die Hände fallen. Bilder wie dieses von der geschändeten Leiche eines US-Soldaten in Mogadischu sind selber Waffen, und sie zielen unmittelbar auf den politischen Willen der Länder, die Truppen in Krisenregionen oder Kriegsgebiete entsandt haben.

Überzeugung bestärkt, dass die Amerikaner trotz ihrer technologischen Überlegenheit durch eine entschlossene Gewaltanwendung zu besiegen seien. In einem Gespräch mit dem Nahostkorrespondenten des Londoner *Independent* soll er 1997 geäußert haben, man sei überrascht gewesen, wie schnell die Amerikaner in Somalia aufgegeben hätten. «Die Mudschaheddin waren erstaunt über den Zusammenbruch der amerikanischen Moral. Das hat uns überzeugt davon, dass Amerika ein Papiertiger ist.»[59]

Auch die mächtigste Supermacht ist verletzbar, lautete die Botschaft von Beirut und Mogadischu, die von den Gegnern und Feinden der USA begierig aufgegriffen wurde, und sie ist besonders dann verletzbar, wenn man den Konflikt auf anderen Feldern und mit anderen Mitteln austrägt als denen, die herkömmlich dem Krieg zugerechnet wurden. Dabei gewannen die Medien zunehmend an Bedeutung: Über sie gelangten Bilder in die amerikanische Öffentlichkeit, mit denen Gewaltakteure aus aller Welt versuchten, Entscheidungen der USA zu beeinflussen. Das begann bei der Beauftragung von Werbeagenturen, die etwas für das politische Image eines bestimmten Landes in der amerikanischen Öffentlichkeit tun sollten, und endete mit Geiselnahmen und Hinrichtungen amerikanischer Staatsbürger durch Terrorgruppen, die allein den Zweck verfolgten, sich eine größere Nachrichtenpräsenz in den westlichen Medien zu verschaffen. Der Kampf mit Waffen wurde zunehmend durch den Kampf mit Bildern konterkariert, und insbesondere terroristische Strategien haben dadurch erheblich an Durchschlagskraft gewonnen.[60] Auf jeden Fall aber stellt die Nutzung der Bilder vom Krieg als ein Mittel zu seiner Führung, die Verwandlung der Kriegsberichterstattung in den Berichterstattungskrieg, einen gewaltigen Schritt bei der weiteren Asymmetrisierung des Krieges dar. Und weil Bilder längst dazu eingesetzt werden, die Unterstützungs- und Folgebereitschaft einer Bevölkerung gegenüber den politischen Entscheidungen ihrer Regierung zu schwächen, ist die Kontrolle und Zensur der Bilder inzwischen auch zu einem Instrument bei der Abwehr und Verteidigung gegen solche Angriffe geworden.

So lässt sich die Geschichte der Kriege seit der Mitte des 20. Jahrhunderts als eine zunehmende Entwicklung asymmetrischer Konfliktaustragungen beschreiben: Die Entstehung weltpolitischer Asymmetrien durch die offenkundig uneinholbare wirtschaftliche, technologische, militärische und kulturindustrielle Überlegenheit der USA geht mit einer Asymmetrisierung des Krieges durch die Verlagerung der Kampfzonen, die Umdefinition der Mittel zur Kriegführung und die Mobilisierung neuer Ressourcen einher. Ein erster großer Schritt in diese Richtung war der systematische Rückgriff auf die Strategie der Guerilla in der Zeit der Dekolonisation. Ihm folgte der Einbezug terroristischer Taktiken in die Strategie des Partisanenkriegs, was sich vor allem im Algerienkrieg seit Ende der fünfziger Jahre beobachten lässt. Und schließlich bildete sich eine politisch-militärische Strategie des Terrorismus heraus, in der Terroranschläge nicht mehr bloß der Unterstützung einer nach Partisanenart kämpfenden Befreiungsbewegung dienen, sondern unmittelbar dazu, den politischen Willen eines Gegners zu zerrütten. Dieser Schritt vollzog sich gleichsam in Etappen – von den ersten spektakulär inszenierten Flugzeugentführungen Ende der sechziger Jahre bis zum Doppelanschlag auf das Pentagon und das World Trade Center am 11. September 2001. Dabei ist der Terrorismus immer offensiver geworden und hat sich allmählich über die Grenzen der jeweiligen Regionen, in denen er seinen Ursprung und seine Wurzeln hat, ausgedehnt und global verzweigt. Und die Offensivkraft der terroristischen Strategie ist in dem Maße gewachsen, wie es den Terroristen gelang, die Asymmetrien in der Wahrnehmung und Austragung von Konflikten zu steigern. Den vorläufigen Endpunkt dieser Asymmetrisierung bildet die am 11. September erfolgte Umwandlung von zivilen Passagierflugzeugen in Bomben und von Bürohochhäusern in Schlachtfelder.

Vergleicht man Partisanenkrieg und Terrorismus, so fällt ein weiterer Aspekt der jüngsten Entwicklungen ins Auge: Der Partisanenkrieg ist seinen inneren Prinzipien nach eine defensive Form der Asymmetrisierung, mit der eine militärisch überlegene Besatzungsmacht bekämpft werden soll. Dagegen stellt der Terrorismus die offensive Form der strategischen Asymmetrisierung von Gewaltanwendung dar. Auch wenn die mit ihm verfolgten Zwecke politisch defensiv beziehungsweise konservativ sein mögen – als militärische Strategie ist er dadurch gekennzeichnet, dass er die Gewaltanwendung in die Zentren des Angegriffenen hineinzutragen vermag. Dazu sind Partisanen nicht in der Lage; sie sind auf eine nachhaltige Unterstützung durch die Bevölkerung des Gebietes, in dem sie operieren, angewiesen. Die offensiven Fähigkeiten der Terroristen beruhen darauf, dass sie stattdessen die zivile Infrastruktur des angegriffenen Landes als logistische Basis nutzen und sie gleichzeitig in eine Waffe umfunktionieren.

Wurde der klassische Staatenkrieg, zumindest bis zum Beginn des strategischen Bombenkriegs und dem Abwurf der ersten Atombomben, als ein Kampf zwischen den Streitkräften beider Seiten geführt, der den Grundsätzen der Symmetrie folgte, so zielt der Partisanenkrieg auf die wirtschaftliche Durchhaltefähigkeit beziehungsweise die politische Durchhaltebereitschaft des Gegners: Wenn die Verluste an Menschen zunehmen und die wirtschaftlichen Folgen des

Krieges für die Kolonial- oder Besatzungsmacht immer drückender werden, dann wächst dort auch der Wille zu einer so genannten politischen Lösung, also zum Rückzug der eigenen Truppen. Partisanen müssen dementsprechend nicht militärisch siegen, sondern nur ein unaustilgbares Bedrohungspotential aufrechterhalten, um erfolgreich zu sein. Raymond Aron, einer der aufmerksamsten und klügsten Beobachter des Kriegsgeschehens im 20. Jahrhundert, hat die Wirkung dieser Asymmetrie schon früh in die später viel zitierte und variierte Formel gebracht, dass Partisanen, wenn sie nicht militärisch verlieren, den Krieg politisch gewinnen, während ihre Gegner, wenn sie keinen entscheidenden militärischen Sieg erringen, den Krieg politisch und militärisch verlieren.[61] Folglich haben Partisanen die Dauer des Krieges auf ihrer Seite: Solange sie nicht militärisch vernichtet werden, verursachen sie bei der Gegenseite auf längere Sicht so hohe Kosten, dass diese den Krieg beenden will.

Diese Asymmetrie wird in der Strategie des Terrorismus noch überboten: Er zielt nicht, wie die Partisanen, *indirekt* auf den Durchhaltewillen einer Bevölkerung, vielmehr soll dieser durch den von den Terroranschlägen ausgehenden Schrecken *unmittelbar* angegriffen werden. Dabei nutzen die Terroristen gezielt die Effekte aus, die eine mediale Verstärkung ihrer Aktionen erzeugt. Insofern unterscheiden sich Terrorismus und Partisanenkrieg nicht nur in ihrem offensiven respektive defensiven Charakter, sondern auch darin, dass der Partisanenkrieg Asymmetrien durch die *Verlangsamung des Krieges*, der Terrorismus dagegen durch dessen *Beschleunigung* hervorbringt.

Die im Verlauf der letzten Jahrzehnte entstandenen Asymmetrien beschränken sich jedoch keineswegs auf die militärischen Strategien, sondern haben längst auf die politische Rationalität wie die völkerrechtliche Legitimität von

Krieg und Kriegsvorbereitung übergegriffen. Unter den Bedingungen symmetrischer Kriege, wie sie die europäische Geschichte der Neuzeit geprägt haben, war die politische Rationalität der Souveräne und ihrer Erfüllungsstäbe auf Symmetrie gepolt: Die Aufstellung von Streitkräften, der Abschluss von Bündnissen sowie sämtliche Maßnahmen zur Vorbereitung oder Vermeidung zukünftiger Kriege richteten sich nach der Stärke eines tatsächlichen oder potenziellen Gegners. Da die Rüstung beider Seiten gleichartig war, ließen sich durch Zählen von Waffen und Soldaten tendenziell stabile Gleichgewichte ermitteln beziehungsweise durch entsprechende Rüstungsmaßnahmen herstellen. Das galt auch noch während der vierzig Jahre der Ost-West-Konfrontation, als beide Militärblöcke sich beim Abschluss von Rüstungsbegrenzungsabkommen ebenso wie in periodisch immer wieder auftretenden Vor- und Nachrüstungsrunden an der Stärke der jeweils anderen Seite orientieren konnten. Diese Konstellationen gibt es heute nicht mehr; die USA rüsten gleichsam mit sich selbst,[62] ohne das zuverlässige Maß eines symmetrischen Gegners, wie er bis 1991 die Sowjetunion gewesen ist, und ausschließlich auf der Grundlage von Bedrohungsszenarien, die wesentlich durch asymmetrische Strategien gekennzeichnet sind.

Die Asymmetrie der politischen Rationalitäten findet schließlich ihre Fortsetzung und Steigerung in einer Asymmetrie der völkerrechtlichen Legitimitäten. Waren diese in der europäischen Staatenwelt seit dem 17. Jahrhundert im Prinzip gleichartig, insofern jeder als souverän anerkannten Macht das Recht der Kriegserklärung (*ius ad bellum*) zustand,[63] so kann davon heute nicht mehr die Rede sein. Die Rückkehr der Vorstellung von gerechtem Krieg, die in der Völkerrechtsordnung der Staaten weitgehend zurückgedrängt worden war,[64] ist der deutlichste Ausdruck der auch hier eingetretenen Veränderungen. Wer beansprucht, einen *gerechten* Krieg zu führen, denkt die Rechtsbezüge der Kontrahenten von vornherein asymmetrisch: Die eine Seite hat alles Recht auf ihrer Seite, die andere Seite hingegen alles Unrecht; sie wird gedacht nach dem Vorbild des Verbrechers, der durch eine Polizeiaktion unschädlich zu machen und, sofern es zur Festnahme kommt, vor Gericht zu stellen ist. Oder man sieht in ihr, gleichsam als Steigerung strafrechtlicher Konzeptionen, eine Inkarnation des Bösen, das zu vernichten und auszurotten ist. Solche Vorstellungen sind insbesondere dort anzutreffen, wo religiöse Fundamentalismen in die Politik Einzug gehalten haben. Gerechter Krieg und heiliger Krieg stehen sich spiegelbildlich gegenüber.[65] Sie bilden gleichsam eine Symmetrie der Asymmetrien.

Die neuen Kriege, so lässt sich nach einem ersten Überblick festhalten, sind vor allem durch zwei Entwicklungen gekennzeichnet, die sie zugleich deutlich von den Staatenkriegen der vorangegangenen Epoche unterscheiden: Zum einen durch Privatisierung und Kommerzialisierung, also das Eindringen privater, eher von wirtschaftlichen als von politischen Motiven geleiteter Akteure in das Kriegsgeschehen, und zum anderen durch Asymmetrisierung, das heißt durch das Aufeinanderprallen prinzipiell ungleichartiger Militärstrategien und Politikrationalitäten, die sich, allen gerade in jüngster Zeit verstärkt unternommenen Anstrengungen zum Trotz, völkerrechtlichen Regulierungen und Begrenzungen zunehmend entziehen. Vieles spricht dafür, dass diese Entwicklung ihren Höhepunkt noch lange nicht erreicht hat.

So ist die gegenwärtige Lage. Fragen wir zunächst, wie es zu ihr gekommen ist.

2 Kriegführung, Staatsbildung und der Dreißigjährige Krieg

Was lässt sich mit Clausewitz noch erklären?

Es ist eine verbreitete Vorstellung, dass die Kriege, die während der letzten zwei, drei Jahrzehnte in Südostasien, Zentralasien und insbesondere Schwarzafrika geführt worden sind, für die übrige Welt – vor allem die OECD-Mitgliedsstaaten – keine große Bedeutung haben. Politisch werden sie als Kriege an der Peripherie der Wohlstands- und Stabilitätszonen angesehen, die uns nur in Ausnahmefällen beunruhigen müssen; historisch ordnet man sie einem Typus des Kriegs zu, den Europa seit langem hinter sich gelassen hat – der immer wieder zu hörende Hinweis auf ihre religiösen oder ethnischen Wurzeln soll uns nicht zuletzt in der Meinung bestätigen, dass wir ihnen in unserer Vergangenheit, nicht aber unserer Zukunft begegnen.

Gegen eine solche Perspektive hat der Soziologe Trutz von Trotha vor einiger Zeit entschieden Widerspruch angemeldet. Er vertritt die These, der Staatszerfall und die mit ihm verbundenen Kriege in Afrika zeigten die Zukunft, nicht die Vergangenheit der OECD-Welt.[1] Der Tendenz nach ist der israelische Militärhistoriker Martin van Creveld zu einem ähnlichen Ergebnis gekommen: Die Epoche der Staatenkriege, wie sie paradigmatisch im Werk von Clausewitz erfasst und analysiert worden sind, sei definitiv zu Ende, und es habe eine neue Epoche von *low intensity wars* begonnen, in denen Kriege auf kleiner Flamme über einen langen Zeitraum vor sich hin schwelten.[2] Schon die sprachlichen Wendungen, mit denen die eingetretenen Umbrüche beschrieben werden, deuten die grundsätzliche Veränderung an, ist doch der Krieg darin zum Subjekt des Satzes geworden. Er hat sich aus der Objektposition eines Instruments der Politik, auf die ihn Clausewitz hatte festlegen wollen,[3] herausgelöst und sich an die Stelle der Politik gesetzt: Kriege, so van Crevelds Diagnose, werden nicht mehr *geführt*, sondern sie *schwelen vor sich hin*. Den Platz, der in Clausewitz' Theorie der Politik zukam, hat bei van Creveld der Krieg selbst eingenommen.

«Man fängt keinen Krieg an», so eine von Clausewitz' Schlüsselüberlegungen, «oder man sollte vernünftigerweise keinen anfangen, ohne sich zu sagen, was man mit und was man in demselben erreichen will, das Erstere ist der Zweck, das andere das Ziel. Durch diesen Hauptgedanken werden alle Richtungen gegeben, der Umfang der Mittel, das Maß der Energie bestimmt, und er äußert seinen Einfluss bis in die kleinsten Glieder der Handlung hinab.»[4] Das trifft freilich auf die neuen Kriege nur noch bedingt zu, weil sie letztlich weder angefangen noch beendet werden; wie nahezu alle Beobachter der jüngsten Kriege konstatieren, beginnen diese *irgendwie* und enden *irgendwann*. Außerdem wird kaum eine der beteiligten Seiten klar und präzise angeben können, welche Zwecke und Ziele mit den kriegerischen Mitteln verfolgt werden sollen. Pointiert formuliert: Die neuen Kriege führen sich selbst, und die an ihnen Beteiligten werden geführt.

Gegen kaum eine Sichtweise hatte Clausewitz so energisch Einspruch erhoben wie gegen die Auffassung, dass der

Krieg eigenen Gesetzen und einer eigenen Logik folge: «Wir behaupten dagegen, der Krieg ist nichts als eine Fortsetzung des politischen Verkehrs mit Einmischung anderer Mittel. Wir sagen mit Einmischung anderer Mittel, um damit zugleich zu behaupten, dass dieser politische Verkehr durch den Krieg selbst nicht aufhört, nicht in etwas ganz anderes verwandelt wird, sondern dass er in seinem Wesen fortbesteht, wie auch seine Mittel gestaltet sein mögen, deren er sich bedient, und dass die Hauptlinien, an welchen die kriegerischen Ereignisse fortlaufen und gebunden sind, nur seine Lineamente sind, die sich zwischen den Krieg durch bis zum Frieden fortziehen. Und wie wäre es anders denkbar? Hören denn mit den diplomatischen Noten je die politischen Verhältnisse verschiedener Völker und Regierungen auf? Ist nicht der Krieg bloß eine andere Art von Schrift und Sprache ihres Denkens? Er hat freilich seine eigene Grammatik, aber nicht seine eigene Logik.»[5]

Diese zentrale Passage aus Clausewitz' Hauptwerk *Vom Kriege* wird hier deshalb so ausführlich zitiert, weil in ihr die bestimmenden Direktiven und Grundsätze des zwischenstaatlichen Krieges prägnant zusammengefasst sind. Sie bildet die Folie, vor der sich das Spezifische der neuen Kriege abhebt. Dass es sich bei ihnen um eine «Fortsetzung der Politik mit anderen Mitteln» handelt, wird man nur in einigen Fällen sagen können, und selbst da zumeist nur im Hinblick auf Interventionen auswärtiger Mächte; dass sie an die Lineamente der Politik gebunden sind, trifft schon deshalb nicht zu, weil es diese Lineamente in der Regel nicht gibt. Die neuen Kriege, so lässt sich Clausewitz' Formulierung variieren, haben nicht nur eine eigene Grammatik, sie haben auch eine eigene Logik. Das findet sich dann in Formeln ausgedrückt, die den Krieg zum Subjekt der Aussage machen: Der Krieg schwelt, breitet sich aus, greift über ... Sollte das mehr sein als eine bloße *façon de parler*, so ist davon auszugehen – und für Martin van Creveld besteht daran kein Zweifel –, dass der zum Subjekt des Geschehens avancierte Krieg an den Grenzen Europas und Nordamerikas nicht Halt machen, sondern sie über kurz oder lang überschreiten wird. Eben das meint auch von Trotha, wenn er behauptet, die Kriege in Schwarzafrika zeigten eher die Zukunft als die Vergangenheit Europas. Die jüngsten Balkankriege und die Terroranschläge vom 11. September 2001 wären dann keine Randerscheinungen oder einmaligen Ereignisse; vielmehr müssten sie als Vorboten künftiger Entwicklungen verstanden werden, als Geschichtszeichen,[6] die uns alle angehen. Wer dem Krieg in Beschreibungen und Analysen grammatikalisch die Subjektposition zuweist, sollte sich im Klaren sein, was er damit über die Zukunft aussagt. Eine jede Analyse, die sich über die Implikationen ihrer Aussagen auch nur annähernd Rechenschaft ablegt, muss darauf bedacht sein, Vorschläge zu machen, wie eine solche Entwicklung verhindert werden kann.

So viel freilich wird man festhalten können: Das sich abzeichnende Ende der Großen Kriege ist nicht gleichbedeutend mit dem Eintritt in den ewigen Frieden, wie manche gehofft haben,[7] sondern geht mit einer Ausbreitung Kleiner Kriege einher.[8] Diese sind freilich nicht darum als klein zu bezeichnen, weil sie kurz wären, nur geringen Schaden anrichten und wenige Opfer fordern würden, sondern weil sie im Wesentlichen mit leichten Waffen und nur partiell von regulären Armeen geführt werden. Die zerstörerische Wirkung der Kleinen Kriege ist auf Dauer mindestens so groß wie die der klassischen Großen Kriege. Das auffallende Interesse, das dem Krieg und der Gewalt in den letzten Jahren von Seiten der Kulturwissenschaften entgegengebracht worden ist,[9] könnte ein weiteres Indiz dafür sein, dass der Krieg nicht länger als ein politisches Instrument im Sinne von Clausewitz, sondern als eine eigenständige Lebensform und ein Akt gesteigerter (männlicher) Selbstexpression zu verstehen ist.[10] Aber stimmt das wirklich, und lassen sich diese Einzelbeobachtungen in einen theoretisch kohärenten Rahmen fassen? Wenn Clausewitz' Formel, der Krieg sei die Fortsetzung der Politik mit anderen Mitteln, nicht mehr greift, weil von politischen Vorgaben in den neuen Kriegen wenig zu erkennen ist – was tritt dann an die Stelle der Politik? Oder hat sie sich bloß aus ihren staatlichen Formen gelöst, ohne ganz verschwunden zu sein?

Militärische Entscheidungen und die Kunst der politischen Grenzziehung

Die Verwirrung, in welche große Teile der Friedens- und Konfliktforschung angesichts der Herausforderung durch die neuen Kriege geraten sind, lässt eine genauere Betrachtung der Kriege in der Zeit vor ihrer Verstaatlichung sinnvoll erscheinen – und zwar nicht in der selbstgewissen Überzeugung, das Konglomerat aus Raubzügen und Plünderungen, Massakern und Gewaltexzessen, durch die viele Kriege des späten Mittelalters und der frühen Neuzeit gekennzeichnet waren, sei in Europa ein für alle Mal überwunden. Sie ist eher ein Menetekel dessen, was auch Europäer und Amerikaner ereilen wird, wenn es ihnen nicht gelingt, das aufgebrochene Gewaltmonopol der Staaten im globalen Maßstab wiederherzustellen (beziehungsweise überhaupt durchzusetzen) und so dafür zu sorgen, dass die Staaten (wieder) die alleinigen Herren des Krieges werden.[11] Immerhin: Einer ganzen Reihe von Beobachtern sind strukturelle Ähnlichkeiten zwischen den neuen Kriegen in Zentralasien und Schwarzafrika und den Kriegen vor der Verstaatlichung des Militärs in Europa aufgefallen. So sind die Kriege des späten Mittelalters und teilweise noch der frühen Neuzeit als Streifzüge gegen die Ländereien und Besitzungen des Gegners geführt worden. Da nur selten die Möglichkeit bestand, dessen feste Plätze, Burgen und mauergeschützte Städte einzunehmen, wurde das umliegende Land verwüstet, man überfiel die Dörfer und brannte die Gehöfte nieder. Zu Schlachten kam es nur dann, wenn der bedrohte Landesherr den räuberischen Scharen entgegentrat und diese daraufhin nicht das Weite suchten, sondern sich zum Kampf stellten. Das freilich geschah selten, und so war die spätmittelalterliche Kriegführung eher eine der Verwüstungen als der Gefechte und Schlachten. Eine Schätzung der Gefallenenquote, also des Verhältnisses zwischen den aufgebotenen Kämpfern und den im Kampf Getöteten, bestätigt dies: Für das 14. Jahrhundert beträgt sie 4,6 Prozent, für das 15. Jahrhundert 5,7 Prozent, um dann im 17. Jahrhundert auf 15,7 Prozent hochzuschnellen.[12]

In der Regel wird diese Entwicklung auf den Einsatz der Feuerwaffen zurückgeführt; mindestens ebenso bedeutsam war jedoch die Art der Kriegführung: Solange Schlachten vermieden und Gefechte im ersten Aufeinanderprall der gepanzerten Reiterei entschieden wurden, war die Zahl der im Kampf Gefallenen zwangsläufig niedriger als von dem Zeitpunkt an, da man die Entscheidung des Krieges in der Schlacht suchte und die Truppen so ausbildete und ausrüstete, dass sie imstande waren, ein sich über längere Zeit hinziehendes Gefecht durchzustehen. Dementsprechend entwickelte sich eine Taktik des nachhaltigen Gebrauchs der Kräfte, bei der Schlachten bis zum Schluss ausgekämpft werden mussten und darum erheblich blutiger verliefen. Das bedeutet freilich nicht, dass der Krieg insgesamt mehr Opfer gefordert hätte. Zunächst veränderten sich nur Ort und Art der Gewaltanwendung: Die über den gesamten Herrschaftsraum der Krieg führenden Parteien verteilte Gewalt wurde zusammengeführt und auf dem Schlachtfeld konzentriert.

Zuvor waren die Leidtragenden einer durch Zerstörung und Plünderung charakterisierten Art der Kriegführung weniger die Bewaffneten beider Seiten, die sich füglich aus dem Wege gingen, als vielmehr die Bauern, Frauen und Kinder, die drangsaliert, ausgeplündert, vergewaltigt und erschlagen wurden.[13] Es kam nicht darauf an, größere Gebiete des Gegners zu erobern, sie besetzt zu halten oder gar politisch zu annektieren; dazu wären die meisten Kriegführenden ohnehin gar nicht in der Lage gewesen, da ihnen sowohl ausreichend starke Truppen als auch die Mittel fehlten, auf Dauer für deren Unterhalt aufzukommen. Stattdessen sollte dem Feind ein nachhaltiger Schaden zugefügt werden, um ihn auf diese Weise zur Erfüllung von Forderungen oder zur Einwilligung in Verträge zu zwingen. Modern formuliert: Durch den Krieg erhöhte man die Kosten, die der Gegner für die Aufrechterhaltung seines (politischen) Willens zu entrichten hatte, und hoffte, ihn so zum Einlenken zu bewegen. In der Regel ging es also nicht darum, einen politischen Willen in der Schlacht zu brechen, sondern ihn durch fortgesetzte Schädigung zu zermürben. Hans Delbrück hat dafür – freilich in anderem Zusammenhang – den Begriff der «Ermattungsstrategie» geprägt, und nicht wenige der neuen Kriege lassen sich als eine Rückkehr zu diesen Formen der Kriegführung entziffern, die auf langfristige Schädigung und gerade nicht auf eine schnelle Entscheidung abzielten. Die Beschreibung dieser Art von Kriegführung als Ermattungsstrategie setzt freilich voraus, dass eine politisch-militärische Planung erkennbar ist, die sich bewusst für eine solche Strategie entschieden hat. Wo vom Krieg dagegen ausgesagt

Sebastian Vrancx: Plünderung eines Dorfes, um 1620
Die neuen Kriege ähneln in vieler Hinsicht den frühneuzeitlichen Kriegen mehr als den Staatenkriegen der letzten drei Jahrhunderte, auch und gerade in der für sie typischen Gewaltanwendung gegen die Zivilbevölkerung: Plünderungen, Vergewaltigungen und Massaker prägen ihren Verlauf sehr viel stärker als größere Gefechte oder gar kriegsentscheidende Schlachten.

wird, er schwele vor sich hin, kann von strategischen Direktiven nicht die Rede sein.

Mit der Verstaatlichung des Krieges hat der unmittelbare Kampf der von beiden Seiten aufgebotenen Streitkräfte, die Entscheidungsschlacht, eine sehr viel größere Bedeutung gewonnen, wenngleich der Versorgungs- und Ermattungskrieg nach wie vor eine strategische Option blieb, die immer wieder wahrgenommen wurde. Staatenkriege begünstigen jedoch die *militärische* Entscheidung der zwischen den Konfliktparteien umkämpften Frage. Die Schlacht, in der nach Möglichkeit die Entscheidung fällt, lässt sich dabei als eine Art Komplexitätsreduktion begreifen, in der die unterschiedlichsten Motive und Absichten, heterogene Interessen und Wertbindungen ausgeglichen und in den militärischen Kräften beider Seiten gebündelt werden. Diese Kräfte werden in der Schlacht gegeneinander geführt, um alle Probleme und Fragen auf einmal und für lange Zeit aus der Welt zu schaffen. «Die Hauptschlacht», so Clausewitz, «ist der blutigste Weg der Lösung». Und weil sie das ist, gehen mit ihr vor allem zwei Herausforderungen einher, denen sich der Feldherr zu stellen hat; zunächst die, innerhalb weniger Stunden Tausende der ihm anvertrauten Männer in den Tod zu schicken. «Zwar ist sie [die Schlacht] kein bloßes gegenseitiges Morden und ihre Wirkung mehr ein Totschlagen des feindlichen Mutes als der feindlichen Krieger […], allein immer ist Blut ihr Preis und Hinschlachten ihr Charakter wie ihr Name, davor schaudert der Mensch im Feldherrn zurück.» Daneben verbindet sich mit ihr freilich die viel größere Last, in Entschlüssen, die in wenigen Augenblicken zu treffen sind, das politische Schicksal ganzer Staaten in Händen zu halten: «Aber noch mehr erbebt der Geist des Menschen vor dem Gedanken der mit einem einzigen Schlag gegebenen Entscheidung. *In einem Punkt* des Raumes und der

Zeit ist hier alles Handeln zusammengedrängt, und in solchen Augenblicken regt sich in uns ein dunkles Gefühl, als ob sich unsere Kräfte in diesem engen Raum nicht entwickeln und tätig werden könnten, als ob wir mit der bloßen Zeit schon viel gewonnen hätten [...]. Dies ist eine bloße Täuschung, aber auch als Täuschung ist es etwas, und eben diese Schwäche, welche den Menschen bei jeder anderen großen Entscheidung anwandelt, kann sich im Feldherrn stärker regen, wenn er einen Gegenstand von so ungeheurem Gewicht auf eine Spitze stellen soll.»[14] Damit glaubte Clausewitz erklären zu können, warum Feldherren unterschiedlicher Epochen immer wieder versucht haben, den «blutigsten Weg der Lösung» zu meiden und auf anderen Wegen zum Erfolg zu gelangen.

Die Voraussetzung dafür, dass die Kriegführung schließlich doch von der Form der Verwüstung gegnerischer Territorien auf die militärische Entscheidung in der Schlacht umgestellt wurde, war ein System von Unterscheidungen und Grenzziehungen, wie es in dieser Form nur die Staaten entwickeln und durchsetzen konnten. Die Verstaatlichung des Krieges und die Zunahme der in den Kriegen geschlagenen Schlachten verlaufen deshalb weithin parallel. Jene Grenzziehungen sind die Voraussetzung dafür, dass sich komplexe Probleme auf die *militärische Entscheidung* reduzieren lassen und anschließend diese als *Lösung* der umstrittenen Fragen akzeptiert wird. Wie wenig selbstverständlich das ist, zeigen die neuen Kriege, die über weite Strecken militärisch nicht entschieden werden können. Es sind sechs Unterscheidungen und Grenzziehungen, die der Staat vornimmt und garantiert.

Da ist, *erstens*, die Festlegung anerkannter territorialer Grenzen, durch die Innen und Außen präzise unterscheidbar werden. Darauf fußt die Organisation des Staatsapparats, von der Trennung zwischen Innen- und Außenpolitik bis zur Definition der Zuständigkeitsbereiche von Polizei und Militär (jedenfalls im Verfassungsstaat). Vor allem aber markieren die territorialen Grenzen den Bereich, in dem Befehle und Gehorsamserwartungen gültig oder doch zumindest durchsetzbar sind. Durch solche präzisen Grenzen unterscheiden sich Staaten von Reichen, deren Herrschaftsanspruch vom Zentrum zur Peripherie hin abnimmt; er endet nicht an Grenzlinien, sondern verliert sich gleichsam in der Tiefe größerer Grenzregionen.

Auf dieser territorialen Grenzziehung beruht, *zweitens*, die klare Unterscheidbarkeit von Krieg und Frieden. Präzise Grenzziehungen sind die Voraussetzung dafür, dass es kein Drittes zwischen Krieg und Frieden gibt. Die Überschreitung einer Grenze, gleichgültig in welcher Form, stellt ohne die Einwilligung dessen, der zu ihrem Hüter bestellt ist, eine Verletzung des Friedens dar, die zum Kriegsgrund werden kann. In den Randgebieten großer Reiche hingegen war es oft unmöglich, zuverlässig zwischen Krieg und Frieden zu unterscheiden. Hier herrschte ein Zwischenzustand, der weder als Krieg noch als Frieden bezeichnet werden konnte. Über Jahrhunderte galt das für die östlichen und südöstlichen Ränder des Zarenreichs, für die Grenzregionen des Osmanischen Reichs sowie für die so genannte Militärgrenze der Donaumonarchie; es traf in fast allen Grenzregionen der europäischen Kolonialreiche ebenso zu wie im Westen und Süden der USA, bevor die Siedler die Pazifikküste erreichten beziehungsweise eine Staatsgrenze zu Mexiko festgelegt wurde. In all diesen Gebieten musste man auch dann mit kriegsähnlichen Gewalthandlungen rechnen, wenn sich das Reich offiziell im Frieden befand. Es gab keinen gleich gearteten oder als gleichwertig anerkannten Nachbarn, mit dem man beiderseitig bindende Verträge und Abkommen schließen konnte, und so suchten die Reiche ihre Grenzen zu sichern, indem sie an ihnen ständig kampfbereite Völkerschaften oder Freiwillige ansiedelten. Jürgen Osterhammel hat dafür den Begriff der «imperialen Barbarengrenze» geprägt.[15] Wer sich dort niederließ, wusste zumeist um die besonderen Gefahren. Dagegen können die Bürger eines Staates selbst in grenznahen Regionen darauf vertrauen, dass sie, wenn offiziell Frieden herrscht, dessen Segnungen auch tatsächlich genießen können. Viele Schauplätze der neuen Kriege nehmen sich jedoch aus wie globale Wucherungen dieser Grenzregionen der alten Reiche, und der Krieg, der in ihnen herrscht, hat zumeist nichts mit dem Staatenkrieg gemein, der im Europa der Neuzeit geführt worden ist.

Die binäre Codierung politischer Aggregatzustände als Krieg oder Frieden wird, *drittens*, ergänzt durch den Anspruch des Staates, allein darüber bestimmen zu können, wer in politischer Hinsicht als *Freund* und wer als *Feind* zu gelten hat.[16] Damit wurde die vertikale Loyalitätsbeziehung des Lehnsrechts auf den horizontalen Loyalitätsanspruch des Territorialstaats umgestellt, und wer diese Umstellung missachtete, wurde als Hochverräter verfolgt und bestraft.[17] Wer zum Freund oder zum Feind erklärt wurde, legte der Souverän für alle Untertanen verbindlich fest. In den neuen Kriegen dagegen entscheidet ein örtlicher Kriegsherr, oftmals auch bloß ein einzelner Kontrollposten darüber, ob jemand als Freund oder als Feind zu behandeln ist.

Diese drei basalen Unterscheidungen und Grenzziehungen, auf denen der neuzeitliche Territorialstaat im Gegensatz zum Personenverbandsstaat des Mittelalters und der Antike beruht, werden durch drei weitere Unterscheidungen und Grenzziehungen ergänzt, die von mehr oder minder großer Bedeutung für die rechtliche Ausgestaltung der Staatlichkeit und die Klärung der zwischenstaatlichen Beziehungen sind. Da ist zunächst, *viertens*, die Unterscheidung zwischen Kombattanten und Nonkombattanten, zwischen denen also, die durch ihre Kleidung (seit dem 17. Jahrhundert die Uniform) sowie das offene Tragen der Waffe als Angehörige der Streitkräfte kenntlich sind und die deshalb im Kriegsfall angegriffen und getötet werden dürfen, und allen anderen, die, weil sie am Kampf nicht teilnehmen und auf die militärische Entscheidung keinen Einfluss haben, weder beraubt noch absichtlich getötet werden dürfen. Dass die Nonkombattanten vor den Einwirkungen des Kriegsgeschehens bewahrt werden konnten, wurde möglich durch den bereits erwähnten Übergang von einer Strategie wirtschaftlicher Schädigung zu einer Strategie, in der die Schlacht über den Ausgang des Krieges bestimmte. Dabei ist der Schlacht immer auch ein Moment des Symbolischen eingeschrieben; die Zerstörung der Machtsymbole, die in ihr fast immer auch stattfindet, überlagert und ergänzt das physische Kämpfen und verleiht Sieg oder Niederlage eine definitive Aussagekraft. Ohne diese Symbolizität hätte das Ergebnis mancher Schlachten keineswegs zwingend die Beendigung des Krieges und den Abschluss des Friedensvertrags zur Konsequenz gehabt. Der zwischenstaatliche Krieg ist sensibel für die Symbolik von Niederlagen; die neuen Kriege sind dies nicht, was ein weiterer Grund für ihre lange Dauer ist. Hatte sich die Kriegführung des Plünderns und Zerstörens vor allem gegen die Zivilbevölkerung gerichtet, so traf die Gewalt nun im Prinzip allein die Kombattanten. Freilich ist einzuräumen, dass dies nur für den *Großen Krieg* gilt, während der ihn begleitende *Kleine Krieg* nach wie vor in einem nicht unerheblichen Maße darauf abzielte, die Zivilbevölkerung zu schädigen. Mit der Verstaatlichung des Kriegswesens hatte die neue Art der Kriegführung die alte nicht völlig verdrängt, sondern sie zu einem strategischen Hilfsmittel, eben dem Kleinen Krieg, herabgestuft.[18] In gewisser Weise kann man die neuen Kriege darum als eine Verselbständigung des Kleinen gegenüber dem Großen Krieg bezeichnen. Sie geht einher mit einem Verlust politischer Symboliken: Der Zerfall des Staates ist immer auch ein Zerfall politischer Symboliken, und deren Verlust zwingt zur physischen Entscheidung.

Zumindest im Hinblick auf den Großen Krieg und die regulären Truppen war der Staat, *fünftens*, in der Lage, zwischen zulässiger Gewalt im Rahmen von Kriegshandlungen und Gewaltkriminalität eine klare Trennlinie zu ziehen. Das betrifft sowohl die Unterscheidung zwischen Krieg und Frieden selbst als auch die Begrenzung zulässiger Gewalt im Kriege. Insbesondere die Kasernierung der Truppen, die dadurch einer strikteren Kontrolle und Disziplin als in den Feldlagern unterworfen wurden, und die Ersetzung der Kameradengerichte, wie sie in den Aufgeboten der Landsknechte üblich waren, durch eine staatliche Militärgerichtsbarkeit führten zu einer tief greifenden Zivilisierung des öffentlichen Lebens.[19] Die Zeit der «gartenden» Landsknechte, die auf Suche nach Beschäftigungsverhältnissen in großen Gruppen das Land durchstreiften und dabei raubten, plünderten und vergewaltigten, ging damit zu Ende. Ihnen hatten sich häufig Bettler, Ausgestoßene und Verbrecher angeschlossen, und nachdem sie vom Militär getrennt waren, konnte die zivile Ordnung sehr viel leichter durchgesetzt werden, als dies gegen die oft nach Hunderten, wenn nicht Tausenden zählenden Garthaufen der Landsknechte möglich war.[20] Schließlich wurde auch die im Rahmen von Kriegshandlungen zulässige Gewalt eingeschränkt. «Die Kriegführenden haben kein unbeschränktes Recht in der Wahl der Mittel zur Schädigung des Feindes», stellt Artikel 22 der *Haager Landkriegsordnung* von 1907 fest. Und im Artikel 3 des *Genfer Abkommens zum Schutz der Zivilbevölkerung in Kriegszeiten* von 1950 heißt es: «Personen, die nicht direkt an den Feindseligkeiten teilnehmen, einschließlich der Mitglieder der bewaffneten Streitmächte, die ihre Waffen niedergelegt haben, und der Personen, die durch Krankheit, Verwundung, Gefangennahme oder jede andere Ursache außer Kampf gesetzt wurden, sollen unter allen Umständen mit Menschlichkeit behandelt werden, ohne jede auf Rasse, Farbe, Religion oder Glauben, Geschlecht, Geburt oder Vermögen oder auf irgendeinem ähnlichen Kriterium beruhende Benachteiligung.»[21] Die Differenzierung von Kriegsgewalt und Kriegsverbrechen beruht letzten Endes also auf der Fähigkeit des Staates, Kombattanten und Nonkombattanten eindeutig unterscheiden zu können. Dass die Staaten selbst sich über diese Unterscheidung immer wieder hinweggesetzt haben, steht außer Frage,[22] aber das ist etwas anderes als der mit dem Staatszerfall und den neuen Kriegen einhergehende Zusammenbruch des gesamten Ordnungssystems.[23]

Die für die wirtschaftliche Entwicklung Europas wahrscheinlich wichtigste Grenzziehung allerdings war, *sechstens*, die zwischen Gewaltanwendung und Erwerbsleben, in deren Gefolge die offenen Gewaltmärkte[24] geschlossen wurden. An die Stelle des von Fall zu Fall angeworbenen Kriegsvolks traten stehende Heere,[25] die auch in Friedenszeiten vom Staat ausgerüstet und versorgt wurden. Die bewaffnete Macht der Staaten unterlag dadurch nicht länger der Amortisationslogik investierten Kapitals, sondern wurde aus dem durch Steuern gedeckten Staatshaushalt finanziert, in dem die Militärausgaben von nun an bis ins 20. Jahrhundert den notorisch größten Posten bildeten. Wie drückend und belastend auch immer solche Steuern sein mochten – das neue System der Organisation des Militärwesens hatte den großen Vorteil, dass es Angebot und Nachfrage der Gewalt aus dem Arbeitsmarkt herausnahm und diesen auf zivile Tätigkeiten beschränkte.[26] Für die in Soldaten verwandelten Landsknechte bedeutete das freilich, dass ihr Sold langfristig gesehen sank.[27] Was in der Literatur häufig als Militarisierung der Politik bezeichnet wird, führte zunächst zu einer Zivilisierung der Gesellschaft, da die Gewalt als Aneignungsform von Gütern und Dienstleistungen weitgehend aus ihr verbannt wurde: Durch die Kasernierung der Soldaten wurde sie zu einem erheblichen Teil in die Garnisonen miteingeschlossen und in den neuen Disziplinierungsregimen, im militärischen Drill und einem überaus harten Strafreglement, gegen die Soldaten selbst gekehrt.

Diese modellhaft skizzierten Grenzziehungen und Unterscheidungen, die vom neuzeitlichen Territorialstaat vorgenommen und garantiert wurden, sind freilich erst in einem sich über längere Zeiträume erstreckenden Entwicklungsprozess durchgesetzt worden: Seine Anfänge liegen im 15. Jahrhundert, zum Abschluss gekommen ist er erst im 18. Jahrhundert. Außerdem hat er sich nicht überall gleichzeitig und gleichermaßen ereignet. An der östlichen Peripherie Europas etwa, in Polen und Russland, hat er sich nie konsequent vollzogen, ist teilweise abgebrochen worden oder gänzlich gescheitert. Polen ist infolgedessen für mehr als ein Jahrhundert aus der europäischen Geschichte verschwunden, und Russland hat sich durch seine imperiale Ausdehnung nach Osten und Süden immer auch anderen Herausforderungen ausgesetzt gesehen als denen einer Staatsbildung nach europäischem Muster. Im Zentrum Europas dagegen entwickelte sich parallel zum Staatsbildungsprozess ein über das Gleichgewicht der Mächte vermitteltes Symmetrieprinzip, das die Staaten zu einer Politik der nachholenden Modernisierung nötigte: Der Fortschritt der Trennungen und Grenzziehungen in dem einen Land zwang dessen Nachbarn, seinerseits ebensolche Anstrengungen zu unternehmen, um mit den dadurch bewirkten Effektivitätssteigerungen Schritt halten zu können. Insofern haben die Herausbildung eines Systems symmetrischer Kriegführung und die Entstehung einer territorial fixierten Staatlichkeit verstärkend aufeinander gewirkt, unterbrochen nur von der großen Krise des Dreißigjährigen Krieges, in dessen Verlauf es zu einem massiven Rückfall in gerade erst überwundene Formen der Kriegführung gekommen ist. Daher liegt die Vermutung nahe, dass aus einer genaueren Betrachtung des Dreißigjährigen Krieges einige Hinweise auf die Strukturprinzipien und Entwicklungsdynamiken der neuen Kriege seit dem Ausgang des 20. Jahrhunderts gewonnen werden können.

Der Dreißigjährige Krieg als Analyserahmen und Vergleichsfolie der neuen Kriege

Dass die Abfolge von Feldzügen und Kriegen zwischen den Jahren 1618 und 1648, die in der historischen Erinnerung sehr bald unter der Bezeichnung «Dreißigjähriger Krieg» zusammengefasst worden ist, einen tiefen Einschnitt in der europäischen Entwicklung markiert hat, steht außer Frage. Besonders der mitteleuropäische Raum hatte an den Folgen dieses Krieges noch lange zu leiden; in demographischer, sozialer und wirtschaftlicher Hinsicht waren sie so gravierend wie die keines späteren Krieges bis zum Zweiten Weltkrieg.[28] Charakteristisch für den Dreißigjährigen Krieg, der vor allem auf dem Gebiet des Deutschen Reiches ausgetragen wurde, aber alles andere als ein rein innerdeutscher Krieg war, ist zunächst, dass sich die Gewalt in ihm nur zum Teil gegen die bewaffnete Macht eines Feindes, im Übrigen jedoch – zeitweise sogar vorwiegend – gegen die Zivilbevölkerung richtete: Zunächst plünderte und brandschatzte man,[29] um die für die Besoldung und Verpflegung der Truppen erforderlichen Mittel aufzubringen, bald aber häuften sich auch regellose Streif- und Raubzüge, auf denen sich die oftmals selber Hunger leidenden Soldaten die wenigen noch vorhandenen Nahrungsmittel mit Gewalt aneigneten.[30] Es ist zwar im Verlauf dieses Krieges immer wieder zu größeren Schlachten gekommen, doch brachte keine von ihnen die definitive militärische Entscheidung – sei es, weil der Verlierer mit auswärtiger Hilfe oder durch Hinzuziehung neuer Soldaten schon bald seine ursprüngliche Stärke wiederherstellen konnte, sei es, weil andere Mächte seine Position einnahmen und die Kriegsschauplätze mit frischen Truppen bevölkerten.[31] So führte keine der insgesamt dreiunddreißig größeren und kleineren Schlachten des Dreißigjährigen Krieges[32] zu einer militärischen Entscheidung. Infolgedessen setzte sich bei den Krieg führenden Parteien immer stärker eine Strategie durch, die nicht auf die *militärische Niederlage*, sondern die *wirtschaftliche Erschöpfung* des Gegners zielte, und oftmals ging es nur noch darum, die eigenen militärischen Kräfte einigermaßen zu versorgen und zusammenzuhalten. Man führte groß angelegte Verwüstungsfeldzüge, und es entwickelte sich eine Form des Krieges, die durch kleinere Scharmützel und Streifzüge, Plünderungen und Brandschatzungen, Überfälle und Massaker gekennzeichnet war.

Mochte diese Art der Kriegführung von den Feldherren auch zunächst bewusst geplant worden sein, so gerieten die daran beteiligten Truppen doch zunehmend außer Kontrolle; schon bald führten sie auf eigene Rechnung Krieg und kannten dabei, was Grausamkeiten und Gewalttaten gegen die Zivilbevölkerung angeht, keine Grenzen. «Nicht auszusprechen ist die Schande», notierte im Sommer 1622 der Pfarrer des oberhessischen Dorfes Echzell über die Einquartierungen von Soldaten Christian von Braunschweigs, «die sie mit Weibsleuten getrieben, wofern sie auch sechzig- und siebzigjährige Personen, was kaum zu glauben ist, nicht verschonen. Es ist hier eine ehrliche junge Witwe, die geklagt, dass sie bei Zusehen mehrerer Weiber, ihrer eigenen und anderer Kinder von dreien Soldaten nacheinander mitten in der Stube sei vergewaltigt worden. Eine andere Magd haben sie in einem nahen Dorf also verderbt – sind ihrer auf die zehn gewesen –, dass sie in wenigen Tagen hernach ihren Geist aufgegeben. Was sie von Weibsleuten auf dem Feld und in den Gärten angetroffen, haben sie ohne alle Scheu missbraucht.»[33] Die Gräueltaten steigerten sich im Verlauf des Krieges in dem Maße, in dem die zu Beginn noch leidlich disziplinierten Truppen sich in eine marodierende Soldateska verwandelten, die plündernd, sengend und mordend durchs Land zog.[34]

Die Eroberung und Zerstörung Magdeburgs im Jahre 1631 durch das Aufgebot des kaiserlichen Feldherrn Tilly wurde zum Symbol für die Unkontrollierbarkeit der Truppen, die sich angesichts ausstehender Soldzahlungen um die Anweisungen und Befehle ihrer Anführer nicht mehr scherten, sondern Habgier und Mordlust freien Lauf ließen. Der Jesuit Gaspard Wiltheim aus Luxemburg begleitete die Streitmacht der katholischen Liga und berichtete über die Zustände in der gerade eroberten Stadt: «Unterwegs mahnte ich die mir begegnenden Soldaten, die Frauenehre zu achten, wie Tilly befohlen, und vom Morden abzustehen. Leider aber waren schon die Straßen mit Leichen getöteter und der Kleider beraubter Menschen wie gepflastert. Keine Rücksicht wurde auf die Frauenehre genommen. Vor der Peterskirche lag ein Haufen geschändeter und getöteter

Frauen. Mit Hundegier stürzten sich unsere siegreichen Landsknechte öffentlich auf die Frauen der Besiegten. Durch diese Geilheit wurden unsere Siegerheere zu besiegten Banden. Sie wandelten all die vorherigen Triumphe in ständige Niederlagen. Nicht nur der gemeine Landsknecht hatte sich ja mit solcher Schmach befleckt, sondern sogar die Obersten. Nicht genug mit dem leidenschaftlichen Ausbruch eines einzigen Tages, sie haben dann auch noch die Geschändeten geraubt und zu ihrem Verderben lange mit sich herumgeschleppt.»[35]

Wiltheim beschreibt die Gräuel bei der Eroberung Magdeburgs, um damit die bald darauf eingetretene Wende des Kriegsgeschehens zu erklären: Mit der Eroberung dieser Stadt endete die Siegesbahn der kaiserlichen und ligistischen Truppen. Es folgten die schweren Niederlagen von Breitenfeld und Lützen, und die schwedisch geführte Koalition der protestantischen Mächte gewann für längere Zeit die Oberhand. Aber die nicht zuletzt aus Versorgungsproblemen erwachsende Disziplinlosigkeit machte sich bald auch in den Reihen der Schweden breit. Als größere Teile der fränkisch-bayerischen Bauernschaft gegen die fortgesetzten Plünderungen und Gewalttaten Widerstand leisteten und damit begannen, marodierende Soldaten[36] – «Frey-Beuter, Schnapp-Hahnen und Hecken-Krieger», wie sie genannt wurden – anzugreifen und zu töten, rächten sich die schwedischen Truppen dafür, indem sie einige Hundert Dörfer in Schutt und Asche legten.[37] In Grimmelshausens *Abenteuerlichem Simplicissimus* und Moscheroschs *Philander von Sittewald* ebenso wie in den Stichen Callots und Francks sind die Gräuel gerade dieser Phase des Krieges festgehalten. Vor allem Grimmelshausen hat den Krieg als eine gegen die Zivilbevölkerung gerichtete Form gewalttätiger Aneignung dargestellt.[38] Gerade die Veralltäglichung der

Hans Ulrich Franck: Bauern erschlagen einen Soldaten, 1643
Nachdem sich im Verlauf des Dreißigjährigen Krieges die Gewalt marodierender Soldaten immer stärker gegen die Zivilbevölkerung richtete, griffen die drangsalierten Bauern zunehmend zur Selbsthilfe. Sie überfielen kleinere Streiftrupps oder Nachzügler und erschlugen Soldaten, die von ihren Kameraden wiederum aufs grausamste gerächt wurden.

Gewalt, bei der nicht mehr erkennbar ist, welchen Beitrag diese zu einer militärischen Entscheidung leistet, ist von Grimmelshausen eindringlich beschrieben worden.

In Kriegen, die nicht auf eine schnelle militärische Entscheidung ausgerichtet sind, kommt es fast immer zu Disziplinverlust. Die Bewaffneten gehen zunehmend dazu über, den Krieg als eine Möglichkeit zur persönlichen Bereicherung und die Waffe als Instrument zum Ausleben von Allmachtsphantasien und Sadismen zu nutzen. Gerade in dieser Hinsicht finden sich in den Berichten aus dem Dreißigjährigen Krieg auffällige Ähnlichkeiten mit den jüngsten Entwicklungen. Darüber hinaus aber stellt auch eine nach dem Prinzip des *bellum se ipse alet* (der Krieg ernährt sich selbst) organisierte Kriegsökonomie eine strukturelle Parallele zu den neuen Kriegen dar. Es gibt hier keinen aus dem Steueraufkommen zusammengetragenen Staatsschatz, der – selbst wenn er durch Anleihen und Kredite gestreckt und ausgeweitet wird – im Prinzip vorgibt, wie lange und mit welcher Anstrengung der Krieg geführt werden kann und wann er beendet werden muss; stattdessen ist er selbst zu einem Bestandteil des Wirtschaftslebens geworden, das keiner politischen Kontrolle und Begrenzung mehr unterliegt. Sicherlich kann ein Krieg auch unter solchen Bedingungen nicht endlos fortgesetzt werden: Als einseitige Form der Aneignung von Werten leistet er selber keine Wertschöpfung, und irgendwann hat er sich so tief in die wirtschaftlichen Strukturen hineingefressen, dass es zum Totalkollaps kommt. Da diese Kriege jedoch in der Regel nicht dem Prinzip einer umfassenden und schnellen Mobilisierung der Kräfte, sondern dem eines langsamen und kontinuierlichen Verbrauchs folgen, dauern sie zumeist sehr lange und flackern nach zeitweiligem Erlöschen immer wieder auf.

Bald treten in der Organisation solcher Kriege private

oder halbprivate Gewaltunternehmer an die Stelle staatlicher Bürokratien und Kommandostäbe. Das gilt auch für die Organisation des Dreißigjährigen Krieges, an dem schätzungsweise 1500 größere und kleinere Kriegsunternehmer beteiligt waren.[39] Albrecht von Wallenstein, Ernst zu Mansfeld, Christian von Braunschweig und Bernhard von Weimar sind nur die bekanntesten unter ihnen. Im Unterschied zu einigen Condottieri im Italien des 15. Jahrhunderts ist es freilich keinem von ihnen gelungen, eine dauerhafte eigene Herrschaft zu errichten, wiewohl manche, wie Ottavio Piccolomini oder Wenzel Lobkowitz, großen Reichtum und starken politischen Einfluss gewonnen haben.[40] Zunächst verlief die Aufstellung der Regimenter durch dazu bestellte Obristen in zwar privatwirtschaftlich organisierten, aber staatlich geregelten Bahnen. Bald jedoch verloren die vorgegebenen Rahmenbedingungen mehr und mehr an Bedeutung, und die tatsächliche Kriegführung verselbständigte sich gegenüber allen politischen Vorgaben.

Doch dieser Krieg hätte in Deutschland nicht über einen Zeitraum von dreißig Jahren geführt werden können, wenn ihm nicht permanent von außen neue Mittel zugeflossen wären – in Gestalt frischer Truppen (neben den Spaniern und Schweden sind hier die Schotten zu nennen) und insbesondere in Form von immer neuen Geldern, die namentlich von England, Frankreich und den Niederlanden in den Krieg hineingepumpt worden sind. Diese Subsidien haben den Krieg in doppelter Hinsicht verlängert: zunächst, indem sie seine Fortsetzung ermöglichten, und später, indem sie seine Beendigung erschwerten. In den Friedensverträgen sollte nämlich unter anderem festgehalten werden, wer für die Rückzahlung jener Gelder aufzukommen hatte, und natürlich war dazu niemand mehr imstande. Man darf aber auch nicht außer Acht lassen, dass dieser Krieg sich ohne den beständigen Zufluss von Gold und Silber aus der Neuen Welt und die seit der Entdeckung Amerikas entstandenen weltwirtschaftlichen Verbindungen schwerlich über dreißig Jahre hingezogen hätte.

Im Prinzip ist es selbstverständlich, und dennoch wird es zumeist übersehen oder nicht hinreichend berücksichtigt: Kriege dauern normalerweise umso länger, je stärker die an ihnen Beteiligten auf die Ressourcen der Weltwirtschaft zugreifen können. Das gilt im Übrigen auch für klassische Staatenkriege. In der Regel wird ein solcher Zugriff auf zusätzliche Ressourcen – bestimmte Rohstoffe, vor allem aber Waffen und Geld – durch andere Staaten organisiert; die meisten Peripheriekriege in der Zeit des Ost-West-Konflikts sind nach diesem Modell alimentiert und am Leben erhalten worden. Unter den Bedingungen der Globalisierung aber, die sich einer Steuerung durch die Staaten entzieht, greifen die Kriegsparteien inzwischen ungehindert auf die Ressourcen der Weltwirtschaft zu. So sind aus den so genannten Stellvertreterkriegen, die zumindest partiell von den Supermächten USA und Sowjetunion kontrolliert wurden, immer stärker verselbständigte Kriege geworden, deren Fortdauer nicht von der Durchsetzung politischer Ziele, sondern von der Verfügbarkeit weiterer kriegswichtiger Ressourcen abhängt; wenn sie schließlich doch enden, dann nicht, weil eine Seite ihre Ziele erreicht hat, sondern weil alle Seiten zu erschöpft sind, den Krieg weiterzuführen. Auch darin weisen die neuen Kriege Ähnlichkeiten mit dem Dreißigjährigen Krieg auf.

Offiziell ist der Dreißigjährige Krieg im Herbst 1648 durch den doppelten Friedensschluss von Münster und Osnabrück zu Ende gegangen. Aber allein schon der Umstand, dass an zwei getrennten Orten verhandelt werden musste und dass mehrere Parteien dem Vertrag erst mit einiger Verzögerung zustimmten, zeigt, dass man statt von einem Friedens*schluss* eher von einem Friedens*prozess* sprechen sollte.[41] So hatten die Parteien, die seit Mitte 1645 miteinander konferierten, zuvor bereits auf verschiedenen Ebenen politische Sondierungsgespräche geführt, und dennoch zogen sich die Verhandlungen in Münster und Osnabrück über drei Jahre hin, bis es dann in wesentlichen (nicht allen) Punkten zu einer Einigung kam. Diese lange Dauer hatte zum einen damit zu tun, dass sich im Verlauf des Krieges viele Interessengruppen gebildet hatten, die nicht ohne weiteres durch die Beendigung der Kriegshandlungen zu pazifizieren waren, und dazu gehörten natürlich all jene, denen der Frieden die bisherige Existenzgrundlage nehmen würde; es war klar, dass das Problem der «Abdankung der Kriegsvölker» finanziert werden musste – immerhin waren rund 150 000 Soldaten zu entlassen –, aber unklar war, wer die dafür benötigten Gelder aufbringen sollte. Zum anderen wurden die Verhandlungen, die durch keinerlei militärische Entscheidung «vorstrukturiert» waren, dadurch erschwert, dass eine große Anzahl auswärtiger Mächte sich in den Krieg eingeschaltet und ihn so mit einer Reihe anderer Kriege verbunden hatten. Im Prinzip mussten in Münster und Osnabrück vier europäische Kriege beendet werden, damit ein stabiler und belastbarer Frieden in Deutschland hergestellt werden konnte: der Krieg zwischen Frankreich und Spanien (hier scheiterten die Friedensverhandlungen freilich), der sich seit achtzig Jahren hinziehende Krieg zwischen Spanien und den nördlichen Niederlanden, der Krieg zwischen Frankreich und einem Teil der Reichsstände und schließlich der Krieg zwischen dem Kaiser und einem anderen Teil der Reichsstände sowie Schweden. Etwa vierzehn Jahre lang ist die Idee eines umfassenden europäischen Friedenskongresses im Gespräch gewesen, bis sie dann im Westfälischen Frieden umgesetzt wurde. Damit verglichen sind die europäischen Staatenkriege des 18. und 19. Jahrhunderts und selbst der Erste Weltkrieg, an dessen Ende ja ebenfalls eine Fülle von Problemen zur Entscheidung standen, ausgesprochen schnell beendet worden. Freilich haben die so genannten Pariser Vorortverträge des Jahres 1919 (Versailles, Saint-Germain, Trianon, Neuilly und Sèvres) einen erheblich fragileren Frieden zur Folge gehabt als die Abschlüsse von Münster und Osnabrück, weswegen diese in letzter Zeit zunehmend als Meisterstücke der Verhandlungs- und Staatskunst gewürdigt worden sind.[42] Was dabei in aller Regel jedoch zu gering veranschlagt wird, ist die Tatsache, dass der Krieg noch jahrelange fortdauerte, als längst klar war, dass keine der an ihm beteiligten Seiten ihn mit militärischen Mitteln zu ihren Gunsten würde entscheiden können.

So stellt sich der Dreißigjährige Krieg als eine Abfolge und Überlagerung einzelner Kriege und Konflikte dar, die sich derart ineinander verwoben und verkettet haben, dass man von einem einzigen Krieg sprechen kann.[43] Darin gleicht er erneut einer ganzen Reihe von Kriegen, deren Zeitgenossen wir sind: zunächst dem *Afghanistan-Krieg*, der streng genommen aus der Abfolge mehrerer Kriege mit unterschiedlichen Parteien besteht und dessen Verlust-Bilanz auf langfristig ähnlich verheerende Folgen hindeutet, wie sie der Dreißigjährige Krieg für Deutschland gehabt hat: Etwa eine Million Kriegstote (davon 400 000 Kinder) bei einer Gesamtbevölkerung von insgesamt 13 Millionen Menschen, dazu 1,7 Millionen durch Kriegseinwirkungen Verkrüppelte sowie zwischen vier und fünf Millionen Flüchtlinge.[44] Sodann der Krieg in *Angola*, der inzwischen seit über dreißig Jahren andauert und dem bislang schätzungsweise knapp 10 Prozent der Gesamtbevölkerung zum Opfer gefallen sind; 20 Prozent der Bevölkerung führen ein Leben als Binnenflüchtlinge und fast drei Millionen Angolaner sind auf die Hilfe internationaler Organisationen angewiesen. Die wirtschaftliche Erholung, die Jahre, wenn nicht Jahrzehnte dauern wird, wird durch 10 bis 15 Millionen vergrabene Landminen erschwert.[45] Weiterhin der *Kongo-Krieg*, der unter einer Bevölkerung von 30 Millionen Menschen bislang 1,7 Millionen Todesopfer gefordert und über zwei Millionen Vertriebene zur Folge gehabt hat. Die Präsenz verschiedener Rebellenbewegungen und Interventionsmächte im Kongo hat innerkongolesische Konflikte inzwischen mit denen anderer Länder der Region verwoben, sodass die Möglichkeit eines schnellen Friedensschlusses in immer weitere Ferne gerückt ist.[46] Schließlich der *Nahost-Konflikt*, bei dem die Auseinandersetzung zwischen Israelis und Palästinensern mit einer Reihe von Regionalkriegen verbunden ist, von denen der im Libanon sich als der langwierigste und folgenreichste herausgestellt hat.[47] Die Reihe ließe sich mit Blick auf die Kaukasusregion, das Horn von Afrika und so weiter fortsetzen. All diesen Kriegen ist gemeinsam, dass sie sich aus innergesellschaftlichen zu transnationalen Konflikten ausgeweitet haben, durch die sie buchstäblich grenzenlos geworden sind. Von daher wird man es als einen beträchtlichen Erfolg für UNO, Nato und Europäische Union verbuchen müssen, dass es ihnen im Ergebnis gelungen ist, die aus dem Zerfall Jugoslawiens erwachsenen Kriege regional begrenzt zu halten. Es wird zukünftig zu den wichtigsten Aufgaben internationaler Friedenspolitik gehören, dass sie, wenn die frühzeitige Beendigung eines innergesellschaftlichen Krieges unmöglich ist, zumindest dessen Transnationalisierung verhindert.[48]

Bekanntlich hat auch der Dreißigjährige Krieg als ein innerer Konflikt zwischen den böhmischen Ständen und dem Kaiser begonnen; aufgrund seiner Verknüpfung mit den konfessionellen Gegensätzen der Zeit hat er jedoch schon bald die Grenzen Böhmens überschritten. Friedrich von der Pfalz und Maximilian von Bayern, die neben dem Kaiser und den Ständen von Anfang an eine zentrale Rolle in den Auseinandersetzungen spielten, haben sich aber zweifellos nicht allein wegen ihrer konfessionellen Bindungen und Loyalitäten – Friedrich als Calvinist, Maximilian als Katholik – in den Krieg hineinziehen lassen, sondern auch aus persönlichem Ehrgeiz und Machtstreben: der eine, weil ihn die böhmische Königskrone lockte, der andere, weil er in den Kurfürstenstand aufsteigen wollte, wofür ihm die Übertragung der pfälzischen Kur als der geeigneteste Weg erschien. Man wird der Komplexität der Kriegsgenese darum nicht gerecht, wenn man den Dreißigjährigen Krieg ausschließlich als Konfessionskrieg begreift, und auch in den vorangegangenen so genannten Religionskriegen, zumal denen in Frankreich, ging es keineswegs nur um konfessionelle Differenzen.[49] Konfessionelle Bindungen und Werte haben freilich nach Ausbruch des Krieges zu dessen Beschleunigung beigetragen und seine Beendigung erschwert – insbesondere nach den kaiserlichen Restitutionsedikten des Jahres 1629, als der Protestantismus in Deutschland um seinen politisch gesicherten Fortbestand fürchten musste –, aber die alleinige Ursache des Krieges waren sie nicht. Sie haben die grenzüberschreitende Ausweitung des Krieges entscheidend vorangetrieben, doch zu einer solchen Expansion wäre es womöglich auch ohne konfessionelle Bindungen gekommen.[50] In dieser Hinsicht lassen sich einmal mehr strukturelle Ähnlichkeiten mit den neuen Kriegen aufzeigen, in denen religiös-ideologische Faktoren selten die eigentliche Brandursache gewesen sind, häufig aber als Brandbeschleuniger gewirkt haben.

Es ist sicherlich eine Binsenweisheit, dass in Kriegen nicht nur Strukturen, Institutionen und Organisationen wichtig sind, sondern auch Führer und Organisatoren. In innergesellschaftlichen Kriegen allerdings kommt diesen eine noch größere Bedeutung zu als in zwischenstaatlichen Kriegen, da die zur Kriegführung nötigen Institutionen und Organisationen meist erst geschaffen werden müssen. Daher entscheidet hier das Vorhandensein oder Fehlen charismatischer Führer und genialer Organisatoren über Krieg und Frieden. Das lässt sich am Verlauf des Dreißigjährigen Krieges gut beobachten. Wallenstein weist sicherlich wenig charismatische Züge auf, aber er war, zumal im Zusammenspiel mit dem Bankier Hans de Witte, ein überragender Organisator des Militärwesens, der obendrein über beträchtliche taktische und strategische Fähigkeiten verfügte. Ohne ihn wäre der Krieg anders verlaufen; das wurde sofort deutlich, als der Kaiser glaubte, zeitweilig auf ihn verzichten zu können. Gustav Adolf von Schweden dagegen besaß in hohem Maße charismatische Eigenschaften, wie sich nicht zuletzt in seiner Art der Truppen- und Gefechtsführung zeigte: Immer wieder tauchte er in den vordersten Reihen oder inmitten seiner Truppen auf, um sie zu größeren Anstrengungen zu bewegen oder zu einem neuen Angriff zu führen. Außerdem wäre Schweden ohne Gustav Adolf kaum in den Krieg eingetreten.[51] Und schließlich hätte der Krieg, zumindest in seiner zweiten Phase, einen anderen Verlauf genommen, wenn nicht Kardinal Richelieu an die Spitze der französischen Politik aufgestiegen wäre, sondern jemand, dessen Handeln weniger durch die Imperative der Staatsräson und stärker durch konfessionelle Bindungen bestimmt gewesen wäre.[52] Neben diesen herausgehobenen Führungsfiguren, auf deren Handlungsmotivation das Interesse an persönlichem Aufstieg, die Wertbindungen des Glaubens und die Räson des Staates einen je dominierenden Einfluss hatten, spielten in der zweiten Reihe zahlreiche Charismatiker eine entscheidende Rolle. So Ernst zu Mansfeld, Christian von Braunschweig, Bernhard von Weimar und andere, die auch nach größeren Niederlagen ihre Truppen neu formierten, die verlorenen Waffen zu ersetzen wussten, um Unterstützung warben und sich auf den Kriegsschauplätzen zurückmeldeten.[53] Heute ist die Infrastruktur der neuen Kriege von ähnlich charismatischen Kriegsunternehmern geprägt, die mit Hilfe auswärtiger Politiker – mögen diese nun eher an allgemeinen Werten oder den Interessen ihrer Staaten orientiert sein – Einfluss und Durchhaltefähigkeit gewinnen und für die der Krieg weniger ein Mittel zur Durchsetzung langfristiger politischer Ziele als vielmehr eine Möglichkeit darstellt, persönlich Macht und Reichtum zu erlangen.

Wegen all dieser Aspekte bietet sich der Dreißigjährige Krieg viel stärker als alle späteren Kriege, die beiden Weltkriege sowie die Befreiungs- beziehungsweise Pazifizierungskriege während der Auflösung der alten (Kolonial-)Imperien inbegriffen, als Analyserahmen und Vergleichsfolie der neuen Kriege an – auch und gerade weil er unter den Bedingungen einer noch nicht zum Abschluss gekommenen Verstaatlichung der sozio-politischen Ordnung ausgetragen wurde, weswegen es zu einem Gegen- und Miteinander staatlicher, halbstaatlicher und privater Akteure kam, das für die neuen Kriege gleichfalls typisch ist. Die wichtigsten Akteure des Dreißigjährigen Krieges waren neben den eigentlichen Trägern der Herrschaft, wie dem Kaiser und den Reichsständen, mit Kriegsbeginn hochgekommene Gewaltunternehmer, die das Söldnerwesen organisierten und weniger die Direktiven ihrer Auftraggeber als ihre eigenen Interessen im Blick hatten. Das Personal, das ihnen zur Verfügung stand, setzte sich zusammen aus professionellen Landsknechten, die zuvor bereits auf unterschiedlichen Kriegsschauplätzen gedient hatten, zunehmend aber auch aus Angehörigen der Unterschicht, die Möglichkeiten suchten, ihren Lebensunterhalt zu sichern, sowie aus Abenteurern, die den Krieg nutzen wollten, um ihr Glück zu machen.[54] Und schließlich griffen immer mehr auswärtige Mächte in diesen Krieg ein, die je nach ihren Interessen und Möglichkeiten die einzelnen Parteien unterstützten, indem sie Legitimität, Geld und Waffen bereitstellten. Gelegentlich nahmen sie auch durch die Entsendung eigener Streitkräfte direkt am Kriegsgeschehen teil. So ist für den Dreißigjährigen Krieg eine Gemengelage aus verfassungspolitischen Konflikten und religiös-ideologischen Gegensätzen, privaten Bereicherungs- und persönlichen Machtbestrebungen, Staatsräsonerwägungen und Wertbindungen charakteristisch. Solche Kriege können in den seltensten Fällen militärisch entschieden werden.

3 Die Verstaatlichung des Krieges und ihre Folgen

Der Krieg als Kommerz: die Condottieri und ihre Nachfolger

Zwei Franziskaner begegneten in der Nähe von Castiglione Fiorentino dem englischen Söldnerführer John Hawkwood, den die Italiener Giovanni Acuto nannten.[1] Sie grüßten den im Florentiner Gebiet überaus beliebten und angesehenen Condottiere ihrer Gewohnheit entsprechend mit einem freudigen «Gott gebe euch Frieden, Monsignore!» und waren umso erschrockener, als Hawkwood ihnen mit einem trockenen «Gott nehme euch eure Almosen!» antwortete. Warum er ihnen solches wünsche, fragten sie furchtsam zurück, wo sie selbst ihm doch etwas Gutes gewünscht hätten. «Wie könnt ihr glauben», so die Antwort des Condottiere, «etwas Gutes zu sagen, die ihr zu mir kommt und sprecht, Gott möge mich verhungern lassen. Wisst ihr denn nicht, dass ich vom Krieg lebe und der Frieden mich ruinieren würde? Und so wie ich vom Krieg lebe, so lebt ihr von Almosen, sodass die Antwort, die ich euch gab, eurer Begrüßung durchaus entsprach.»

Franco Sacchettis kleine Anekdote aus dem frühen 15. Jahrhundert legt die konstitutiven Prinzipien der Kriegführung im Zeitalter der Condottieri prägnant offen: Der Krieg war zu einem Geschäft und Kämpfen zu einer geldentlohnten Dienstleistung geworden, weswegen Karl Marx das Söldnerwesen auch als eine uneigentliche Vorform der Lohnarbeit bezeichnet hat.[2] Rechtliche Basis einer solchen Art von Kriegführung war die Condotta, ein von Juristen aufgesetzter und teilweise bis ins Detail hinein spezifizierter Vertrag zwischen dem Auftraggeber, einer Stadt oder einem Fürsten, und dem Kriegsunternehmer, dem Condottiere. Darin waren die Höhe des Soldes, die Stärke der Truppen, die Dauer, für die sie zu stellen waren, und vor allem die Aufgaben, die sie zu übernehmen hatten, festgelegt. In Deutschland hat sich dieses System im Landsknechtwesen des 16. Jahrhunderts,[3] ja bis in die Zeit des Dreißigjährigen Krieges hinein erhalten, wobei die Condotta durch die so genannte Kapitulation ersetzt wurde, die Werbepatente, Kriegsartikel und eine Vereinbarung über die zu leistenden Geldzahlungen umfasste. Noch im 18. Jahrhundert führte die britische Ostindische Kompanie ihre Kriege nach einem solchen Modell.[4] Die Kriegführung der Condottieri entsprach dem Geist des Tauschhandels. Die persönliche Dienstleistung des Lehnsmanns, die das mittelalterliche Feudalsystem geprägt hatte, und das auf dem Waffendienst der Bürgerschaft beruhende Milizwesen der Städte wurden rationalisiert und systematisiert. An die Stelle der persönlichen Verpflichtung dem Herrscher oder der Bürgerschaft gegenüber trat die unpersönliche Beziehung von Kauf und Tausch. Das Wehraufgebot der Städte wurde ersetzt durch die zeitlich begrenzte Anwerbung professioneller Krieger, und die personale Treueverpflichtung der mittelalterlichen Lehnsaufgebote wurde abgelöst durch den befristeten, geldvermittelten Kontrakt.[5]

Dieser Prozess hatte eine soziale Öffnung des Militärwesens zur Folge: Waffen zu führen war nicht länger ein Privileg des Adels, sondern wurde zu einer Tätigkeit, die im Prinzip jeder, der sich dazu für geeignet hielt, ausüben konnte. Nachdem es über mehrere Jahrhunderte durch starke Exklusionsmechanismen beherrscht worden war, wurde das Militärwesen jetzt zu einem Sprungbrett des sozialen Aufstiegs. Im Italien des 15. Jahrhunderts gelang es einer Reihe von Condottieri sogar, nach erfolgreich geführten Feldzügen die Position von Fürsten und Herzögen einzunehmen. Francesco Sforza, der es bis zum Herrscher über die Lombardei brachte, ist nur der bekannteste und erfolgreichste unter ihnen; daneben sind Bartolomeo Colleoni und Erasmo da Narni, genannt Malatesta, Jacopo Piccinino und Francesco Bussone, später Graf von Carmagnola, zu nennen, die allesamt aus bescheidenen Verhältnissen kamen und, zumindest zeitweilig, Ruhm und Ehre, Macht und Reichtum erlangten.[6] Schon bald wurden die Aufgebote der Condottieri zu Tummelplätzen für Abenteurer, die ihr Glück mit der Waffe machen beziehungsweise die Waffe gebrauchen wollten, um das Glück zu zwingen. Die Reihen der Soldaten füllten sich mit Glücksrittern.

Aber nicht allen war der soziale Aufstieg beschieden; viele starben an Seuchen und Krankheiten, und mancher, der das Ziel seiner Wünsche schon fast erreicht zu haben glaubte, erlebte einen tiefen Fall. Das Schicksal Wallensteins, den sein kaiserlicher Auftraggeber ermorden ließ, weil er ihn verdächtigte, mit dem Feind zu konspirieren, hatte zuvor bereits einige italienische Condottieri ereilt: Jacopo Piccinino ging in eine Falle des neapolitanischen Königs Ferrante, der ihn gefangen nehmen und umbringen ließ; Graf Carmagnola wurde von den Venezianern des Verrats bezichtigt, gefoltert und schließlich auf dem Markusplatz hingerichtet; Niccolò da Tolentino teilte mit ihnen in Mailand, Paolo Vitelli in Florenz dieses Geschick. Das ist freilich kaum verwunderlich. Wo das einzige Band zwischen der politischen Führung und dem Militär die mit Geld erkaufte, zeitlich befristete Loyalität ist, da schleicht sich der Verratsverdacht schnell ein. Ohnehin hielten die Condottieri oft schon nach dem nächsten Beschäftigungsverhältnis Ausschau, während das alte noch bestand. Die Vermutung, dass sie dieses nicht mit der geforderten Sorgfalt zu Ende brachten, lag nahe, und sicherlich haben sie einige Kriege bewusst verschleppt, um die Zeit ihrer Besoldung zu verlängern. An einer raschen Entscheidung des Krieges dürfte jedenfalls kaum einem von ihnen gelegen gewesen sein. Außerdem waren die Condottieri und ihre Soldaten in der Regel wenig geneigt, für einen zeitweiligen Arbeitgeber Leib und Leben zu riskieren. So entwickelten sie bald eine Art von Kriegführung, die nicht auf Schlachten abzielte, sondern im Wesentlichen auf einer Manöverstrategie beruhte.[7] War schließlich doch ein größeres Gefecht oder gar eine Schlacht unvermeidlich, so wurden sie mit möglichst geringen Verlusten ausgetragen; Gefangene, die man dabei machte, ließ man gegen entsprechendes Lösegeld bald wieder frei. Die finanziellen Mittel für die Lösegeldzahlungen hatte meist der politische Auftraggeber aufzubringen, der somit nicht nur sein Ziel verfehlt hatte, sondern obendrein für den Fehlschlag auch noch mehr bezahlen musste, als ursprünglich für den Erfolg veranschlagt worden war.

So sahen sich die Condottieri immer wieder mit dem Vorwurf konfrontiert, sie führten ihre Kriege nicht mit der nötigen Ernsthaftigkeit und hätten daraus ein Spiel gemacht, für das die Städte aufkommen müssten. Die Condottieri, so auch Sacchetti in seiner moralischen Nutzanwendung aus der Anekdote vom Zusammentreffen Hawkwoods mit den beiden Franziskanern, spielten «oftmals […] denen, die sie besolden, noch übler mit als den Soldaten ihrer Gegner. Denn obgleich der eine von ihnen sich den Anschein gibt, gegen den andern zu kämpfen, so sind sie einander doch besser gesinnt als jenen, die sie in ihren Sold genommen haben, und es sieht so aus, als sagten sie zueinander: ‹Raube dort, ich will hier rauben.›»[8] Sacchetti hat daraus die Konsequenz gezogen, die Städte sollten Frieden halten und es sich dreimal überlegen, ob sie einen Krieg anfingen. Niccolò Machiavelli empfahl dagegen, das System der Condottieri abzuschaffen, um das Kriegswesen wieder einer *politischen* Kontrolle zu unterwerfen; dazu propagierte er die Rückkehr zu bürgerschaftlichen Milizen nach antikem Vorbild. «Ein Herrscher», so schreibt er, «der sich auf Söldner stützt, wird niemals auf festem Boden stehen und sicher sein, denn Söldner sind uneinig, machtgierig, ohne Disziplin und treulos, überheblich gegenüber den Freunden, feig vor dem Feind, ohne Furcht vor Gott, ohne Redlichkeit gegen Menschen. […] Im Frieden wird das Land *von ihnen* ausgeplündert, im Krieg *vom Feind*. Der Grund hierfür ist der, dass sie sich durch nichts gebunden fühlen und kein anderes Motiv sie im Feld hält als das bisschen Sold, der nicht ausreicht, um sie gerne für dich sterben zu lassen. Sie wollen wohl deine Soldaten sein, solange du keinen Krieg führst; doch wenn wirklich Krieg kommt, so werden sie fahnenflüchtig oder ziehen ab.»[9]

Als Machiavelli dies schrieb, hatte das italienische Condottierisystem eine Reihe verheerender Niederlagen erlitten: Gegen die nach Italien eingedrungenen Franzosen, Spanier und Deutschen hatten die Condottieri sich in mehreren Schlachten als chancenlos erwiesen und überließen das Land nunmehr den Truppen der auswärtigen Mächte, die Italien zum Hauptkriegsschauplatz im Kampf um die Hegemonie in Europa machten. Die Invasoren griffen zwar ebenfalls auf Söldnerverbände zurück, etwa auf die Schweizer Reisläufer, deren sich vor allem die französischen Könige bedienten, oder die deutschen Landsknechte, mit denen die Kaiser die Kriegsschauplätze bevölkerten, aber sowohl Schweizer Reisläufer als auch Landsknechte führten eine andere Art Krieg als die italienischen Condottieri: Hatten diese kleine berittene Verbände aufgestellt, in denen sich, der neuen geldwirtschaftlichen Organisation des Krieges zum Trotz, noch viel vom ritterlichen Ethos mittelalterlicher Kriegführung erhalten hatte, so setzten sich die aus dem Norden kommenden Söldnerverbände im Wesentlichen aus Fußtruppen zusammen, die, weil sie deutlich billiger waren als Reiterei, in erheblich größerer Zahl aufgeboten werden konnten.

Dass Fußsoldaten es jetzt, im Unterschied zu den vorangegangenen Jahrhunderten, mit gepanzerten Berittenen aufnehmen konnten, lag im Wesentlichen an der taktischen Formation des Gevierthaufens, die von den Schweizern entwickelt und von den Landsknechten perfektioniert worden war:[10] Die mit langen Spießen bewaffneten Fußsoldaten formierten sich zu einem Karré oder Kreis, die in der Defensive nach allen Seiten verteidigungsfähig und mit Berittenen nicht zu überrennen waren. In der Offensive bekam der Spießerhaufen durch die Masse der in ihm zusammengeballten Kämpfer eine solche Wucht, dass ihm kaum etwas standzuhalten vermochte. Am ehesten ließen sich diese Gevierthaufen mit vor der eigenen Front positionierter Artillerie aufbrechen; wenn sich der geschlossene Truppenkörper unter Beschuss aufzulösen begann, konnte man ihn mit einer Reiterattacke zersprengen. Um die Artillerie aber effektiv zum Einsatz bringen zu können und zu verhindern, dass sie ihrerseits vom anstürmenden Gegner überrannt wurde, brauchte man eigene Fußtruppen. Das hatte zur Folge, dass nur noch Heere, die sowohl über Fußtruppen als auch Berittene und Artillerie verfügten, einen erfolgreichen Feldzug führen konnten. Über den Ausgang einer Schlacht entschied nunmehr die zahlenmäßige Größe der aufgebotenen Truppen sowie die überlegene Fähigkeit zum verbundenen Einsatz der drei Waffengattungen. Dadurch erlangten größere Gefechte und Schlachten kriegsentscheidende Bedeutung. In den Schlachten von Ravenna, Marignano und Pavia sind die Feldzüge der europäischen Hegemonialmächte im Aufeinanderprall der Heere entschieden worden.[11] Mit der Entwicklung hin zu größeren Heeren und zur Kombination unterschiedlicher Waffengattungen wurden die Kriege jedoch zunehmend teurer. Die von Graf Campobasso, Gian Giacomo Trivulzio sowie schließlich Raimondo Montecuccoli immer wieder zu hörende Bemerkung, wer Krieg führen wolle, brauche Geld, Geld und nochmals Geld,[12] wurde von Wiederholung zu Wiederholung zutreffender. Solche Kriege konnten letztlich nur noch die Staaten führen, die in der Lage waren, auf der Basis eines seit dem 15. Jahrhundert kontinuierlich gesteigerten Steueraufkommens[13] die erforderlichen Finanzmittel auch über längere Zeiträume bereitzustellen, und denen es allmählich gelang, den Krieg, der unter den Condottieri zu einem Bestandteil des Wirtschaftslebens gewordenen war, wieder unter ihre politische Direktionsgewalt zu bringen. Die Größe des Herrschaftsgebiets, der Grad, in dem die Herrschaftsausübung zentralisiert worden war, und die Höhe des Steueraufkommens gaben von nun an den Ausschlag im europäischen Kriegsgeschehen.

Waffentechnische Innovationen, taktische Revolutionen

Bei ihrem Versuch, die Kontrolle über den Krieg zu erlangen, griffen die Staaten anfänglich auf das von den Condottieri entwickelte Organisationssystem des Militärwesens zurück und suchten nur indirekt über die Lenkung der Geldströme, die Auswahl der Kriegsunternehmer sowie die

Ausgestaltung der mit ihnen abgeschlossenen Verträge Einfluss auf die Führung des Krieges zu gewinnen. So konnte sich vor allem in Deutschland eine Form des Militärs entwickeln, in der sich die kommerziellen Züge des Kriegswesens mit den genossenschaftlichen Charakteristika der Landsknechtsorganisation verbanden.[14] Dazu gehörte zunächst das System der Selbstausrüstung: Die Landsknechte hatten ihre Waffen und Bekleidung selbst zu stellen; die Kosten dafür bestritten sie mit Werbegeld und Sold. In der Folge entwickelte sich eine eigene Landsknechtstracht, durch die sich die Militärgesellschaft demonstrativ von der zivilen Gesellschaft abgrenzte und mit der sie zugleich die Regeln der ständischen Kleiderordnung nachhaltig durchbrach.[15]

Dem bunten Erscheinungsbild der Landsknechte machte erst die sich im Verlauf des 17. Jahrhunderts durchsetzende Uniformierung der Truppen ein Ende. Diese einheitliche Uniformierung gab schon äußerlich zu erkennen, dass die Staaten das Militärwesen ihrer direkten Kontrolle unterworfen hatten. Dabei wurden alle eigenständigen Ausdrucksformen der korporativen Militärorganisationen zerschlagen und mit ihnen auch alle anderen Institutionen, die von den Landsknechtsverbänden geschaffen worden waren: die genossenschaftliche Rechtsprechung, die Beteiligung am Erlös der Beute sowie eine im Tross inkorporierte Sozialorganisation, die für die umherziehenden Soldkrieger so etwas wie eine Ersatzheimat darstellte; in ihr konnten sie im Falle von Verwundung oder – was wahrscheinlicher war – Krankheit ein gewisses Maß von Pflege und Fürsorge finden. Vor allem Frauen erfüllten in dieser eigenständigen Kultur der militärischen Unterschichten eine tragende Funktion – von den Marketenderinnen bis zu den Prostituierten, den so genannten Trosshuren, die unter der Aufsicht des Hurenweibels standen. Viele Landsknechte führten sogar Ehefrauen und

Daniel Hopfer: Deutsche Landsknechte, 1460
Die Landsknechte des 15. und 16. Jahrhunderts bildeten eine Gemeinschaft mit eigenen Gepflogenheiten und eigenem Recht. Nicht zuletzt durch ihre auffallende Kleidung, die allen Vorgaben der ständischen Ordnung Hohn sprach, grenzten sie sich vom Rest der Gesellschaft ab.

Kinder im Heerestross mit, sodass dieser in seinem Umfang oft dem Aufgebot der Kombattanten nicht nachstand.[16] Diese fahrende Gesellschaft, der noch Büchsenmacher und Waffenschmiede zuzurechnen sind, war das eigentliche Zentrum des Widerstandes gegen alle staatlichen Disziplinierungsversuche. Für sie war der Krieg tatsächlich zu einer Lebensform geworden. Es entstand eine parasitäre Parallelgesellschaft, ein Staat im Staate,[17] mit eigenen Interessen, die nur selten mit den politischen Vorgaben der Staatsführung identisch waren.

Für die schließlich durchgesetzte direkte Verstaatlichung des Kriegswesens waren recht unterschiedliche Motive wichtig: sicherlich die zumeist aus protestantischen Kreisen vorgebrachte Kritik an der mangelnden Sittlichkeit der Landsknechte und dem von ihnen ausgehenden schlechten Einfluss auf die Gesellschaft,[18] sodann die verstärkte Rezeption der stoischen Philosophie und in Verbindung damit antiker Militärtheorien, die in den philosophisch-militärischen Begleitschriften der oranischen Heeresreform ihren Niederschlag gefunden haben.[19] All diese Ideen konnten aber nur deswegen zum Tragen kommen, weil sie sich auf eine Reihe waffentechnischer Erfindungen und, damit zusammenhängend, taktischer Revolutionen stützen konnten, in deren Gefolge gedrillte, hochgradig disziplinierte Truppenkörper die europäischen Schlachtfelder zu beherrschen begannen.[20] Weit reichende Innovationen bei der Artillerie sowie im Befestigungs- und Belagerungswesen kamen hinzu. Dies erst verschaffte dem Staat die Möglichkeit, eine unmittelbare Kontrolle des Militärwesens durchzusetzen – moralische Appelle und theoretische Entwürfe allein hätten dazu schwerlich ausgereicht.

Die Verstaatlichung des Militärwesens ist, auch wenn das in der europäischen Retrospektive so erscheinen mag, alles andere als ein selbstverständlicher oder auch nur wahrscheinlicher Vorgang; dass sie gelang, lag am Zusammentreffen unterschiedlicher Faktoren, mit dem in dieser Form keineswegs zu rechnen war. Vor allem die in der Tradition von Max Weber stehenden Historiker und Sozialwissenschaftler übersehen gerne die Kontingenz dieser Entwicklung. Ausgehend von Webers Rationalisierungsthese konstruieren sie eine Evolutionslogik, in der der Übergang von einem verselbständigten Söldnerwesen zu einem verstaatlichten Militärapparat einen notwendigen Entwicklungsschritt bildet, bei dem sich allenfalls die Frage stellt, *wann*, aber nicht *ob* er vollzogen wird.[21] Die optimistische Annahme, dass es sich bei den neuen Kriegen um Staatsbildungskriege handelt, wie sie auch im Europa der frühen Neuzeit stattgefunden haben, beruht im Wesentlichen auf einer solchen weberianischen Geschichtsauffassung. Dabei wird jedoch regelmäßig außer Acht gelassen, welch zentrale Bedeutung der Einführung schwerer Waffen und der Disziplinierung der Heeresaufgebote bei der Verstaatlichung des Krieges zukam. Für die neuen Kriege dagegen ist charakteristisch, dass sie überwiegend mit leichten Waffen geführt werden und dass die Bereitstellung disziplinierter Truppenverbände in ihnen selten kriegsentscheidend ist. Das Scheitern von Staatsbildungen in den letzten Jahrzehnten dürfte eine seiner Ursachen auch darin haben, dass kein der europäischen Entwicklung vergleichbarer Zwang zum Aufbau eines nach außen kriegsfähigen Militärapparats bestand. So waren die Offiziere schon bald mit der «Regelung innerer Angelegenheiten» beschäftigt.

Der Staat zerschlug also die korporativen Strukturen der Landsknechtsverbände, nahm ihnen ihre bisherigen Privilegien und unterwarf sie seiner strengen Kontrolle. An die Stelle des Würfel- und Kartenspiels im Lager trat nun eine rigide Arbeitspflicht, und die als entwürdigend geltenden

Schanzarbeiten, die zuvor von eigens mitgeführten Knechten oder von der dazu gezwungenen Landbevölkerung erledigt worden waren, oblagen nun den Soldaten selbst. Die Disziplinierung setzte sich fort in der Einübung des Gleichschritts und der Einführung des Drills, eines Systems gleichförmiger, mechanisierter Bewegungen, wodurch das Manövrieren großer Truppenkörper vereinheitlicht und die Feuergeschwindigkeit von Linienformationen erhöht wurden. An die Stelle der ebenso phantasie- wie prachtvollen Landsknechtskleidung trat die Uniform, die der Staat zur Verfügung stellte («des Königs Rock»). Schließlich wurde die fahrende Lagergesellschaft aufgelöst: Man kasernierte die Truppen in festen Unterkünften und zerschlug so den Tross mit seinem Anhang. Gleichzeitig wurde ein strenges, um nicht zu sagen brutales Bestrafungsregime errichtet, in dem die Prügelstrafe an der Tagesordnung war. Die gedrillten Söldner am Anfang des 18. Jahrhunderts hatten nicht mehr die geringste Ähnlichkeit mit den selbstbewussten Landsknechten des 16. und frühen 17. Jahrhunderts.[22] Wo diese ihre Interessen geltend gemacht und zumeist auch durchgesetzt hatten, blieb den Soldaten der verstaatlichten Heere allenfalls die Desertion. Um zum alleinigen Herrn des Krieges zu werden, hatte der Staat zunächst seines Militärs Herr werden müssen.

Dass ihm dies gelungen ist, hat seine Voraussetzung, wie gesagt, nicht zuletzt in waffentechnischen Innovationen, unter denen die Einführung der schweren Artillerie an erster Stelle zu nennen ist. Zwar hatte bereits das späte Mittelalter eine Kriegführung mit Kanonen gekannt, aber durch verbesserte Gusstechniken konnten nun die Schussfolge erhöht und die Ladung vergrößert werden, und durch neuartige Lafetten wurden die Geschütze deutlich beweglicher, sodass sie seit dem Ende des 15. Jahrhunderts im Belagerungskrieg wie in der Feldschlacht effektiv einsetzbar waren.[23] Mit Hilfe dieser Artillerie konnten die Heere Burgen und Bergnester, die ihren Vormarsch bisher wochenlang aufgehalten oder eine erhebliche Zersplitterung der Kräfte verursacht hatten, in kurzer Zeit zusammenschießen oder, bevor es dazu kam, zur Kapitulation nötigen. So gewann auf strategischer Ebene die Offensive gegenüber der Defensive wieder an Gewicht, Eroberungen in großem Stil wurden möglich, und das wiederum hatte zur Folge, dass der bislang bevorzugt geführte Verwüstungskrieg gegenüber dem Eroberungskrieg an Bedeutung verlor. Um einen Eroberungskrieg führen zu können, musste man in der Lage sein, Schlachten zu schlagen und nicht bloß das Territorium des Gegners plündernd und sengend zu durchstreifen, und dazu brauchte man leidlich disziplinierte Truppen. Der Krieg gegen die Bevölkerung auf dem Gebiet des Feindes wurde zum Krieg gegen die feindlichen Streitkräfte, und für die Schlachten, die nun vermehrt geschlagen wurden, wurde die Artillerie immer wichtiger.

Schwere Geschütze waren die kostenintensivsten Großgeräte frühneuzeitlicher Heere, und so wurde der Artilleriepark sehr bald zum Gradmesser für die fiskalische Leistungsfähigkeit eines Staates. Zunächst freilich hatten die meisten Staaten versucht, die dauerhafte Festlegung großer Kapitalmengen in Kanonen zu vermeiden, indem sie einen auf das Artilleriewesen spezialisierten Kriegsunternehmer unter Vertrag nahmen, der zugleich das technisch geschulte Personal für die Bedienung der Geschütze stellte. Diese Artilleristen bildeten eine zunftähnliche Gemeinschaft, die sich den staatlichen Zugriffen am stärksten und effektivsten zu widersetzen verstand. Ihre Macht konnte schließlich nur dadurch gebrochen werden, dass der Staat die Herstellung und Wartung der Kanonen sowie die Ausbildung des Bedienungspersonals an sich zog. Mehr als für alle anderen Waffengattungen trifft für die Artillerie die Feststellung Max Webers zu, dass sich der für die Moderne charakteristische Prozess der Rationalisierung und Bürokratisierung wesentlich über die Trennung von Arbeiter und Betriebsmittel vollzogen habe. Weber selbst hat dies am Beispiel der Artillerie exemplifiziert.[24] Gleichzeitig wurde die Artillerie zum bevorzugten Ort für bürgerliche Karrieren innerhalb des Militärs.

Durch die Fortentwicklung der Artillerie war die herkömmliche Befestigungstechnik mit einem Schlage wertlos geworden. Bislang hatte man auf möglichst hohe, schwer erklimmbare Mauern und Türme gesetzt. Nun jedoch galt die Regel: je höher die Mauer, desto leichter war sie mit schwerem Geschütz zu brechen. Gegen Artilleriebeschuss halfen Wälle und schräge Mauern, die durch Erdaufschüttungen abgestützt waren, Gräben und vorspringende Bastionen, in und auf denen die Verteidiger ihre Kanonen aufstellen konnten, um die gefährdeten Abschnitte mit Flankenfeuer zu bestreichen. Damit vervielfachten sich die Kosten für den Bau moderner, effektiver Verteidigungsanlagen, und die Städte, die bisher die Aufwendungen für ihre Mauern und Türme selbst getragen hatten, konnten derart hohe Summen nicht länger aufbringen. Da der Feudaladel, dessen Schlösser und Burgen längst keinen Schutz mehr gegen Angreifer boten, schon vorher aus dem ersten großen Rüstungswettlauf der Neuzeit, dem zwischen Artillerie und Festungsbau, ausgeschieden war, konnten sich daran allein die Landesherren beteiligen. Dem Bemühen des Territorialstaats, zum Monopolisten des Krieges aufzusteigen, kamen also nicht nur die waffentechnischen Fortschritte selbst, sondern auch die dadurch veranlassten Veränderungen im Verteidigungssystem entgegen.[25]

Mit den waffentechnischen Innovationen gingen allerdings noch weitere Neuerungen einher: Im Wesentlichen angestoßen durch die oranische Heeresreform[26] setzte in Europa seit Beginn des 17. Jahrhunderts ein Prozess ein, in dessen Verlauf das Fußvolk in eine taktisch flexible Infanterie umgeformt wurde. Aus den in Karrés aufgestellten Gevierthaufen der Landsknechte wurden lang gezogene Truppenkörper, die aufgrund ihrer geringeren Tiefe für den Beschuss mit Kanonen weniger anfällig waren. Außerdem ließ sich so das eigene Musketenfeuer viel besser zur Geltung bringen als mit den bisherigen tief gestaffelten Karrés. Entscheidend für diese Entwicklung war die wachsende Bedeutung von Feuerwaffen sowie die Erfindung des Bajonetts, durch die sich ein Musketier je nach Bedarf in einen Pikenier verwandeln konnte. Ursprünglich hatten sich im Innern des aus mehreren Tausend Spießträgern formierten Gevierthaufens Hellebardiere befunden, denen die Aufgabe zufiel, überrannte Feinde mit der (kurzen) Hellebarde niederzumetzeln. Ihren Platz nahmen jetzt zunehmend Schützen ein, die den Feind mit der schweren Muskete oder der leichten Arkebuse beschossen. Dazu mussten sie an den Ecken und Flanken des Karrés postiert werden, von wo sie sich, da sie aufgrund der langsamen Feuergeschwindigkeit ihrer Waffen selbst nicht verteidigungsfähig waren, rasch ins Innere des Gevierts zurückziehen konnten.

Hatte die Erfindung des Bajonetts bereits die Möglichkeit geschaffen, den Anteil der Pikeniere zu senken und den der Musketiere zu erhöhen, so erfolgte die vollständige Umstellung der Infanterie auf Schusswaffen mit der Erhöhung der Feuergeschwindigkeit; jetzt verschwanden die Pikeniere ganz aus den Gefechtsverbänden. Eine Schlüsselbedeutung kam in diesem Zusammenhang der Einführung des so genannten Contremarsches durch Wilhelm und Moritz von Oranien zu. Dabei bildete die Infanterie einen vier oder fünf

Reihen tiefen Gefechtskörper, der in schneller Abfolge Salven abzufeuern vermochte, weil die erste Reihe, nachdem sie geschossen hatte, sich durch Aufstellungslücken zurückzog und als letzte Reihe zum Laden neu formierte, während gleichzeitig die zweite Reihe feuerte, und so weiter. Um diese Bewegungen unter Gefechtsbedingungen exakt und synchron ausführen lassen zu können, hatte Wilhelm von Oranien eine antiken Vorbildern entnommene Bewegungsmechanik und eine entsprechende Kommandosprache entwickelt, in der die betreffenden Wendungen, Kehrtwendungen und Schwenkungen, die Aufstellung in Reih und Glied und derlei mehr formalisiert wurden.[27] Auf dieser Basis ließ sich nicht nur die Feuergeschwindigkeit erhöhen, sondern die Truppen konnten auch in kleineren Einheiten formiert und eingesetzt werden, was eine erhebliche Steigerung der taktischen Flexibilität zur Folge hatte. An die Stelle der vier Gewalthaufen, in denen sich die Landsknechte üblicherweise formiert hatten, traten jetzt vierundzwanzig Bataillone, die in mehreren Formationen, so genannten Treffen, aufgestellt waren und verschoben werden konnten.

Eine solche Infanterie war auf den europäischen Gewaltmärkten nicht zu mieten, sondern musste vom Staat unterhalten und jahrelang exerziert werden.[28] Die Soldaten wurden wertvoll, weil in ihre Ausbildung größere Summen investiert werden mussten. Nicht zuletzt deswegen waren die Staaten des 18. Jahrhunderts, als diese Art des Militärwesens ihren Höhepunkt erreichte, sehr darum bemüht, Desertionen zu verhindern, und gleichzeitig daran interessiert, Kriegsgefangene, die bereits ausgebildet waren und daher kurzfristig eingesetzt werden konnten, in die eigenen Reihen aufzunehmen («unterzustecken»). Wie kaum etwas anderes hat die Entstehung der gedrillten Linieninfanterie in Europa zu einer zuverlässigen Separation von Kombattanten und

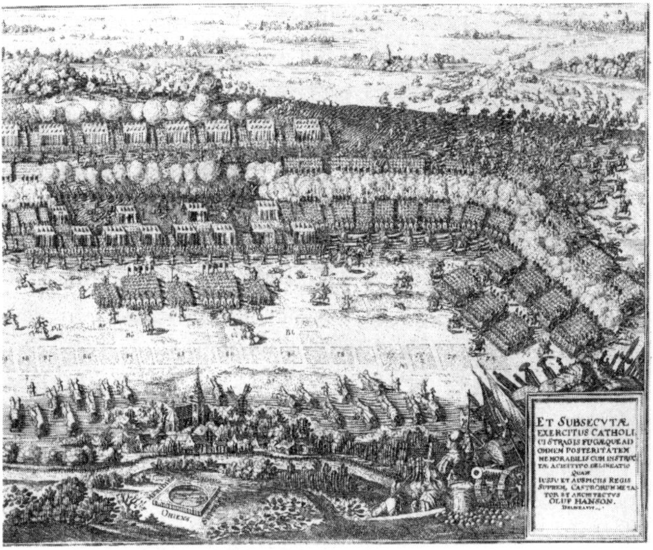

Schlachtordnung bei Breitenfeld, 1631

Mit Beginn der Neuzeit verwandelte sich die Schlacht aus dem gleichzeitigen Anrennen von Bewaffneten in eine komplexe Ordnung von Abläufen, die von Feldherren sorgfältig geplant und präzise dirigiert werden mussten. In der Regel entschied das effektivere Zusammenwirken der drei Waffengattungen – der Fußtruppen, der Artillerie und der Berittenen – über Sieg und Niederlage.

Nonkombattanten beigetragen, denn wer nicht über Jahre zum Soldaten ausgebildet worden war, war im Großen Krieg nicht zu gebrauchen. Nicht exerzierte – und das heißt auch buchstäblich nicht disziplinierte – Kämpfer fanden nur noch im Kleinen Krieg Verwendung, in dem die Trennung zwischen Kombattanten und Nonkombattanten entsprechend fragil und löchrig war. Es ist insofern kaum verwunderlich, dass diese Unterscheidung – allen Bemühungen um ihre völkerrechtliche Fixierung und Präzisierung zum Trotz – mit der oben beschriebenen Ablösung des Großen Krieges durch den Kleinen Krieg weitgehend aufgehoben ist. Mit den Mitteln des Kriegsvölkerrechts lässt sich offenbar nicht aufrechterhalten, was in der Sozialorganisation des Militärs keine feste und sichere Grundlage hat. Und so sind denn auch die von Völkerrechtlern wie Sozialphilosophen in jüngster Zeit unternommenen Bemühungen um eine Weiterentwicklung und Differenzierung der kriegsrechtlichen Bestimmungen[29] für die meisten der neuen Kriege weithin folgenlos geblieben. Eine gewisse Bedeutung haben sie nur dort erlangt, wo westliche Demokratien in der einen oder anderen Weise in diese Kriege verwickelt worden sind. Michael Ignatieff hat daraus jüngst gefolgert, eine Begrenzung der Gewalt gegen Zivilisten sei weniger von einer weiteren Verrechtlichung des Krieges als vielmehr von einer Revitalisierung des einstigen Ehrenkodexes der Krieger zu erwarten.[30]

Der Staat als Monopolist des Krieges und die Entwicklung des europäischen Kriegsvölkerrechts

Wer also unter den Bedingungen des sich herausbildenden staatlichen Kriegsmonopols über einen ernst zu nehmenden Militärapparat verfügen wollte, musste zunächst einmal eine exerzierte Infanterie bereitstellen und einen modernen Artilleriepark unterhalten können – nur noch der Territorialstaat war in der Lage, für die dramatisch gestiegenen Kosten aufzukommen. Damit schieden die Kriegsunternehmer, die bislang auf den europäischen Gewaltmärkten eine dominierende Rolle gespielt hatten, aus einem Geschäft aus, das keines mehr war: Die Vorfinanzierung eines einigermaßen schlagkräftigen Truppenverbandes kostete inzwischen mehr, als man durch seine spätere Vermietung hereinholen konnte.[31] Auch wenn der Krieg selbst also kein Geschäft mehr war, so ließen sich doch in und mit ihm weiterhin gute Geschäfte machen. Wer davon profitieren wollte, stellte nun freilich nicht mehr Truppen zur Verfügung, sondern engagierte sich bei der Ausrüstung und Versorgung der stehenden Heere oder gründete Waffenfabriken, um eine kontinuierlich wachsende Nachfrage zu bedienen.

Dass der neuzeitliche Territorialstaat diese Heere finanzieren konnte, war jedoch alles andere als selbstverständlich und nur möglich, weil im Verlauf des 15. und 16. Jahrhunderts eine Verstetigung wie Vervielfachung des Steueraufkommens eingetreten war. Der Staat hatte sich zum Steuerstaat entwickelt, und der Übergang von der gelegentlichen Anwerbung von Kriegsvölkern hin zur Einrichtung eines stehenden Heeres[32] verlief parallel zur Ersetzung einmalig erhobener Sondersteuern durch ein Steuersystem, das auf regelmäßige Einkünfte angelegt war. Die kontinuierliche Abschöpfung von Teilen des gesellschaftlichen Mehrprodukts und der Aufbau eines Erzwingungsapparats, der diese Abschöpfung notfalls mit Gewalt durchsetzen konnte, bedingten und stützten sich gegenseitig.[33] Da der Staat nun über regelmäßige Einnahmen verfügte, erhöhte sich seine Kreditfähigkeit, was zur Folge hatte, dass die Zyklen der europäischen Kriegsgeschichte von entsprechenden Zyklen der Staatsverschuldung begleitet wurden. Um die aufgenommenen Kredite bedienen zu können, erhöhte man wiederum die Steuern. Dagegen regte sich Widerstand; nicht nur örtliche Rebellionen und Aufstände, sondern auch die großen Revolutionen – der Unabhängigkeitskrieg der Niederlande, die Englische Revolution von 1640, der Amerikanische Unabhängigkeitskrieg und schließlich auch die Französische Revolution von 1789 – haben ihren Ursprung zum Teil im Widerstand gegen eine Steuerlast, die als willkürliche Enteignung empfunden wurde. Wenn es sich schon, so die Position der Revolutionäre, nicht vermeiden ließ, dass der Staat in das Eigentum der Bürger eingreift, um für deren Sicherheit zu sorgen, dann sollten die Bürger in Steuerfragen wenigstens ein Mitspracherecht erhalten. Das in diesen Revolutionen durchgesetzte Steuerbewilligungsprivileg des Parlaments ist nicht zuletzt eine Folge der spezifischen europäischen Kriegs- und Militärgeschichte.

Die Verstaatlichung des Militärwesens und der Aufstieg des Staates zum Monopolisten des Krieges, zur einzigen Macht, die das Recht hatte, Kriege zu erklären und zu führen, hat die Beziehungen zwischen den Staaten tief geprägt. Vermittelt über die Mechanismen der Konkurrenz und das Streben der größeren Staaten nach einer Vormachtstellung entwickelte sich in Europa ein Gleichgewichtssystem,[34] das im Wesentlichen durch die Idee der Symmetrie bestimmt war. Die zwischenstaatlichen Kriege im neuzeitlichen Europa sind – mit wenigen Ausnahmen[35] – als symmetrische Kriege geführt worden, und das wiederum ermöglichte eine besondere Form der Verrechtlichung des Krieges, wie sie sich andernorts nicht entwickelt hat. Zu den ersten Opfern der frühneuzeitlichen Symmetrisierung des Krieges gehörte die ältere Vorstellung vom gerechten Kriege, die von Augustinus entworfen und von Thomas von Aquin sowie, an diesen anschließend, den spanischen Neuscholastikern der Schule von Salamanca fortentwickelt worden war.[36] Wie auch immer die verschiedenen Theorien des gerechten Krieges Erlaubnis und Verbot der Gewaltanwendung festlegten – in einem stimmten sie alle überein: dass man nämlich nur dann von einem gerechten Krieg sprechen könne, wenn die eine Seite als Rechtsbrecher anzusehen war, während die andere den Krieg führte, um das Recht wiederherzustellen. Das Recht zum Krieg (*ius ad bellum*) war also von vornherein asymmetrisch verteilt: Die eine Partei hatte gleichsam alles Recht auf ihrer Seite. Doch blieb auch sie an rechtliche Regeln (*ius in bello*) gebunden und durfte nicht beliebig und wahllos zu Gewaltmaßnahmen greifen. Thomas von Aquin hat drei entscheidende Kriterien für einen gerechten Krieg genannt: die fürstliche Vollmacht (*auctoritas principis*), einen gerechten Grund (*causa iusta*) – in der Regel die Ahndung eines Unrechts –, und schließlich die rechte Absicht (*intentio recta*), also die Führung des Krieges um des Friedens willen und unter Vermeidung von Grausamkeiten.[37]

Insgesamt sind an der Theorie des gerechten Krieges jedoch weniger die weit reichenden Begrenzungen der Gewalt von Bedeutung als vielmehr die spezifischen politischen Konstellationen, auf die hin diese Theorie entworfen worden ist. Augustinus etwa wandte sich damit an eine auf prinzipiellen Pazifismus eingeschworene christliche Gemeinde, die er von der Notwendigkeit überzeugen wollte, das Römische Reich gegen die von mehreren Seiten andringenden barbarischen Wandervölker zu verteidigen. Dadurch sollte der Status quo aufrechterhalten werden, der, so Augustinus, sicherlich nicht ganz und gar gerecht war, aber alle Mal gerechter als jede denkbare Alternative. Augustinus dachte den Krieg unter prinzipiell asymmetrischen Bedingungen: auf der einen Seite das Römische Reich, der politische Garant einer inzwischen auch christlich inspirierten Friedensordnung, und auf der anderen Seite barbarische Eroberer, von denen man das Schlimmste zu befürchten hatte. Insofern war Augustinus' Konzeption des gerechten Krieges darauf angelegt, die bewaffnete Selbstbehauptung einer Zivilisation gegen zivilisationsfeindliche Eroberer zu rechtfertigen. Entsprechendes gilt auch für Thomas von Aquins Theorie des gerechten Krieges, wobei an die Stelle des Römischen Reiches letztlich die politisch-weltliche Einheit der gesamten Christenheit getreten ist und Elemente einer militärisch-humanitären Interventionsethik hinzugekommen sind.[38] Die letzten großen Theoretiker des gerechten Krieges in Europa, die spanischen Neuscholastiker – Francisco de Vitoria, Domingo de Soto, Francisco de Suárez, Luis de Molina und andere –, argumentierten ebenfalls mit dem Selbstbehauptungsrecht einer angeblich überlegenen Zivilisation, wenngleich sich diese nun in der Offensive befand: Sie hatten die Frage zu klären, ob und inwieweit Krieg gegen die Bewohner der neu entdeckten Welt legitim sei, zumal wenn sein Zweck darin bestand, diese Völker durch Christianisierung auf eine höhere Zivilisationsstufe zu heben. Durch die Unterscheidung zwischen gerechtfertigter und ungerechter Gewalt haben die Neuscholastiker der faktischen Gewaltpolitik der Konquistadoren Zügel anzulegen versucht.[39] Das freilich ist ihnen so gut wie nicht gelungen; die spanischen Eroberer machten in Mittel- und Südamerika weiterhin, was sie wollten, und dabei ließen sie sich durch völkerrechtliche Konstruktionen nicht behindern.

Allgemein zielt die Theorie des gerechten Krieges auf Selbstermächtigung wie Selbstbindung überlegener oder sich für überlegen haltender Zivilisationen gegenüber grundsätzlich Ungleichen, die darum bevorzugt als «wild» beziehungsweise «barbarisch» apostrophiert werden. Eine solche Theorie beruht nicht auf der Vorstellung von einer Gleichheit oder zumindest Gleichartigkeit der Konfliktparteien, und darin ist sie der Idee des Heiligen Krieges, egal aus welchen religiösen Wurzeln sie gespeist wird, aufs Engste verwandt – in beiden Fällen werden asymmetrische Konstellationen konstruiert, um den Einsatz von Gewalt zu rechtfertigen. Insofern unterscheiden sich diese Modelle fundamental von Kriegstheorien, die den bewaffneten Konflikt nach dem Muster eines Duells oder Turniers begreifen und dabei von einer grundsätzlichen Gleichheit der miteinander Kämpfenden ausgehen. Die Aufmerksamkeit der zuletzt genannten Theorien gilt weniger den Begründungen für den Beginn des Krieges als vielmehr der Reglementierung und Ritualisierung der Gewalt zwischen Gegnern, die sich wechselseitig als Gleiche respektieren. In diese Richtung hat sich das europäische Völkerrecht von der Mitte des 17. bis zum Beginn des 20. Jahrhunderts entwickelt.

Ihren Anfang nahm diese Entwicklung freilich noch unter der Vorherrschaft von Konzeptionen des gerechten Krieges, als nämlich der italienische Jurist Alberico Gentili die Frage bejahte, ob es Kriege geben könne, die von beiden Seiten gerecht sind, und die Formel vom *bellum iustum ex utraque parte* prägte.[40] In dieser Formel kam sowohl die Gleichheit der gegeneinander Krieg führenden Parteien zum Ausdruck als auch der Umstand, dass beide Seiten keine übergeordnete Instanz mehr akzeptierten, die die strittigen Angelegenheiten durch ein gerechtes Urteil entscheiden könnte: Wenn alle als kriegführungsfähig geltenden Parteien sich wechselseitig als Gleiche anerkannten – und das taten im Prinzip die vertragschließenden Parteien des Westfälischen Friedens –, so konnte es keinen höher stehenden Dritten mehr geben, der durch seine Ungleichheit gegenüber den Gleichen definiert war. Auch Papst und Kaiser, die diese Position zuvor für sich reklamiert hatten, stellten sich schließlich mit den anderen souveränen Mächten auf eine Ebene. Das in der Anerkennung der staatlichen Souveränität liegende gegenseitige Zugeständnis der Gleichheit wurde zur Grundlage des klassischen europäischen Kriegsvölkerrechts: Ihm zufolge hatten nur noch souveräne Staaten das Recht, Krieg zu führen, und da in Europa ohnehin sonst niemand mehr die Fähigkeit dazu besaß, hat sich diese Konzeption durchgesetzt und für mehrere Jahrhunderte Gültigkeit erlangt.[41] Staaten durften sich nun, ohne weitere Prüfung von Gründen und Ansprüchen durch einen Dritten, den Krieg erklären (*ius ad bellum*), wobei sie freilich bestimmte formale Schritte zu beachten hatten. Vor allem aber waren sie zur genauen Einhaltung der kriegsrechtlichen Bestimmungen und Regeln (*ius in bello*) verpflichtet, insbesondere der Respektierung neutraler Dritter und der Schonung von Kombattanten.

Die Vorstellung der *Neutralität eines Dritten*, die von den Krieg führenden Parteien zu respektieren ist, konnte in dieser Form erst aufkommen, nachdem die Theorien des gerechten Krieges an Bedeutung verloren hatten; mit dem gegenwärtigen Wiederaufleben dieser Theorien jedoch schwindet die Bereitschaft, Dritten gegenüber Zurückhaltung zu üben: Wo ein Krieg als Rechtsexekution und mit dem Anspruch geführt wird, der Gerechtigkeit zum Durchbruch zu verhelfen, ist Neutralität moralisch anrüchig geworden. Der gegenwärtige Krieg gegen den Terrorismus etwa kennt keine akzeptierte Neutralität: Wer in ihm nicht auf Seiten der USA ist, so der amerikanische Präsident, ist gegen sie. *Schonung von Kombattanten* wiederum heißt, dass ein Soldat seinen Gegner nicht als illegitimen Feind und dessen Ausrüstung sowie persönlichen Besitz nicht als Beute betrachtet. Und selbst das, was rechtmäßige Beute ist, hat einen Soldaten nur am Rande zu interessieren, denn es gehört dem Kriegsmonopolisten Staat und nicht den von ihm besoldeten Truppen. Aus der Verrechtlichung der Kriegführung erwächst somit auch eine Verrechtlichung des Soldaten, der zum *iustus hostis* wird, wie Balthasar de Ayala ihn nennt, und im Falle seiner Verwundung und Gefangennahme für sich gewisse Rechte reklamieren kann, allen voran den Schutz des Lebens und die Respektierung seines persönlichen Eigentums.[42] Der einzige Schutz, den Gefangene zuvor genossen hatten, bestand darin, dass sie einen materiellen Wert darstellten, mittels dessen durch Lösegelder Gewinne erzielt werden konnten. Wo mit solchen Zahlungen nicht gerechnet werden konnte, wurden Gefangene getötet oder verstümmelt, um ihnen jede zukünftige Kriegsverwendungsfähigkeit zu nehmen – eine Praxis, die in den neuen Kriegen wieder vermehrt zu beobachten ist. Mit der Entstehung des neuzeitlichen Völkerrechts durften Kriegsgefangene weder verstümmelt noch gefoltert werden, und Hinrichtungen waren nur noch dann erlaubt, wenn zuvor in einem gerichtlichen Verfahren Kriegsverbrechen nachgewiesen worden waren.

Da infolge der neuen kriegsrechtlichen Bestimmungen das Beutemachen auf dem Schlachtfeld – die Ausplünderung der Gefallenen und Verwundeten durch die jeweiligen Sieger – allmählich zurückging, wuchsen die Möglichkeiten, den in der Schlacht errungenen Sieg durch die energische Verfolgung des geschlagenen Gegners strategisch auszunutzen: Nachdem die siegreichen Truppen nicht mehr durch das Beutemachen auf dem Schlachtfeld festgehalten wurden, war es zunehmend möglich, dem abziehenden Gegner nachzusetzen, um so, wie es bei Clausewitz heißt, dem Sieg an Körper zu verleihen. «Aber für alle denkbaren Verhältnisse bleibt es wahr, dass ohne Verfolgen kein Sieg eine große Wirkung haben kann, und dass, wie kurz auch die Siegesbahn sein mag, sie immer über die ersten Schritte des Verfolgens hinausführen muss.»[43] Ziel eines solchen Nachdrängens oder gar einer überholenden Verfolgung war die Verwandlung des gegnerischen Rückzugs in die Flucht, um auf diese Weise die militärischen Mittel des Gegners vollständig zu zerschlagen und den Friedensschluss zu beschleunigen. Erst die Verfolgung des besiegten Gegners machte die Schlacht zur Entscheidungsschlacht, mit der ein Feldzug oder ein Krieg innerhalb weniger Tage und Wochen entschieden werden kann. Die Kriege wurden dadurch kürzer, und ihr Ausgang lag wesentlich in den Händen des Militärs.[44] Damit ging die Ära der Verwüstungskriege, in denen der politische Wille der Gegenseite durch fortgesetzte Schädigung ihres Territoriums ermattet werden sollte, zu Ende. Von nun an dominierte eine Strategie, in der die Konzentration der Kräfte in Raum und Zeit zum Schlüssel des Erfolgs und die Schlacht zur Entscheidung des Krieges wurde. Napoleon Bonaparte auf französischer und Helmuth von Moltke auf deutscher Seite waren Meister dieser Art der Kriegführung; sie erst verlieh dem Militär im Übrigen die Aura des Heroischen, aus der dann die besondere Stellung resultierte, die es in den Gesellschaften des 19. und 20. Jahrhunderts innehatte.[45] All dies war jedoch erst möglich, seit hochgradig disziplinierte Truppen zur Verfügung standen, mit denen man erfolgreich in eine Entscheidungsschlacht ziehen konnte und die danach bereit und fähig waren, den besiegten Gegner zu verfolgen und aufzureiben.

Der oben beschriebene Aufbau taktisch geschulter und disziplinierter Truppen war freilich nicht ganz ohne Vorbilder. Er konnte an frühere europäische Entwicklungen anknüpfen und auf zum Teil sehr viel ältere militärische Traditionen zurückgreifen. Gerade die oranische Heeresreform, die zum Nukleus der neuen Disziplinierungsregime werden sollte, ist ein Beispiel dafür: Hier kamen viele Vorstellungen zum Tragen, die – vermittelt über die Transferleistungen des Neustoizismus und angepasst an die veränderten Verhältnisse – als Wiederbelebung des römischen Militärwesens gelten können.[46] Allerdings orientierte man sich nicht an den republikanischen Bürgeraufgeboten, auf die Niccolò Machiavelli seine Hoffnungen gesetzt hatte,[47] sondern an den Berufsarmeen der späten Republik und frühen Kaiserzeit, in denen die militärische Disziplin sich weniger patriotischer Motivation als vielmehr einem Dienstethos verdankte. Doch in der langen Entstehungsgeschichte taktisch formierter, disziplinierter Fußtruppen spielten neben dem römischen Vorbild auch die Bürger- und Bauernaufgebote des späten Mittelalters eine wichtige Rolle: Sie hatten sich gegen die überlegene Kriegstechnik feudaler Ritteraufgebote nur durch den disziplinierten Zusammenhalt ihrer Schlachtreihen behaupten können, und dafür waren oft Korporationen und zünftische Elemente entscheidend.[48]

An diese und andere Traditionsbestände konnte die Disziplinierung des Militärs seit dem 16. Jahrhundert anschließen, und nicht zuletzt darin unterscheidet sich die europäische Entwicklung von der Situation in Regionen, in denen nomadisierende Hirten- und Jägervölker das Kriegswesen bestimmten. Hier ist es allenfalls ansatzweise zur Ausbildung eines disziplinierten Militärs gekommen, denn die Gewaltanwendung, die ganz selbstverständlich zum Alltagsleben der Nomadenvölker gehörte, konnte fast nahtlos in Krieg übergehen. Dementsprechend war der Unterschied zwischen Krieg und Frieden, wie er andernorts seit der Entwicklung der Landwirtschaft und der Entstehung von Städten lebenspraktisch spürbar wurde, für die Sozialorganisation der Nomaden nur von geringer Relevanz: Sie befanden sich permanent in einem kriegsähnlichen Zustand. Es ist sicher kein Zufall, dass die neuen Kriege sich vorwiegend dort ausgebreitet haben, wo es keine lange zurückreichenden Traditionen militärischer Disziplinierung gibt und Formen der Gewaltanwendung, die den Praktiken des Kleinen Krieges ähneln, zum festen Bestandteil der Lebensführung gehören. Fast unnötig, eigens zu erwähnen, dass es hier auch nicht zu einer klaren Trennung von Gewaltanwendung und Erwerbsleben gekommen ist. Die Mechanismen, mit denen der Gewalt in diesen Gesellschaften Grenzen gesetzt wurden, waren keine der Disziplin, sondern solche der Ehre. Aber diese Gewaltbegrenzungen durch das Ethos des Kriegers sind in den letzten Jahrzehnten nicht nur durch die Verfügbarkeit moderner Schnellfeuerwaffen, sondern vor allem auch durch zunehmend eindringende Versatzstücke der westlichen Kulturindustrie ausgehebelt und zerstört worden. Die buchstäbliche Entfesselung der Gewalt in den neuen Kriegen ist nicht zuletzt die Folge einer Kombination von Kalaschnikow und Hollywood, einfachster russischer Waffentechnik und exzessiver Gewaltdarstellung in amerikanischen Spielfilmen.[49]

Die Symmetrisierung des Krieges nach seiner Verstaatlichung

Die in Europa seit Mitte des 17. Jahrhunderts erfolgte Konzentration der militärischen Gewalt auf dem Schlachtfeld war freilich langfristig nur darum erfolgreich, weil sie Bestandteil einer umfassenden politischen Entwicklung war, die sicherstellte, dass die einzelnen Staaten Prämien erhielten, wenn sie die militärische Symmetrie und die eventuell damit verbundenen Nachteile akzeptierten. Eine solche Prämie bestand im Wesentlichen in der prinzipiellen Gleichstellung eines Staates mit den führenden Mächten Europas, und die Währung, in der sie ausgezahlt wurde, war die Zuerkennung der Souveränität. Auf diese Weise wurden die Staaten daran gehindert, in der Konfrontation mit kräftemäßig überlegenen Gegnern Zuflucht zu asymmetrischen Strategien zu nehmen, also etwa durch die Entfesselung eines Volkskriegs neue Gewaltressourcen in die Waagschale zu werfen, um ein sonst unerreichbares Gleichgewicht herzustellen. Die Unterscheidungen zwischen Aufmarschgebiet und Schlachtfeld, Etappe und Front, Kombattanten und Nonkombattanten, Kriegswaffen und Gerätschaften des zivilen Lebens wären dann niedergerissen worden, und der Krieg hätte die gesamte Bevölkerung erfasst. Aber bis ins 20. Jahrhundert hinein ist es kaum je dazu gekommen: Nur die Spanier in der antinapoleonischen Guerilla und partiell die Russen im Herbst und Winter 1812 haben zu diesem Mittel gegriffen, ansonsten lässt sich allenfalls noch der Südtiroler Aufstand gegen die bayerische Besatzungsmacht des Jahres 1809 nennen.[50] Zwar haben auch die preußischen Reformer zwischen 1807 und 1812 sich mit solchen Ideen getragen, doch sind sie damit nie über das Planungsstadium hinausgelangt. Clausewitz, zumindest zeitweilig ein überzeugter Anhänger des Volkskrieges, von dem er sich eine Regeneration der moralischen Kräfte Preußens und Deutschlands versprach,[51] hat die Einwände, die damals gegen eine solche Form des Kriegs geltend gemacht wurden, in *Vom Kriege* kurz zusammengefasst: «Er [der Volkskrieg] hat seine Anhänger und seine Widersacher, die Letzteren eher aus politischen Gründen, weil sie ihn für ein revolutionäres Mittel, einen für gesetzlich erklärten Zustand der Anarchie halten, der der gesellschaftlichen Ordnung nach innen ebenso gefährlich sei wie dem Feinde nach außen, oder aus militärischen Gründen, weil sie glauben, der Erfolg entspräche nicht der aufgewendeten

Kraft.»[52] Clausewitz' analytische Beschreibung der dem Volkskrieg zugrunde liegenden Prinzipien macht dessen asymmetrische Stellung gegenüber dem Staatenkrieg deutlich: «Dass ein so verteilter Widerstand nicht zu der in Zeit und Raum konzentrierten Wirkung großer Schläge geeignet ist, geht aus der Natur der Sache hervor. Seine Wirkung richtet sich, wie in der physischen Natur der Verdampfungsprozess, nach der Oberfläche. Je größer diese ist und der Kontakt, in welchem sie mit dem feindlichen Heere sich befindet, also je mehr dieses sich ausbreitet, umso größer ist die Wirkung der Volksbewaffnung. Sie zerstört wie eine still fortschwelende Glut die Grundfesten des feindlichen Heeres.»[53] Im antinapoleonischen Befreiungskrieg des Jahres 1813 jedenfalls ist diese asymmetrische Kriegführung nicht vorherrschend geworden, ebenso wenig übrigens im deutsch-französischen Krieg von 1870/71, als die nach der Abdankung Napoleons III. an die Macht gelangte republikanische Regierung den Versuch unternahm, die verheerenden Niederlagen der regulären Truppen durch die Mobilisierung des ganzen Volkes nach dem Vorbild von 1793 wettzumachen.[54] Beide Kriege sind trotz gegenläufiger Tendenzen letztlich auf dem Schlachtfeld entschieden worden.

Was sich in Europa seit dem Ende des Dreißigjährigen Krieges herausgebildet hatte, war ein auf Symmetrie eingestelltes, überaus robustes politisches System. In ihm wurden zwar immer wieder Kriege geführt und auch Grenzen verschoben,[55] aber es war in der Lage, den Einbruch systemgefährdender Formen der Kriegführung zu verhindern oder sie zumindest auf periphere Bereiche zu begrenzen und so von seinem Zentrum fern zu halten. Das diesem politischen System zugrunde liegende Prinzip der Symmetrie bewährte sich auf drei Ebenen, wobei für den Fall, dass sich auf einer von ihnen Asymmetrien abzeichneten, die anderen in der Lage waren, diese aufzufangen und auszutarieren beziehungsweise deren Entstehung bereits im Keim zu ersticken. Es waren dies die Ebenen der *militärischen Strategie*, der *politischen Rationalität* sowie der *völkerrechtlichen Legitimität*. Auf Letzterer waren die symmetrischen Beziehungen in der wechselseitigen Anerkennung der Souveränität und der darin enthaltenen Akzeptanz der Gleichheit festgeschrieben. Die Anerkennung als völkerrechtlich Gleiche, auch wenn von der Größe des Gebiets und der Einwohnerzahl her erhebliche Unterschiede bestehen mochten, war ein wichtiges Mittel, um gerade kräftemäßig unterlegene Staaten daran zu hindern, in asymmetrische Formen der Kriegführung zurückzufallen. Wer dies tat, setzte seine Gleichheitsprämie aufs Spiel, und ihr Verlust war so schwer wiegend, dass man einen Krieg lieber verloren gab und Gebietseinbußen in Kauf nahm.

Vor allem auf der Ebene der politischen Rationalität, der wohl wichtigsten Systemebene, kam der strukturellen Symmetrie eine stabilisierende Funktion zu. Hier machte das Symmetrieprinzip es möglich, die Kräfteverhältnisse der einzelnen Staaten – von der Größe ihrer Streitkräfte über deren Bewaffnung bis zur Höhe der Militärbudgets – relativ zuverlässig abzuschätzen, sie mit den eigenen Kräften und Fähigkeiten in Beziehung zu setzen und durch vorausschauende Koalitionsbildungen dafür zu sorgen, dass ein möglicher Gegner kein militärisches Übergewicht erlangte. Da die Streitkräfte innerhalb Europas einander grundsätzlich ähnlich waren, ließen sie sich durch einfaches Zählen miteinander vergleichen. Das hat verschiedentlich zu Rüstungswettläufen, häufig aber auch zu rüstungspolitisch stabilen Konstellationen geführt: Jede Partei fand in den Anstrengungen der Gegenseite das Maß für die Bereitstellung der eigenen militärischen Kräfte. Sie rüstete nicht gegen einen imaginären, sondern gegen einen realen Kontrahenten, und das hatte den Vorteil, dass ein Zustand der Überlegenheit oder Unterlegenheit leicht festgestellt – und entsprechend korrigiert – werden konnte. Genau das ist beim Fehlen eines symmetrischen Kontrahenten nicht der Fall: Hier wird gerüstet gegen die Imagination einer Bedrohung und nicht gegen einen realen, beobachtbaren Gegner.

Im Prinzip haben diese Konstellationen die Rationalität der politischen Akteure bis zum Ende des Ost-West-Gegensatzes geprägt beziehungsweise garantiert. All dies war freilich abhängig von der Aufrechterhaltung der Symmetrie und dem Verzicht darauf, zeitweilig entstandene partielle Asymmetrien mit Strategien der systematischen Asymmetrisierung zu beantworten. Systemstabilisierend hingegen wirkten sich die Anstrengungen aus, mit denen zeitweilig entstandene Asymmetrien wieder ausgeglichen wurden.[56] Als Beispiel hierfür können die preußischen Reformen nach der Niederlage von Jena und Auerstedt gelten. Sie zielten darauf ab, die im Gefolge der revolutionären Veränderungen entstandene Überlegenheit der Franzosen dadurch wettzumachen, dass man einige der Neuerungen übernahm.[57] Nach diesem Prinzip hat die europäische Politik über Jahrhunderte funktioniert.

Man mag darüber streiten, ob dieses auf Symmetrien der militärischen Strategie, der politischen Rationalität und der völkerrechtlichen Legitimität errichtete System bereits im Ersten Weltkrieg, im Verlauf des Zweiten Weltkrieges oder erst mit dem Niedergang der Sowjetunion und dem Aufstieg der USA zur allein dominierenden Macht zerbrochen ist. Der unter Aufbietung aller industriellen Ressourcen geführte Erste Weltkrieg hat durch die Einbeziehung großer Teile der Zivilbevölkerung in die Rüstungsproduktion, ohne deren reibungsloses Funktionieren die Kriegsmaschine an der Front zum Stillstand gekommen wäre, die Rüstungsarbeiter

Deutsche Soldaten im Schützengraben, 1914
Im Herbst 1914 waren die Kampfhandlungen im Westen zum Stellungskrieg erstarrt; in zentralen Frontabschnitten entbrannten in den folgenden vier Jahren Material- und Abnutzungsschlachten, in denen beide Seiten trotz ungeheurer Verluste keine entscheidenden Vorteile erlangen konnten.

in die Position von Semi-Kombattanten gehoben und damit die vormaligen klaren Unterscheidungen zwischen am Krieg Beteiligten und Unbeteiligten aufgeweicht. Auch hat er durch seine lange Dauer und das Misslingen aller Versuche, doch noch zu einer militärischen Entscheidung zu gelangen, das Vertrauen in die Rationalität der alten politischen Verhältnisse zutiefst erschüttert;[58] er hat eine neue Epoche der Völkerrechtsentwicklung eingeleitet, in der das Recht zum Krieg auf den Verteidigungsfall beschränkt und damit die Unterstellung einer prinzipiellen Rechtsgleichheit beider Kriegsparteien aufgehoben wurde, da der Verteidigungsfall nur eintrat, wenn die Gegenseite das Verbot des Angriffskriegs gebrochen hatte.

Diese Entwicklung setzte sich im Zweiten Weltkrieg fort: Durch den Ausplünderungs- und Vernichtungskrieg, den die deutsche Wehrmacht insbesondere im Osten führte, den Partisanenkrieg in Russland und auf dem Balkan sowie schließlich den strategischen Bombenkrieg der Westalliierten gegen deutsche Städte wurden die zuvor weitgehend respektierten Trennlinien zwischen Kombattanten und Nonkombattanten niedergerissen; die Folge dessen war der totale Krieg. Auch nach dem Ende des Krieges konnten diese Trennlinien nicht wieder errichtet und zuverlässig befestigt werden: Das nukleare Patt der beiden Supermächte, der USA und der Sowjetunion, beruhte letztlich auf einer gegenseitigen Geiselnahme der Zivilbevölkerungen beider Militärblöcke mit Hilfe strategischer Bomberflotten und Interkontinentalraketen.[59] Auch wenn es den Militärstrategen und Rüstungsplanern beider Seiten schwer fiel, das zu akzeptieren, so war auf der Ebene der Politik doch klar, dass ein Großer Krieg zwischen den Supermächten nicht mehr zu führen war oder, wenn es doch dazu kommen würde, den Untergang der menschlichen Zivilisation bedeutet hätte.

Politisch umstritten war nur, auf welchem Niveau das nukleare Patt festgeschrieben werden sollte und konnte. Die Geschichte des Großen Krieges, so schien es, war abgeschlossen, und nicht wenige verbanden damit die Erwartung, die Geschichte des Krieges sei überhaupt an ihr Ende gekommen.[60]

Wenn sich der Krieg nicht mehr lohnt

Die Hoffnung auf das Ende der Geschichte als einer Geschichte der Kriege und den Eintritt in eine Epoche dauerhaften Friedens, der nicht durch die ständige Drohung mit militärischer Gewalt aufrechterhalten werden muss, ist freilich nicht erst in den letzten Jahrzehnten des 20. Jahrhunderts aufgetaucht. Sie reicht weit zurück bis ins 18. Jahrhundert,[61] und als utopische oder eschatologische Vision ist sie noch älter – bereits im Alten Testament, etwa bei Jesaja, finden sich entsprechende Passagen. Als eine Erwartung jedoch, die sich auf sozioökonomische und politische Entwicklungen stützt, liegen ihre Ursprünge in der Aufklärung. Diese Entwicklungen ließen den Eintritt in eine Friedensepoche nicht nur wünschenswert erscheinen, sondern es sprach auch vieles dafür, dass er möglich, wenn nicht sogar wahrscheinlich war, und die mit der industriellen Revolution einhergehenden Beobachtungen deuteten ebenfalls darauf hin, dass der Krieg mit der schwindenden Bedeutung der Agrarökonomie an Attraktivität verlieren werde.

In seiner Schrift *Zum ewigen Frieden* hat Immanuel Kant beide Stränge, den verfassungspolitisch-republikanischen und den sozioökonomischen, zusammengeführt und daraus die begründete Erwartung hergeleitet, dass die Zeit der Kriege zu Ende gehen und eine Epoche des Friedens beginnen werde: «Es ist der Handelsgeist, der mit dem Krieg nicht zusammen bestehen kann, und der früher oder später sich jedes Volkes bemächtigt».[62] Mehr als alle «Triebfedern der Moralität» veranlasse die Macht des Geldes die Staaten dazu, «den edlen Frieden zu befördern, und, wo auch immer in der Welt Krieg auszubrechen droht, ihn durch Vermittlungen abzuwehren».[63] Dieser Ansatz ist von so unterschiedlichen Autoren wie Auguste Comte, Herbert Spencer und zuletzt Joseph Schumpeter weitergeführt und ausgearbeitet worden.[64] So hat Schumpeter in seiner Kritik der marxistischen Imperialismustheorie, die dem Kapitalismus eine aus zyklischen Akkumulationskrisen erwachsende Tendenz zu Eroberungs- und Unterwerfungskriegen unterstellte, darauf bestanden, dass «kapitalistische Eroberungskriege», wenn es denn zu ihnen komme, nicht auf die Form der kapitalistischen Vergesellschaftung, sondern auf das Prestigebedürfnis unbürgerlicher Berufe und Mentalitäten zurückzuführen seien. Wo dagegen die Gesetzmäßigkeiten des Kapitalismus selbst zur Geltung kämen, sprächen sie «fortwährend gegen die Anwendung militärischer Gewalt und für friedliche Regelungen […], selbst wo die Waage des pekuniären Vorteils sich deutlich auf die Seite des Krieges neigt, was unter den heutigen Umständen im Allgemeinen nicht sehr wahrscheinlich ist. Tatsächlich können wir beobachten, dass, je vollkommener kapitalistisch die Struktur und Haltung einer Nation, sie auch umso pazifistischer ist (und umso mehr geneigt, die Kosten eines Krieges zu berechnen!).»[65] Mit der Entfaltung und Durchsetzung kapitalistischer Vergesellschaftungsformen im Weltmaßstab werde der Krieg daher allmählich «veralten» und – falls diese Entwicklung nicht durch kollektive Regressionen unterbrochen oder durch das Erstarken nichtkapitalistischer Mächte blockiert werde – irgendwann völlig verschwinden. Schumpeter zufolge hat der

Handelsgeist die Entstehung und Verbreitung einer postheroischen Mentalität befördert, die schließlich gesellschaftlich dominant werden und die an Krieg und Gewalt orientierten Schichten und Gruppen in den Hintergrund drängen und endlich marginalisieren werde.[66]

Wie aber war es möglich, der von einer kapitalistischen Wirtschaftsgesinnung getragenen postheroischen Mentalität nicht nur gesellschaftlich, sondern auch politisch zum Durchbruch zu verhelfen? Kant hat sich hier von einer republikanischen Verfassung, in der es weder Söldner- noch Berufsarmeen geben dürfe, den entscheidenden Durchbruch versprochen: «Wenn (wie es in dieser [republikanischen] Verfassung nicht anders sein kann) die Beistimmung der Staatsbürger dazu erfordert wird, um zu beschließen, ‹ob Krieg sein solle, oder nicht›, so ist nichts natürlicher, als dass, da sie alle Drangsale des Krieges über sich selbst beschließen müssten (als da sind: selbst zu fechten; die Kosten des Krieges aus ihrer eigenen Habe herzugeben; die Verwüstungen, die er hinter sich lässt, kümmerlich zu verbessern; zum Übermaße des Übels endlich noch eine, den Frieden selbst verbitternde, nie (wegen naher oder neuer Kriege) zu tilgende Schuldenlast selbst zu übernehmen), sie sich sehr bedenken werden, ein so schlimmes Spiel anzufangen».[67] Tatsächlich geht die empirische Kriegsursachenforschung inzwischen davon aus, dass die von Kant angenommene Verbindung von Nutzenkalkül, politischer Beteiligung und Friedensorientierung einer relativ gut bestätigten Behauptung entspricht: dass nämlich demokratisch regierte Staaten keine Kriege *gegeneinander* führen. Das schließt Kriege gegen nichtdemokratische Staaten freilich nicht grundsätzlich aus, wobei offenbar die Bereitschaft dazu wächst, wenn ihre Armeen nicht aus Wehrpflichtigen, sondern aus Berufssoldaten bestehen. Das Theorem des demokratischen Friedens lässt sich zwar gut belegen, ist jedoch wenig aussagekräftig: Zum einen gibt es nicht sehr viele Demokratien – die meisten von ihnen sind außerdem seit Ende der vierziger Jahre im Militärbündnis der Nato zusammengeschlossen –, und zum anderen wird keine Erklärung dafür angeboten, wann und unter welchen Bedingungen Demokratien bereit sind, gegen nichtdemokratische Staaten Krieg zu führen.[68]

Im Anschluss an die Überlegungen Kants hat eine Reihe von Friedens- und Konfliktforschern die Perspektive eines allmählichen Verschwindens des Krieges im Weltmaßstab entwickelt. Auch sie gingen dabei von den pazifizierenden Wirkungen einer kapitalistischen Wirtschaftsgesinnung und einer hohen politischen Partizipation derer aus, die von möglichen Kriegsfolgen betroffen wären.[69] Dabei wurde in der Regel jedoch übersehen oder unterschätzt, wie sehr diese beiden Faktoren an die Ordnung der Staaten gebunden sind. Mit deren zunehmender Erosion in den letzten Jahren dürften auch die Hoffnungen auf ein allmähliches Verschwinden des wirtschaftlich unattraktiv gewordenen Krieges brüchig geworden sein. Zwischenstaatliche Kriege, zumal wenn hoch entwickelte Industriestaaten sie führen, lohnen sich nicht mehr: Jeder denkbare Ertrag ist geringer als der sicher einzukalkulierende Schaden. Das gilt freilich nur, wenn die Bilanz mit Blick auf den gesamten Staat erstellt wird; wo jedoch, wie in den neuen Kriegen, Warlords, Bürgerkriegsparteien und regionale Milizen eigene Rechnungen aufmachen, ist das nicht mehr der Fall. Und diese Bilanzen verändern sich erst recht, wenn sie nicht unter Zugrundelegung eines symmetrisch geführten Krieges, sondern unter dem Aspekt der Kostenverlagerungen betrachtet werden, die sich mit asymmetrischen Strategien verbinden. Symmetrische Kriege nämlich haben den Effekt, dass es auch zu einer tendenziell symmetrischen Kostenverteilung zwischen den Kriegsbeteiligten kommt, sodass der Anreiz von Kostenersparnis durch Kriegsvermeidung für beide Seiten gleich groß ist. Und das ist, wie anschließend gezeigt werden soll, im Falle asymmetrischer Kriege gerade nicht der Fall.

4 Die Ökonomie der Gewalt in den neuen Kriegen

Der billige Krieg

Der Blick auf die beständig steigenden Kosten neuer Waffensysteme und die parteipolitischen Auseinandersetzungen darüber, wie die hierfür erforderlichen Mittel aufzubringen seien, hat den Eindruck entstehen lassen, der Krieg beziehungsweise die Sicherung der Verteidigungsfähigkeit werde parallel zum technologischen Fortschritt immer teurer, und nur eine Hand voll reicher Staaten könne sich ein voll einsatzfähiges Militär überhaupt noch leisten. In gewisser Hinsicht ist dieser Eindruck nicht falsch, denn die Anschaffungs- und Unterhaltskosten fast sämtlicher Waffensysteme – vom Kampfpanzer bis zum Jagdflugzeug, ganz zu schweigen von Satellitenaufklärung und Raketenabwehr – haben sich in den letzten Jahrzehnten vervielfacht. Das führte zwangsläufig dazu, dass die Waffenarsenale der regulären Armeen immer knapper bestückt wurden. Einmal abgesehen von der Frage, ob es militärisch überhaupt sinnvoll wäre, das zu tun, ist heute kein Staat mehr in der Lage, ähnlich umfangreiche Panzerverbände, Luftflotten und Seestreitkräfte aufzustellen, wie sie während des Zweiten Weltkriegs zum Einsatz gekommen sind. Das mit Elektronik voll gestopfte militärische Großgerät ist dafür zu teuer geworden.

Dagegen handelt es sich bei den neuen Kriegen um ausgesprochen billige Kriege, zumindest was ihre Vorbereitung und Führung anbetrifft. In der Regel werden sie nämlich nur mit leichten Waffen – automatischen Gewehren, Landminen und Mehrfachraketenwerfern – geführt, und zu Transportzwecken wird die zivile Infrastruktur genutzt, wobei Pick-ups die Aufgaben von Jeeps, leichten Lastwagen und Schützenpanzern übernehmen. Wenn gelegentlich doch einmal schwere Waffen zum Einsatz kommen, handelt es sich um eine Art von Resteverwertung: Das militärische Gerät, das die jeweiligen Anlehnungsmächte im globalisierten Ost-West-Konflikt einstmals geliefert haben und das häufig nur noch Schrottwert hat, wird auf diese Weise verbraucht. Schwere Waffen dagegen sind in den neuen Kriegen kaum gefragt, denn es handelt sich nicht um Kriege gegen einen entsprechend gerüsteten Gegner, sondern vielmehr um auf Dauer gestellte Gewalt gegen große Teile der Zivilbevölkerung. Für die Kombination von Massaker und Scharmützel sind leichte Waffen und ungepanzerte Transportmittel völlig ausreichend, und da der Beschaffungspreis von automatischen Gewehren infolge der Überschwemmung der Märkte mit leichtem Kriegsgerät insbesondere aus russischer Produktion oft unter den Herstellungskosten liegt,[1] lassen sich die Gefolgschaften der Milizenführer und Warlords, Rebellen und Revolutionäre mit geringem finanziellem Aufwand innerhalb kurzer Zeit bewaffnen und in eine gefürchtete Truppe verwandeln. Noch weniger Kosten als die Rekrutierung und Ausrüstung der Anhängerschaft verursacht schließlich der Einsatz dieser Gruppen, denn gemäß dem Prinzip, dass der Krieg den Krieg ernähren müsse, sorgen sie durch Erpressung, Plünderung und Raub selbst für ihren Unterhalt.

Gilt also für das Militär der OECD-Welt, dass es immer

Soldaten in Sierra Leone, 2000

Die neuen Kriege werden überwiegend mit leichten Waffen und zivilen Transportmitteln geführt, mit automatischen Gewehren, Landminen und immer wieder Pick-ups, die das logistische und operative Rückgrat der Milizen bilden: Sie sind Spähwagen, Truppentransporter und schnelles Gefechtsfahrzeug in einem.

teurer wird, so sind die Milizen und Warlordverbände, mit denen die neuen Kriege geführt werden, deutlich billiger als die regulären Truppen früherer Jahrzehnte. Wahrscheinlich macht gerade das die neuen Kriege so bedrohlich, wächst dadurch doch der Kreis derer, die sie zu führen in der Lage sind. Auf längere Sicht freilich dürften sie eine Gesellschaft teurer zu stehen kommen als reguläre zwischenstaatliche Kriege, denn die Verwüstungen, die sie infolge ihrer Dauer und räumlichen Ausdehnung anrichten, sind größer und die langfristigen Folgen, die sie durch ihr Eindringen in die gesellschaftliche Ordnung haben, sind tief greifender als bei den klassischen Kriegen. Sicherlich gilt für nahezu alle Kriege, dass sie auf Kosten der Zukunft geführt werden: In den zwischenstaatlichen Kriegen sind dies die Kredite und Schulden, für die spätere Generationen aufzukommen haben; in den neuen Kriegen hingegen ist es die Möglichkeit eines friedlichen Lebens überhaupt, die dauerhaft ruiniert wird.

Die Verstaatlichung des Krieges in Europa ging, wie gezeigt, mit gravierenden Veränderungen der Kriegführung einher: Durch die Professionalisierung der Soldaten, deren jahrelange Disziplinierung und Ausbildung sowie infolge der ständig wachsenden Bedeutung schwerer Waffen wurden die Kosten des Kriegswesens immer höher geschraubt, sodass sie bald nur von einer leistungsfähigen Wirtschaft in Verbindung mit einem immer effektiveren Staatsapparat getragen werden konnten. Verglichen damit ist die in die neuen Kriege einmündende Entwicklung in entgegengesetzter Richtung verlaufen: Hier kam es – besonders durch die zunehmende Rekrutierung von Jugendlichen und Kindern, die wegen der hohen Schussfrequenz automatischer Waffen ohne eine längere Ausbildung eingesetzt werden können – zu einer Entprofessionalisierung und Entdisziplinierung des Militärs,[2] die Bedeutung schwerer Waffen ging zurück, und das gesellschaftliche Mehrprodukt wurde nicht mehr durch ein rechtlich geregeltes, staatliches Besteuerungssystem abgeschöpft, sondern willkürlich und exzessiv durch Erpressung, Plünderung und Raub. Vor allem diese drei Faktoren – die Vorherrschaft leichter Waffen, die Einsetzbarkeit kaum ausgebildeter Kämpfer und die Finanzierung der Kriege durch Raub oder den Handel mit illegalen Gütern – sind die Ursache dafür, dass die Verstaatlichung des Krieges aufgebrochen wurde und die Privatisierung militärischer Gewalt wirtschaftlich wieder attraktiv geworden ist. Schließlich sollte nicht unerwähnt bleiben: Während Krieg und Kriegsvorbereitung in Europa seit dem 15./16. Jahrhundert neben den belastenden und zerstörerischen Folgen immer auch technologische Entwicklungsschübe und ökonomische Modernisierungsprozesse in Gang setzten, haben die neuen Kriege ausschließlich destruktive Effekte. Sie hinterlassen verwüstete Landschaften, Generationen von Verstümmelten und eine soziale Anomie – keine guten Voraussetzungen, um die auf lange Sicht angelegten Perspektiven zu gewinnen, die man für den Aufbau einer Friedensökonomie braucht. Die langfristig desaströsen Folgen dieser Kriege sind die Kehrseite der Tatsache, dass ihre kurzfristigen Kosten eher gering sind.[3]

Der Vergleich zwischen den sozioökonomischen Auswirkungen der Kriege im Europa der Frühen Neuzeit und denen der neuen Kriege zeigt, dass Letztere schwerlich die Funktion von Staatsbildungskriegen übernehmen können.[4] Es handelt sich vielmehr um reine Staatszerfallskriege, die zerstörte Gesellschaften ohne tragfähige Zukunftsperspektiven erzeugen. Diese Gesellschaften sind nach einem solchen Krieg nicht nur auf den Import von Nahrungsmitteln und medizinischer Hilfe, sondern mindestens ebenso auf den von Staatlichkeit angewiesen, um die gesellschaftlichen Austauschverhältnisse wieder auf eine Ökonomie umzustellen, in der die Menschen mehr an der Friedens- als der Kriegsdividende orientiert sind. Letztlich produzieren solche Kriege also neokoloniale Strukturen, da sie die gesellschaftlichen Fähigkeiten zur Selbstorganisation für lange Zeit zerstören und damit eigene Entscheidungen über den einzuschlagenden Entwicklungsweg unmöglich machen. Dabei haben jedoch die Gesellschaften, denen außer Hilfsgütern auch eine sozio-politische Ordnung sowie zeitweilig korruptionsresistente Eliten – etwa im Rahmen eines Protektorats der Vereinten Nationen – zur Verfügung gestellt werden, deutliche Vorteile gegenüber jenen, deren Zerfall unbemerkt stattfindet und für deren weiteres Schicksal sich kaum jemand interessiert.

Der wichtigste Grund dafür, dass die neuen Kriege so billig und darum so leicht zu beginnen sind, ist ihre Finanzierung durch aufgezwungene asymmetrische Tauschverhältnisse. Die klassischen zwischenstaatlichen Kriege wurden durch eine erhöhte Abschöpfung des gesellschaftlichen Mehrprodukts finanziert, was jedoch, von Versorgungsengpässen und deren Folgen für die Preisbildung abgesehen, keine direkten Auswirkungen auf die innergesellschaftlichen Tauschbeziehungen hatte. Es entstanden zeitweilig zwar informelle und partiell auch kriminelle Ökonomien, aber dies war eher in der Nachkriegs- als der Kriegszeit der Fall, und mit wachsendem Warenangebot und einer stabilen Währung verschwanden die Schwarzmärkte sehr schnell wieder. In den neuen Kriegen dagegen wird die Gewalt zum beherrschenden Element der Tauschbeziehungen selbst – sei es, dass sie gekauft wird, um bestimmte Ergebnisse zu erzwingen, sei es, dass der Äquivalententausch durch erpresserischen Zwang oder offene Gewaltandrohung überlagert oder ersetzt wird. Während die klassischen Staatenkriege sich nicht mehr lohnen, weil die Gewaltanwendung für jeden der

Beteiligten mehr kostet, als sie einbringt, sind die neuen Kriege für viele der Beteiligten so lukrativ, weil die Gewalt in ihnen kurzfristig mehr einbringt, als sie kostet – die langfristigen Kosten haben andere zu tragen.

Dass die neuen Kriege so billig sind, liegt nicht nur daran, dass sie überwiegend mit leichten Waffen geführt werden, sondern auch an der Verfügbarkeit von Jugendlichen, die sich gegen die Zusicherung eines einigermaßen gesicherten Lebensunterhalts und die Aussicht auf eine ihnen sonst unerreichbare soziale Reputation einem Warlord oder Milizenführer anschließen. Diese Entscheidung wird noch dadurch erleichtert, dass die Waffe hilft, das nackte Überleben zu sichern. Mit Blick auf die innergesellschaftlichen Kriege in Westafrika hat Peter Lock dies pointiert zusammengefasst: «Für junge Männer ist ‹Soldat sein› die beste Option gesellschaftlicher Partizipation, zudem sind die Überlebenschancen als Kämpfer im gegenwärtigen Sierra Leone wahrscheinlich ungleich größer als im Chaos der vom Krieg paralysierten ‹Zivilgesellschaft›. Die Rolle, als so genannter Kindersoldat zu agieren, ist nicht nur verführerisch für entwurzelte Kinder, sie ist auch eine ‹rational choice›, um es einmal im Jargon ökonomistischer Betrachtungsweise auszudrücken.»[5]

Diese Jugendlichen stellen die permanent verfügbare Rekrutierungsreserve der Kriegsunternehmer dar – sei es, dass sie kurzfristig, gleichsam von der Straße weg, mobilisiert, bewaffnet und eingesetzt werden, wie etwa in den Kriegen des subsaharischen Afrika, sei es, dass sie, wie die afghanischen Koranschüler, die Taliban, zunächst eine ideologische Vorbereitungs- und Aufrüstungsphase durchlaufen, bevor man sie in den Kampf schickt. «Alle Kriegsherren», schreibt Ahmed Rashid über die Afghanistankriege der achtziger Jahre, «hatten Jungen eingesetzt, von denen manche erst zwölf Jahre alt waren. Viele waren Waisen ohne jede Hoffnung auf

Familie, Schulbildung oder Job, das Soldatendasein ausgenommen. Die Taliban mit ihren Verbindungen zu den pakistanischen Madrassas [Koranschulen] ermutigten Tausende Kinder, in die Armee einzutreten und zu kämpfen. Ganze Einheiten bestanden aus Kindern, die Artilleriebatterien luden, Munition holten, militärische Anlagen bewachten und kämpften.»[6] Kurz, Kinder und Jugendliche sind zu einem zentralen Bestandteil der neuen Kriege geworden, und sie tragen entscheidend zu deren Verbilligung bei.

Um diese Jugendlichen massenhaft in den Krieg zu führen, ist kein aufwendiger staatlicher Erfassungs- und Erzwingungsapparat vonnöten.[7] Ihr weitgehender Ausschluss von den Erwerbsmöglichkeiten der Friedensökonomie, Hunger oder zumindest doch die soziale Perspektivlosigkeit unter Friedensbedingungen treibt sie den Kriegsparteien von selbst in die Arme. Unter diesen Umständen wird der Krieg für die Jugendlichen nicht nur zur Chance, ihr physisches Überleben zu sichern, sondern auch zum Modus einer sozialen Anerkennung, die ihnen als Unbewaffneten niemals zuteil würde. Dabei kann entweder der schnelle Zugang zu den Statussymbolen der westlichen Kulturindustrie im Mittelpunkt stehen oder der Kampf gegen den Siegeszug dieser Konsumgüter, wie er in den meisten Dschihad-Ideologien propagiert wird: Beiden auf den ersten Blick entgegengesetzten Motivationen ist das Versprechen von Prestige und Anerkennung gemeinsam. Es greift darum zu kurz, die bewaffneten Jugendlichen der neuen Kriege ausschließlich unter dem Aspekt des Kampfes um knappe materielle Ressourcen, insbesondere Wasser und Nahrungsmittel, fassen zu wollen; die soziale Ressource der Anerkennung fällt fast immer ebenso sehr, wenn nicht noch mehr ins Gewicht. «Mit einem Gewehr in der Hand erfährt ein junger Mann erstmals in seinem Leben, dass man von anderen Menschen respektiert wird, auch wenn es schiere Angst ist, die als Respekt wahrgenommen wird. Gewalt mittels eines automatischen Gewehrs wird zum Mittel, sich gegen den sozialen Ausschluss zu wehren. Gewalt verheißt den Zugang zu der Welt des industriellen Massenkonsums, der man auch in entfernten Winkeln der Welt medial ständig ausgesetzt ist.»[8]

Die erfahrene Demütigung führt in Verbindung mit der schlagartig erlangten Macht, die keinen militärischen Disziplinierungsprozess durchlaufen hat, zu Gewaltexzessen, in denen sich aufgestauter Hass und hemmungslos ausgelebte Allmachtsphantasien miteinander verbinden. «Diese Arm- und Beinamputierten», so Peter Scholl-Latour über die Verstümmelten des Kriegs in Sierra Leone, «sind die Opfer der Kindersoldaten der ‹Vereinigten Revolutionsfront› (RUF), wie auch der besonders gefürchteten ‹West-Side-Boys›, die im Drogen- und Alkoholrausch ihren Spaß darin fanden, völlig unbeteiligten Zivilisten mit ihren Buschmessern die Glieder abzuhacken. In Freetown soll es achttausend dieser willkürlichen Verstümmelungen gegeben haben. Die Entscheidung darüber, welcher Körperteil bei welcher Person mit der Machete oder dem Beil abgetrennt wurde, soll in der letzten Phase dieses Horrors unter großer Gaudi durch Los entschieden worden sein.»[9] Bevor man dies als ein schwarzafrikanisches Spezifikum abtut, sollte man sich die Berichte von der Eroberung der Stadt Mazar-i-Sharif durch die Taliban vor Augen führen, denen eine gewisse religiös fundierte Disziplin nachgesagt wird. «Ein Taliban-Kommandant erklärte später, Mullah Omar habe ihnen die Erlaubnis gegeben, zwei Stunden lang zu morden – daraus wurden dann zwei Tage. Die Taliban verfielen in einen regelrechten Blutrausch, fuhren mit ihren Pick-ups die engen Straßen in Mazar auf und ab und feuerten auf alles, was sich bewegte – Ladenbesitzer, einkaufende Frauen, Kinder, Ziegen, Esel.

Entgegen den Anordnungen des Islam, die ein unverzügliches Begräbnis vorschreiben, ließ man die Leichen auf den Straßen verrotten.»[10]

Bei solchen Massakern spielen immer wieder ethnische Gegensätze als Legitimation der Gewaltexzesse eine Rolle; sie verstärken die Gewalt, sind aber nicht deren Verursacher. Ursache ist eher der mit der Waffe erzwungene Aufstieg der gesellschaftlich Ausgegrenzten, die ihre vorherigen Demütigungen nunmehr an denen rächen, die es zu einem geregelten Lebensunterhalt und gelegentlich auch zu bescheidenem Wohlstand gebracht haben. Da sie selbst ein Arbeitsleben nie erfahren und dementsprechend auch keine Vorstellung von der damit verbundenen Mühsal haben, stellen sich ihnen die zivilgesellschaftlichen Strukturen nicht selten als etwas dar, was man nach Belieben plündern und zerstören kann. Dass dies kein auf die Elendsregionen der so genannten Dritten Welt beschränktes Phänomen ist, zeigen die Berichte aus den Zerfallskriegen in Jugoslawien, insbesondere dem Krieg in Bosnien: «Eine der ersten, weit reichendsten und allgegenwärtigsten Folgen der Kämpfe war», so David Rieff, «dass die gesellschaftliche Pyramide völlig auf den Kopf gestellt wurde. Das wohlhabende Bürgertum war vom Krieg ruiniert und demoralisiert. Mit jedem Monat verschlechterte sich seine soziale Lage. Wer jedoch vor den Kämpfen wenig besessen hatte, für den war es umgekehrt. Einfache Bauernburschen und gerissene Stadtkids hatten entdeckt, dass sie sich mit ihren Waffen verschaffen konnten, was sie wollten: D-Mark und Vorteile aller Art, auch sexuelle. Häufig wurde so buchstäblich der Letzte zum Ersten und der Erste zum Letzten. [...] Ob in Sarajewo oder Tuzla: junge Männer in Rambo-Outfit lümmelten in den Cafés herum und jagten mit ihren Mädchen in den wenigen Zivilfahrzeugen, die es noch gab, durch die Straßen.»[11] Rieff weist zugleich darauf hin, dass es sowohl auf serbischer als auch auf bosnischer Seite die Unterwelt der größeren Städte war, von den einfachen Straßenkriminellen bis zu den Mafiagangs, die die entscheidenden Positionen in den so genannten paramilitärischen Gruppierungen besetzte.[12]

Die Gewaltunternehmer der neuen Kriege sind nicht ausschließlich auf sozial ausgegrenzte Jugendliche angewiesen, aber diese bilden durchweg das größte und am leichtesten zu aktivierende Potenzial für die Rekrutierung von Kämpfern. Bewaffnete Jugendliche zeichnen sich obendrein durch große Sorglosigkeit im Umgang mit Gefahren aus: Todesangst ist in ihrem Denken und Handeln wenig präsent, und ihr Selbsterhaltungstrieb ist, zumal in der Pubertät, verglichen mit dem von Erwachsenen deutlich reduziert. Dafür sind sie umso hemmungsloser in der Gewaltanwendung, kennen keine Rücksicht gegenüber Wehrlosen und neigen zu Grausamkeit und Brutalität – all das macht sie zu den gefürchtetsten Teilnehmern der neuen Kriege.[13] Werden Warlords mit Friedenstruppen der Vereinten Nationen konfrontiert, so schicken sie mit Vorliebe Kindersoldaten vor, was die Blauhelme regelmäßig in arge Bedrängnis bringt: Sie zögern, auf die bewaffneten Kinder das Feuer zu eröffnen, und kapitulieren eher, als dass sie sich auf Kampfhandlungen einlassen; als Geiseln besitzen sie dann einen beträchtlichen Wert bei Verhandlungen, in denen die Warlords ihre Macht zu festigen versuchen. Gelingt ihnen das, so haben sich die in den Krieg «investierten» Mittel gelohnt, denn auf der Grundlage internationaler Anerkennung lässt sich das auf Raub und Gewalt errichtete Regime stabilisieren.

Häufig jedoch geraten diese Warlords in Streit mit anderen Kriegsunternehmern, oder einige ihrer Unterführer, die glauben, bei der Verteilung der Beute zu kurz gekommen zu sein, beginnen neue Kriege, um selbst an die großen Töpfe von Macht und Reichtum zu gelangen. Die im Prinzip nicht ausgeschlossene Verwandlung von Warlordfigurationen in eine protostaatliche Herrschaft, aus der nach einiger Zeit eine leidlich stabile Staatlichkeit hervorgehen kann, scheitert zumeist daran, dass sich im Gefolge eines Warlords zu viele befinden, die sich ihren bisherigen Chef auch darin zum Vorbild nehmen, dass sie den von ihm eingeschlagenen Weg nun ihrerseits beschreiten wollen.[14] Mit dem Erlöschen des Krieges schwindet die charismatische Bindekraft des jeweiligen Warlords oder Guerillaführers, und die mit dem Friedensprozess verbundenen Enttäuschungen verschaffen denjenigen Anhänger und Unterstützung, die für die Weiterführung des Krieges eintreten. Ihnen schließen sich all jene an, die auf der Suche nach Prestige und Anerkennung einem Kriegsherrn zugeströmt waren und nun befürchten, im Frieden mit nicht weniger Problemen konfrontiert zu sein als vor dem Krieg; sie misstrauen dem Frieden, denn der wird nicht einlösen können, was ihnen der Krieg versprochen hat. Daher nehmen vorausschauende Warlords das für sie gefährliche Projekt einer friedlichen Konsolidierung ihrer Herrschaft nicht ernstlich in Angriff, und diejenigen, die es doch tun, fallen zumeist den Rebellionen der Jüngeren zum Opfer. Gerade weil der Krieg so billig ist, sind die Kosten des Friedens so hoch.

Sexuelle Gewalt in der Strategie und Ökonomie der neuen Kriege

Die in Kriegen ausgeübte Gewalt hat sich seit jeher nicht nur gegen Männer, sondern immer auch gegen Frauen gewandt. «Sie töteten die Männer und führten die Frauen und Kinder in die Sklaverei» – das ist ein Topos der antiken Kriegshistoriographie, wenn von der Eroberung von Städten und dem Schicksal ihrer Bewohner berichtet wird. Während die Männer als niederzukämpfende Feinde betrachtet und behandelt wurden, gehörten die Frauen und (insbesondere weiblichen) Kinder zu der Beute, die ganz selbstverständlich dem Sieger zufiel. Schon Homers Bericht vom Kampf um Troja und schließlich von der Eroberung der Stadt dreht sich um die Rolle der Frau als Beute: von Helena, derentwegen der Krieg überhaupt begann, über Briseis, die zum Streitobjekt zwischen Agamemnon und Achill wurde und so den kriegsverlängernden Kampfstreik des Peliden auslöste, bis zur Aufteilung der aus dem brennenden Troja geretteten Frauenbeute. Bestandteil der Beute, Preis des Sieges, Lustobjekt der Kämpfenden – der bewaffnete Kampf war nie eine reine Angelegenheit der Männer.

Aber solche stark generalisierenden Betrachtungen, für die Gewalt gegen Frauen in Kriegen zu einem identisch wiederkehrenden Ereignis wird, das auf anthropologische Konstanten[15] verweist, übersehen das wechselnde Ausmaß und die unterschiedliche Intensität derartiger Gewalt. Selbstverständlich hat es auch in den klassischen Staatenkriegen immer wieder Gewalt gegen Frauen gegeben, aber spätestens seit dem 18. Jahrhundert handelte es sich dabei um ein Kriegsverbrechen, das verfolgt und bestraft wurde: üblicherweise mit dem Tode. Dabei mag die Sorge um die Disziplin der Truppe und die Furcht vor der Verbreitung von Geschlechtskrankheiten[16] oft stärker im Vordergrund gestanden haben als die Achtung und Durchsetzung von Menschenrechten. Im Ergebnis hat also gerade die Disziplinierung und Hygienisierung des Kriegswesens entscheidend dazu beigetragen, dass Massenvergewaltigungen nicht länger ein quasi-institutioneller Bestandteil von Kriegen waren und entdeckte Einzelfälle streng geahndet wurden.

Im *Genfer Abkommen über den Schutz von Zivilpersonen in Kriegszeiten* aus dem Jahre 1949 wird den Krieg führenden Parteien auferlegt, in zwischenstaatlichen ebenso wie in innergesellschaftlichen Kriegen Personen, die nicht an Kampfhandlungen teilgenommen oder die Waffen bereits niedergelegt haben, mit Menschlichkeit zu behandeln und dafür zu sorgen, dass sie «namentlich vor Gewaltgier oder Einschüchterung, vor Beleidigungen und der öffentlichen Neugier geschützt werden. Die Frauen sollen besonders vor jedem Angriff auf ihre Ehre und namentlich vor Vergewaltigung, Nötigung zur Prostitution und jeder unzüchtigen Handlung geschützt werden.»[17] Und die Verantwortung für den Schutz von Nonkombattanten wird ausdrücklich den Kriegsparteien auferlegt: «Die am Krieg beteiligte Partei, in deren Hand sich die geschützten Personen befinden, ist verantwortlich für die Behandlung, die diese durch ihre Beauftragten erfahren, unbeschadet der individuellen Verantwortlichkeiten, die gegebenenfalls übernommen werden müssen.»[18]

Warum finden diese und ähnliche Bestimmungen, durch die in früheren Kriegen eine weitgehende Einhegung der Gewalt gegen Frauen und Kinder gelungen ist, in den neuen Kriegen der letzten beiden Jahrzehnte so gut wie keine Beachtung? Im Gegenteil drängt sich der Eindruck auf, die Verletzung jener Bestimmungen sei zu einem besonders effektiven Instrument der Kriegführung geworden. «Mit Vergewaltigungen spart man Bomben», lautet die Erklärung einer Zagreber Beobachterin der jugoslawischen Zerfallskriege. «Mit Vergewaltigungen erreicht man die ethnische Säuberung wirksamer, mit weniger Kosten. Vergewaltigung ist eine Ökonomie des Krieges.»[19] Sollte diese Erklärung zutreffen – und in Kriegen, in denen es vor allem um die massenhafte Vertreibung großer Bevölkerungsgruppen geht, spricht vieles dafür –, so sind Frauen nicht mehr nur Beute,

Trophäe oder Lustobjekt des Siegers: sie sind zum wichtigsten Angriffsziel geworden. Die Massenvergewaltigungen und Vergewaltigungslager in Bosnien oder Ost-Timor[20] sind dann, neben der Zerstörung von Kulturgütern[21] und den Massakern an einem Teil der männlichen Bevölkerung, das dritte Element einer politisch-militärischen Strategie, die großräumig auf «ethnische Säuberungen» abzielt.

Eine solche Strategie ist nicht unbedingt neu. Sie wurde bereits in einer Reihe von Kriegen am Anfang des 20. Jahrhunderts eingesetzt – im Ersten Weltkrieg etwa bei der Vertreibung der armenischen Bevölkerung aus dem Osmanischen Reich oder im Anschluss an den griechisch-türkischen Krieg von 1922 bei den Zwangsumsiedlungen großer Bevölkerungsgruppen auf dem Balkan und in Kleinasien;[22] und in der nationalsozialistischen Planung des Vernichtungskriegs im Osten[23] griff man auf diese Strategie ebenso zurück wie bei der Vertreibung der deutschen Bevölkerung aus ihren Siedlungsräumen auf dem Balkan und den ehemaligen Ostgebieten des Deutschen Reiches. Solche Bevölkerungsverschiebungen können als politisch erfolgreich angesehen werden, sobald sie als Grundlage für die Neuziehung von Staatsgrenzen beziehungsweise die Umgestaltung multiethnischer Reiche in Nationalstaaten international anerkannt werden. Nach dem Ende der Ost-West-Konfrontation, als die zuvor politisch eingefrorenen Grenzziehungen auftauten und in Bewegung kamen, lag daher die Versuchung nahe, erneut zum Mittel der «ethnischen Säuberung» zu greifen. Dabei war jedoch klar, dass unter den bestehenden weltpolitischen Konstellationen und angesichts der medial vermittelten Kommunikationsdichte eine Politik der «ethnischen Säuberung» mit offen militärischer Gewalt oder gar des Genozids heftige Reaktionen benachbarter Staaten hervorrufen müsste und die erzielten «Gewinne» schwerlich die Anerkennung der internationalen Gemeinschaft finden würden.

Die Strategie der sexuellen Gewalt – von wilden Massenvergewaltigungen bis zur Internierung von Frauen, die systematisch vergewaltigt, anschließend deportiert oder als geschwängert öffentlich zur Schau gestellt werden[24] – kann man als den Versuch begreifen, eine Politik der «ethnischen Säuberung» in großem Stil ohne Genozid zu betreiben. Dadurch wird ein System aus Angst und Furcht, Gewalt und Demoralisierung hergestellt, das große Teile der Bevölkerung dazu zwingen soll, «freiwillig» ihre Häuser und allen sonstigen Besitz aufzugeben und bloß mit ein paar Habseligkeiten die angestammte Heimat zu verlassen. Die drei wesentlichen Schritte einer solchen Strategie der Erzeugung von Angst sind: die Exekution des politisch-kulturellen Führungspersonals sowie der potenziellen Träger bewaffneten Widerstands; das Niederbrennen und Sprengen sakraler Gebäude und kultureller Denkmale;[25] schließlich die systematische Vergewaltigung und Schwängerung von Frauen aus der zu vertreibenden Bevölkerungsgruppe.[26]

Hier lässt sich konkretisieren, was oben allgemein als die Ersetzung der Schlacht durch das Massaker bezeichnet worden ist.[27] Dass sich in den neuen Kriegen die Gewaltanwendung von den gegnerischen Streitkräften auf die Zivilbevölkerung verlagert und das Schlachtfeld als Ort konzentrierter Gewalt durch ganze Landschaften diffuser Gewalt abgelöst wurde, ist in diesem Falle nicht so sehr (oder womöglich gar nicht) die Folge eines Disziplinverfalls bei den Bewaffneten, sondern das Ergebnis kalkulierter Planung. Und dass der Gewalt gegen Frauen dabei eine fast größere Bedeutung zukommt als der gegen Männer, ergibt sich aus den Kriegszielen selbst und nicht aus anthropologischen oder zivilisationsspezifischen Konstanten, wie einem männlich-aggressiven

Francisco de Goya: Desastres de la guerra Nr. 30
Im Partisanenkrieg erodieren die Trennlinien zwischen Kombattanten und Nonkombattanten. Insbesondere Frauen werden zunehmend zum Objekt aller nur denkbaren Formen von Gewalt und Grausamkeit, wie sie bereits Francisco de Goya in seinem Zyklus «Desastres de la guerra» (1810–1815) dargestellt hat.

Verhalten. In den klassischen Staatenkriegen, die in Schlachten und militärischen Umfassungsmanövern entschieden wurden, war sexuelle Gewalt auf gegnerischem Territorium dysfunktional, weil sie die Geschwindigkeit der Truppenbewegungen verlangsamte, die Gefahr der Infizierung mit Geschlechtskrankheiten erhöhte und gleichzeitig die Kampfmoral untergrub. Die kriegsvölkerrechtlichen Bestimmungen zum Schutz der Zivilbevölkerung kamen der Organisationsrationalität des militärischen Apparats entgegen, und deshalb wurden sie mit dem erforderlichen Nachdruck durchgesetzt. In den neuen Kriegen jedoch, die sich gerade darin wie eine Rückkehr zu den Formen spätmittelalterlicher Kriegführung ausnehmen,[28] sind Vergewaltigungen oft in höchstem Maße funktional: Sie untergraben die Bereitschaft, trotz widriger Umstände und eines nur unter Lebensgefahr zu bewältigenden Alltags in der angestammten Heimat auszuharren und auf bessere Verhältnisse zu warten. Demgemäß wird die sexuelle Gewalt gegen Frauen hier von der politisch-militärischen Führung auch nicht unterbunden und sanktioniert, sie wird vielmehr angeordnet und organisiert. Unter solchen Umständen kann dem Kriegsvölkerrecht allenfalls von außen durch die bewaffnete Intervention eines Dritten Geltung verschafft werden.

Ist in der Schlacht der uniformierte Körper des Mannes das Objekt der Gewalt, so richtet diese sich im Massaker vorzugsweise gegen den Körper der Frau – von der Vergewaltigung bis zu Verstümmelungsorgien, deren Ziel offenbar darin besteht, dem toten Körper (der in diesem Fall auch der eines Mannes sein kann) jede Ähnlichkeit mit einem menschlichen Wesen zu nehmen. Die Gewalt gegen den uniformierten Körper im Gefecht lässt sich in ihrer militärischen Funktionalität leicht nachvollziehen, ist der Soldat doch gleichermaßen das Instrument wie der Repräsentant eines politischen Willens, der mit den Mitteln kriegerischer Gewalt gebrochen werden soll.[29] Diesem Willen werden die Mittel zu seiner Durchsetzung und Selbstbehauptung genommen, und dadurch wird der Gegner physisch wie moralisch besiegt. Gilt ähnliches auch für die asymmetrische Gewalt gegen Frauen und Mädchen, mit der die Vertreibung bestimmter Bevölkerungsgruppen aus ihren angestammten Siedlungsgebieten erreicht werden soll?

Von feministischer Seite ist vorgeschlagen worden, sexuelle Gewalt gegen Frauen als eine Kommunikation zwischen Männern zu begreifen. «Vergewaltigung», so Susan Brownmiller, «zerstört bei den Männern der unterlegenen Seite alle verbliebenen Illusionen von Macht und Besitz. Der Körper der geschändeten Frau wird zum zeremoniellen Schlachtfeld, zum Platz für die Siegesparade des Überlegenen.»[30] Das erklärt, warum in den neuen Kriegen – wie im Übrigen auch im Dreißigjährigen Krieg – viele Vergewaltigungen auf öffentlichen Plätzen oder zumindest in Anwesenheit des Mannes, Vaters und weiterer Verwandter des Opfers stattfinden. Der quasi-militärische Sinn solcher Gewalthandlungen liegt in der demonstrativen Demütigung und Entmännlichung des Gegners; ihm wird buchstäblich vor Augen geführt, dass er «seine» Frauen nicht mehr schützen kann und es darum an der Zeit ist, mit ihnen zusammen das umkämpfte Gebiet für immer zu verlassen.[31] Der Angriff gilt also auch hier dem gegnerischen Willen, aber er erfolgt über die Gewalt, die dem weiblichen Körper zugefügt wird. Mit seiner Schändung wird er als Symbol der Integrität und Unversehrtheit zerstört, um so die Resignation des gegnerischen Selbstbehauptungswillens zu erzwingen. Wenn man so will, zielt der Angriff also nicht mehr auf die bewaffneten Organe der Staatsmacht, was nur mit ähnlich bewaffneten Organen einer anderen Staatsmacht, also symmetrisch, möglich ist, sondern er zielt auf die durch die Frau repräsentierte ethnisch-kulturelle Identität und die durch sie gesicherte Reproduktionsfähigkeit einer Gemeinschaft.

Als politisch-militärische Strategie hat die Praxis massenhafter Vergewaltigungen im Rahmen von Kriegshandlungen inzwischen auch in Gesellschaften Eingang gefunden, in denen es, zumindest wenn man die offiziellen Zahlen zugrunde legt, kaum zu Vergewaltigungen kam.[32] Vor allem islamische Gesellschaften gehören dazu; aber die Vergewaltigung von mindestens 200 000 Frauen in Bangladesh durch (moslemische) pakistanische Soldaten vor und während des Krieges von 1971 sowie die bereits erwähnten Vergewaltigungen von Frauen des Usara-Volkes in und um Mazar-i-Sharif durch die Taliban zeigen,[33] dass das Gewaltkalkül militärischer Strategien unabhängig von kulturell eingeübten Verhaltensweisen funktioniert. In diesen Zusammenhang gehört auch die von den bewaffneten Gruppen der islamischen Heilsfront (FIS) in Algerien geübte Praxis, Mädchen und junge Frauen aus Berberdörfern zu verschleppen und so lange zu vergewaltigen, bis sie schwanger sind.[34] Dabei geht es weniger um die Beschaffung von Sexsklavinnen für die Anführer dieser Gruppen, die so genannten Emire, als um die Zerstörung der Berber-Gemeinschaften, die nicht nur in ihrem Selbstwertgefühl getroffen werden, sondern für die, der traditionellen Ordnungen dieser Gemeinschaften entsprechend, die geschwängerten Frauen auch als Ehefrauen und Mütter ausfallen. Dasselbe Ziel verfolgten die serbischen Tschetniks in Bosnien oder die indonesische Armee und ihr verbündete Milizen in Ost-Timor: die Zerschlagung einer sozialen Gemeinschaft, die Auflösung familiärer Bindungen und die Unterbrechung der Generationenfolge, um so den Selbstbehauptungswillen dieser Gemeinschaften zu brechen. Die Strategien der Vergewaltigung in einer Reihe von neuen Kriegen sind darum eine Fortsetzung des Krieges mit anderen Mitteln.

Aber nicht immer, wenn sich in den neuen Kriegen Vergewaltigungen häufen, handelt es sich um eine von der politisch-militärischen Führung geplante Strategie. Die den Völkermord in Ruanda begleitenden Vergewaltigungen, denen wahrscheinlich Hunderttausende Frauen zum Opfer fielen,[35] die Vergewaltigungspraxen der westafrikanischen Bürgerkriege, die der Kriege im Tschad, im Kongo und in Indonesien[36] lassen sich eher im Hinblick auf eine Ökonomie als auf eine Strategie der Gewalt entschlüsseln. Was bei Vergewaltigungen im Rahmen einer quasi-militärischen Strategie immer auch mitspielt, der funktionalen Dimension aber untergeordnet ist, tritt hier in den Mittelpunkt: die Vergewaltigung von Frauen als Prämie der Sieger und Eroberer. Doch solche Vergewaltigungen sind keine einmaligen, auf eine kurze Zeitspanne im Anschluss an Kampfhandlungen beschränkten Übergriffe; vielmehr zeugen sie von einer umfassenden Sexualisierung der Gewalt, wie sie in fast allen neuen Kriegen zu beobachten ist: Die Gewaltanwendung, die mit der Entwicklung und Einführung von Distanzwaffen – besonders mit dem Übergang zu Feuerwaffen – zu einem mechanischen Vorgang geworden war, ist hier wieder libidinös besetzt. Sie ist kein notgedrungen auf die Leiblichkeit des Gegners gerichteter Angriff mehr, der eigentlich auf seinen Willen und seinen Mut zielt, sondern eine offenbar als lustvoll empfundene Form des Schmerzzufügens und Quälens, an dessen Ende dann häufig der Tod steht. Der aber, so der Eindruck bei der Lektüre entsprechender Berichte, scheint eher das nichtintendierte Ergebnis als das Ziel des quälenden Verletzens zu sein. Der Krieg wird hier zu einer großen Foltermaschine, deren Zweck die Produktion von Leid und Schmerz, nicht aber die Durchsetzung eines politischen Willens ist.[37] «Die Milizen in Mexiko bevorzugen […] die Machete, die serbischen und algerischen Schlächter Beile, Äxte, abgesägte Flinten, Eisenstangen, Dolche und Fleischmesser. Es sind dies die Werkzeuge der blutigen Handarbeit auf kurze Entfernung. Nicht auf spurlose Beseitigung ist das Gemetzel aus, sondern auf die Entstellung des Körpers. Wie Schlachtvieh wird das Opfer abgestochen, sein Leib wird in Fleischstücke zerhauen, die Organe der Sexualität werden herausgeschnitten. Sofern der Praxis des Gemetzels überhaupt ein religiöser Sinn zukommt, so ist es nicht irgendeine ‹fundamentalistische› Gottesidee, sondern die Wiederkehr des archaischen Blutrituals: des Menschenopfers, das die Mördergruppe ihrem Götzen, sich selbst nämlich, darbringt.»[38]

Nicht zuletzt deswegen sind in jüngster Zeit Vergewaltigungen von einer Reihe von Autorinnen nicht mehr dem Bereich der Sexualität, sondern dem der Folter zugerechnet worden.[39] Hier sind die Ähnlichkeiten mit den Kriegen des 16. und 17. Jahrhunderts, in denen sexuelle Gewalt und die Lust an der Zufügung von Schmerz, nicht nur gegen Männer, ebenfalls zur Ökonomie des Krieges gehörten, besonders groß. Sexueller Sadismus, schreibt David Rieff, sei Bestandteil einer jeden «ethnischen Säuberung».[40] Das ist richtig, aber offenbar braucht sexueller Sadismus die strategischen Direktiven einer «ethnischen Säuberung» nicht, um in den neuen Kriegen massiv in Erscheinung zu treten.[41] Peter Lock hat darauf hingewiesen, dass der Mann im Prozess der ökonomischen Modernisierung die herausgehobene Rolle verloren hat, die ihm in traditionellen Gesellschaften einst zukam, während gleichzeitig der harte und durchsetzungsfähige Kämpfer in den weltweit verbreiteten amerikanischen Filmproduktionen als Männlichkeitsideal erinnert und hochgehalten wird. «Als Reaktion konstruiert sich männliche Identität mangels kulturell-emanzipatorischer und ökonomischer Alternativen durch Gewalthandlungen, die ein Gefühl der Überlegenheit und Souveränität vermitteln. Die verlorene Position im Produktionsprozess wird durch Teilnahme an der gesellschaftlichen Gewaltproduktion ersetzt.»[42] Da es in Gesellschaften mit über 50 Prozent Jugendarbeitslosigkeit vor allem die männlichen Jugendlichen und jungen Männer sind, die tagtäglich ihre soziale Marginalisierung unter den Bedingungen des Friedens erfahren müssen, wird die Bereitschaft, sich durch exzessive Gewalt bevorzugt gegen Frauen Machterlebnisse zu verschaffen und so die Demütigungen des Alltags zu kompensieren, wohl kaum nachlassen. Mit den Warlords und Milizenführern stehen die Organisatoren solcher Kompensationserfahrungen bereit.

Flüchtlingsströme und humanitäre Hilfe

Es ist ein Kennzeichen aller neuen Kriege, dass sie innerhalb kürzester Zeit große Flüchtlingsströme erzeugen, die schließlich in eine Reihe von Lagern an den Rändern des Konfliktgebietes münden. Hier werden rasch internationale Hilfsorganisationen tätig, die Nahrungsmittel und medizinische Versorgung heranschaffen und den Ausbruch von Seuchen und Epidemien zu verhindern suchen. Solche Flüchtlingslager sind in der Regel Teil der Kriegsökonomien und für die Kriegsparteien von erheblicher Bedeutung, da sie sich hier mit Lebensmitteln und Medikamenten versorgen. Die Hilfsorganisationen der Vereinten Nationen und die humanitären Nichtregierungsorganisationen (NGOS) sind somit nolens volens zu einem festen Bestandteil der Bürgerkriegsökonomien geworden. Und wo sie sich nicht von selbst einschalten, werden sie mit Hilfe des Fernsehens hineingezogen. Sobald ein Krieg und die durch ihn erzeugten Flüchtlingsströme die Aufmerksamkeitsschwelle der Medien erreicht hat und entsprechende Bilder in die Nachrichtensendungen der OECD-Länder gelangt sind, wird ein inzwischen schon fast automatischer Mechanismus in Gang gesetzt, der die internationale Hilfe anlaufen lässt: Geradezu rituell werden die Nummern der Spendenkonten in die Nachrichtensendungen eingeblendet, besorgte Reporter sprechen von Hunger und Elend sowie einer drohenden humanitären Katastrophe, dazu werden Bilder von Elendszügen, ausgemergelten Alten, bettelnden Frauen und weinenden Kindern gezeigt, und schon bald darauf folgt die Meldung vom Anlaufen der Hilfsmaschinerie: Flugzeuge sind gestartet, um die Flüchtlingslager zu erreichen, und die ersten Hilfsgüter sind bereits abgesetzt.[43]

Was in den reichen Ländern zumeist gut gemeint und als karitative Handlung gedacht ist, hat in den Kriegs- und Krisengebieten oft verheerende Folgen, weil sich die Kriegsparteien selbst daraus alimentieren. Inzwischen scheinen die Strategen dieser Kriege die internationale Hilfe von vornherein als ein logistisches Element in ihre operativen Planungen aufzunehmen. Das trägt als ein weiteres Element zur Verbilligung der Kriege bei; sie lassen sich umso leichter führen, je weniger sich die jeweilige Partei um ihre Versorgung kümmern muss. An Brücken, Bergpässen oder wo auch immer das Gelände für die Errichtung von Straßensperren geeignet ist, werden die Hilfskonvois gestoppt und durchsucht, und dabei wird das abgezweigt, was die Bewaffneten selbst brauchen können – nur was nicht benötigt wird, darf passieren. So ließen die bosnisch-serbischen Belagerer Sarajevos so lange keine Konvois der Vereinten Nationen in die Stadt hinein, bis sie selbst einen Großteil der Hilfslieferungen erhalten hatten.[44] Auf diese Weise unterstützte die UNO die Belagerer ebenso wie die Belagerten, und die internationale Gemeinschaft finanzierte den Grund des Übels, während sie das Übel einzudämmen versuchte. Zumindest wird die humanitäre Hilfe generell zu einer Prämie, die auf die Weiterführung des Krieges ausgezahlt wird; die Krieg führenden Parteien, zumal wenn Krieg für sie ein Mittel ist, den Lebensunterhalt zu sichern, können damit nicht für den Abschluss und die Einhaltung von Friedensabkommen gewonnen werden. Im Gegenteil: Die Warlords haben inzwischen gelernt, wie sie mit Hilfe von Kamerateams internationale Hilfslieferungen in Gang setzen und steuern können, und sie nutzen dies als eine kostengünstige Ressource für die Weiterführung ihrer Kriege.[45]

Außer dadurch, dass sie Teile der Hilfsgüter für sich abzweigen, profitieren die Warlords noch auf andere Weise von den Hilfslieferungen internationaler Organisationen. Diese sind, zumal wenn es sich um kleinere NGOS handelt, auf vorhandene Transportkapazitäten angewiesen, um ihre Güter von den Häfen oder Landebahnen in die Flüchtlingslager zu schaffen, und die hierfür nötigen Lastwagen und Pick-ups können in der Regel nur die örtlichen Warlords zur Verfügung stellen. Vor allem aber brauchen die Mitarbeiter der Hilfsorganisationen Schutz gegen Übergriffe aller Art, und den können ebenfalls nur die Milizenführer und Warlords bieten. «Jede Hilfe ist Einmischung in die bestehenden Verhältnisse, es gibt keine neutrale Hilfe. Die Banden mit den Waffen, die Warlords mit ihren Milizen wussten das. Sie übernahmen in Somalia die Kontrolle über die Hilfe und die ungeschützten Helfer. Jede Lieferung von Bohnen, Proteinkeksen, Vitaminpräparaten stärkte ihre Stellung, jeder Transport füllte ihre Kriegskassen. Denn sie ‹vermieteten› die Lastwagen, stellten gegen Gebühr die ‹Schutztruppen›.

So wurde nicht nur der Hunger zur Waffe im Kampf um die Macht, die internationale Hilfe war unfreiwillig Finanzier der brutalen Banden des Bürgerkriegs geworden. Der Terror lebte durch die Hilfe.»[46]

Darüber hinaus gibt es noch eine weitere Möglichkeit, wie die Milizen und Warlordfigurationen die internationale Hilfe für ihre Zwecke nutzen können: Hin und wieder «verschwindet» eine komplette Hilfslieferung, deren Inhalt dann auf den örtlichen Märkten in kleinen Päckchen wieder auftaucht. So profitieren schließlich auch die mit den Warlords «befreundeten» Händler und Schmuggler von der internationalen Hilfe, die von den Kriegsherren so dosiert wird, dass ihre eigenen Wirtschaftsinteressen gefördert und die für sie nützlichen Schmuggler und Händler nicht ruiniert werden. Ruiniert werden freilich die örtlichen Produzenten, deren Erzeugnisse, wenn sie denn nicht ohnehin schon durch den Krieg vernichtet wurden, plötzlich nicht mehr abzusetzen sind und verrotten. Dadurch zerfallen die lokalen Produktionsstrukturen; langfristige Abhängigkeiten von internationaler Hilfe entstehen, mit der Folge, dass die örtlichen Friedensökonomien auf kriegsökonomische Bedingungen umgestellt werden: Die Bauern und Handwerker der Region, die bis zur Überschwemmung der Gegend durch Flüchtlingsströme, der Errichtung von Lagern und dem Anlaufen der Hilfsprogramme von ihrer eigenen Hände Arbeit gelebt haben, sind nun von Wirtschaftsstrukturen abhängig, die von den Warlords beherrscht werden, und müssen ihr Auskommen als Lastwagenfahrer, Schmuggler, Händler oder auch Kämpfer suchen, um unter den neuen Bedingungen überleben zu können.

Die Flüchtlingsströme und die zu ihrer Eindämmung errichteten Lager erweisen sich bei genauerer Betrachtung als das Schling- und Rankwerk, mit dem sich ein zunächst örtlich begrenzter Krieg regional ausweitet und organisatorisch in seiner Umgebung verankert. In Gestalt dieser Flüchtlingsströme kann ein innergesellschaftlicher Krieg innerhalb kürzester Zeit Staatsgrenzen überspringen und sich zu einem transnationalen Krieg ausweiten. Nicht zuletzt an solchen Flüchtlingsströmen scheitern regelmäßig alle von Nachbarstaaten oder internationalen Organisationen unternommenen Versuche zur Begrenzung und Eindämmung der Kriege: Zum einen werden die zumeist labilen staatlichen und ökonomischen Strukturen der Nachbarländer durch die Flüchtlingslager schwer geschädigt, zum anderen entstehen dort sehr bald Hilfs- und Unterstützungsnetzwerke einer Kriegspartei, die daraus in nicht geringem Maße ihre politische wie militärische Durchhaltefähigkeit bezieht. Das wiederum lässt diese Lager zum Angriffsziel der Gegenseite werden. Die Angriffe auf solche Lager, wie sie bei der Bekämpfung kurdischer Untergrundorganisationen durch die Türkei,[47] bei Einsätzen der Israelis im Libanon, dem Westjordanland und dem Gazastreifen,[48] in den westafrikanischen Kriegen, den Kriegen im Grenzgebiet zwischen Somalia und Äthiopien, denen im Tschad und im Sudan sowie insbesondere den Kriegen im Kongo und in Angola üblich geworden sind, tragen zu einer weiteren Transnationalisierung der neuen Kriege bei und erschweren deren Eindämmung oder gar Beendigung zusätzlich.

Dabei ist ein Mechanismus zu beobachten, der sich analog zu einem System kommunizierender Röhren beschreiben lässt: Je wirkungsvoller die militärischen Angriffe auf Flüchtlingslager und damit auf die Unterstützungsstrukturen des Gegners, desto negativer die politischen Effekte für den Angreifer; das, was die angegriffene Seite dabei nämlich an organisatorischen und militärischen Ressourcen verliert, gewinnt sie in den Augen der Weltöffentlichkeit an politischer Legitimation, und sobald es ihr gelingt, diesen Zugewinn in Unterstützung durch die Nachbarländer und internationale Organisationen umzusetzen, hat sie jene Verluste in der Regel ausgeglichen. Das ist eine weitere Ursache dafür, dass die neuen Kriege nur noch in den seltensten Fällen militärisch entscheidbar sind und stattdessen auf niedrigem Niveau schier endlos fortschwelen.

Ein unverzichtbares Element innerhalb dieses Systems der Umwandlung militärischer Niederlagen in Zugewinne an politischer Legitimität sind die Kameras der Weltpresse, die einen solchen Zugewinn erst ermöglichen. Es kommt darum nicht von ungefähr, dass diese Kameras von den Krieg führenden Parteien fast aller Kriege inzwischen wie besonders wirksame Waffen behandelt werden: von den einen, indem sie alles daransetzen, die Weltpresse aus einem bestimmten Operationsgebiet herauszuhalten, und den anderen, indem sie die Reporter und Kameraleute unter allen Umständen in dieses Gebiet hineinbringen wollen, damit die dortigen Vorgänge festgehalten und verbreitet werden. Die Medien dienen nicht mehr der Berichterstattung – sie sind unfreiwillig zu einer kriegsbeteiligten Partei geworden; das ist eine direkte Konsequenz der asymmetrischen Struktur der neuen Kriege, also der Konfrontation nicht zwischen Soldaten und Soldaten, sondern zwischen Militär und Zivilbevölkerung. Auch die medial hergestellte Weltöffentlichkeit ist so zu einer Ressource des Krieges geworden, hinter und in der die Kämpfer der schwächeren Seite Schutz und Deckung suchen. So nimmt denn die politisch-militärische Relevanz der beobachtenden Kameras in dem Maße zu, wie die bewaffneten Konflikte asymmetrisch werden. Die traditionelle Neutralität der Kriegsberichterstattung war offenbar an die Symmetrie des Krieges gebunden, während die wachsende Asymmetrie der Kriege, ihre Umstellung auf

Goliath-David-Konstellationen, zu einer Partei ergreifenden und unterstützenden Beobachtung geführt hat. Unter diesen Umständen ist es für die Planer eines Krieges nahe liegend, sich selbst in der Davidrolle zu inszenieren.[49] Die Präsentation von Flüchtlingen, weinenden Frauen und schließlich verzweifelt Widerstand leistenden Kindern ist dafür das probateste Mittel.

Wenn sich der Krieg wieder lohnt: Ökonomien der neuen Kriege

Lange Zeit haben in der politischen Publizistik die ideologischen, ethnischen und religiösen Dimensionen der neuen Kriege erheblich größere Beachtung gefunden als deren ökonomische Grundlagen. Nun sind jene Dimensionen zwar keineswegs bedeutungslos, aber in der Regel werden sie stark überzeichnet, und das hat zur Folge, dass der Blick auf die ökonomischen Handlungslogiken der Kriegsakteure verstellt bleibt. Das Bedürfnis nach einer gewissen Romantisierung der Gewaltlandschaften scheint viel zu einer solchen Überzeichnung beigetragen zu haben: Solange man Guerilleros und Putschgenerälen, Milizen und Untergrundorganisationen politische Ideale unterstellen konnte, ließen sich die Kriege als Befreiungskriege begreifen, und an ihnen trat stärker der Aspekt eines revolutionären Fortschritts als der kriegerischer Gewalt in den Mittelpunkt. Die Konzentration auf die ideologischen Fassaden, die in diesen Kriegen von fast allen beteiligten Parteien errichtet wurden, befriedigte zugleich das Bedürfnis nach Übersichtlichkeit und Klarheit: Die Selbstpositionierung der Kriegsparteien in die Konfliktlinien des Ost-West-Gegensatzes verschaffte ihnen nicht nur Anlehnungs- und Unterstützungsmächte, sondern garantierte auch, dass man in Ost wie West den Überblick behielt. Zwar wechselte immer wieder einmal eine Partei spektakulär die Fronten, aber im Prinzip war klar, dass, wenn die eine Seite dem Westen zuneigte, die andere sich nach Osten wandte – und umgekehrt.

Mit dem Ende des Ost-West-Konflikts wurden die alten ideologischen Orientierungsmuster dann eilends durch ethnische oder religiös-kulturelle Konfliktlinien ersetzt, die aufs Neue Orientierung und Durchblick gewährleisten sollten. Man schenkte ihnen freilich so viel Aufmerksamkeit, dass man darüber die für die neuen Kriege mindestens ebenso wichtigen ökonomischen Dimensionen und Handlungsantriebe übersah. Auch der Hinweis auf Armut und soziale Gegensätze in den von Kriegen zerrütteten Ländern ist zumeist ideologischer Art, bietet er letztlich doch eine Erklärung dieser Kriege, die gerade nicht zur Handlungslogik ihrer Akteure vordringt, sondern allgemein und undifferenziert bei sozioökonomischen Konstellationen stehen bleibt.

Dass die ethnischen und religiösen Erklärungen der neuen Kriege so attraktiv sind, dürfte vor allem daran liegen, dass die Kriege damit, zumindest implizit, für irrational erklärt werden können: Wenn sie von antiquierten, unaufgeklärten Einstellungen und Motiven angetrieben werden, so liegt es nahe, ihnen mit dem Instrumentarium der Aufklärung zu Leibe zu rücken. Die Überwindung von Irrationalismen und die allmähliche Umstellung des Verhaltens von Leidenschaften auf Interessen, von überkommenen Bindungen auf individuelle Zweckrationalität soll dementsprechend einer allgemeinen Orientierung am Frieden zum Durchbruch verhelfen. Solange man sich mit den ökonomischen Strukturen dieser Kriege nicht beschäftigt hat, kann man dem bequemen Glauben anhängen, Rationalisierung und Pazifizierung würden auch hier, wie in den Staaten der OECD-Welt, Hand in Hand gehen. Schaut man jedoch näher hin, erkennt man, dass die neuen Kriege in vieler Hinsicht selbst das Ergebnis ökonomischer Zweckrationalität sind beziehungsweise dass zweckrational handelnde Akteure in ihnen eine bedeutende Rolle spielen: auf Seiten der Unternehmer, der Politiker und nicht zuletzt der Bewaffneten.[50] Die für die meisten Kriege zentrale Figur des Warlords kann geradezu als Verbindung unternehmerischer, politischer und militärischer Logiken in einer Person definiert werden.[51]

Die Rückkehr der Warlords ist neben dem verstärkten Auftreten von Söldnerfirmen ein zuverlässiger Indikator dafür, dass sich der Krieg wieder lohnt – jedenfalls dann, wenn er mit leichten Waffen, billigen Kämpfern und Anschlussmöglichkeiten an die großen Geschäfte der globalisierten Wirtschaft geführt werden kann. Ohne Rentabilität der Gewalt keine Privatisierung des Krieges. Auch und gerade für Kriege gilt, dass die Akteure bestrebt sind, Gewinne selbst abzuschöpfen und Verluste der Allgemeinheit aufzubürden. Wie gezeigt, sorgte die Verteuerung des Kriegswesens im frühneuzeitlichen Europa dafür, dass unmittelbar aus der Führung eines Krieges keine privatisierbaren Gewinne mehr erwuchsen, und eine robuster werdende Staatlichkeit hinderte private Unternehmer daran, sich auf lukrative Bereiche des Kriegsgeschehens zurückzuziehen – sie verdienten hinfort an der Ausrüstung und Versorgung der Truppen, aber nicht länger an der Kriegführung selbst. Die Warlords der neuen Kriege dagegen beziehen ihre Einkünfte wieder direkt aus der Führung von Kriegen, und dabei profitieren sie vom Zerfall vieler Staaten, die das Gewaltmonopol nicht mehr aufrechterhalten oder überhaupt durchsetzen können. Der Staatszerfall wiederum eröffnet ihnen die Möglichkeit, die mit Gewalt einzustreichenden Gewinne ungehindert zu privatisieren, während die langfristig verheerenden Folgen der Gewalt von der Gesellschaft – oder was davon übrig geblieben ist – getragen werden müssen.

Der Krieg ist für die Warlords eine wirtschaftlich attraktive Unternehmung geworden, weil sie selbst über die Verteilung seiner Kosten, die Privatisierung der in ihm gemachten Gewinne und die Sozialisierung der durch ihn verursachten Verluste entscheiden können. Außer den Regeln der globalen Ökonomie gibt es keine Rahmenbedingungen, an die sie sich zu halten haben. Die ökonomische Rationalität ihres Handelns besteht darin, dass sie aus der Gewalt ein Mittel der Einkommenserzielung machen beziehungsweise mit Gewalt die bestehenden Austauschverhältnisse zu ihren Gunsten beeinflussen. Warlords und Milizenführer beuten die Gegenwart zu Lasten der Zukunft aus, und das Mittel, dessen sie sich dabei vorzugsweise bedienen, ist die Umstellung der wirtschaftlichen Ordnung in den von ihnen beherrschten Gebieten von Äquivalententausch auf die Aneignung mit Gewalt. Das ist nicht zu verwechseln mit dem Einbruch der nackten Anarchie ins wirtschaftliche Leben, sondern ist als die Durchsetzung asymmetrischer Tauschverhältnisse zu begreifen. Äquivalententausch beruht auf einer Symmetrie des Tauschs, bei der Gleichberechtigte sich über die Werte und Preise der auszutauschenden Güter und Dienstleistungen verständigen. Durch die Einmischung von Gewalt in die Tauschverhältnisse werden diese asymmetrisch, es gilt nicht länger die Gleichheit der Tauschenden, sondern die eine Seite legt unter Androhung von Gewalt die Austauschverhältnisse zu ihren Gunsten fest. Man kann dies auch als Privatisierung der staatlichen Regelungs- und Schutzfunktion bezeichnen, die von den Warlords vorgenommen wird. Aber was in den Warlordfigurationen vonstatten geht, ist mehr als eine Privatisierung staatlich-hoheitlicher Aufgaben; es ist die Durchsetzung fundamentaler

Asymmetrien in den gesellschaftlichen Austauschverhältnissen, und erst dadurch werden die neuen Kriege zu einem lohnenden Geschäft.

Man wird sich die Warlords und Milizenführer, Putschgeneräle und Revolutionscharismatiker der neuen Kriege dennoch nicht als rational kalkulierende Unternehmer vorstellen dürfen, die sich auf der Basis vergleichender Gewinnprognosen gegen die Anlage ihres Kapitals in Aktienfonds und für dessen Investition in kriegerische Gewalt entscheiden. Dies mag vielleicht bei einem westeuropäischen oder nordamerikanischen Investor der Fall sein, wenn der sein Geld statt in Immobilien und IT-Aktien in eine Söldnerfirma steckt, die sich reputationshalber als Sicherheitsunternehmen deklariert. Bei der Entstehung von Warlordfigurationen und Rebellenorganisationen sind dagegen immer auch politische und ideologische, ethnische und religiös-kulturelle Fragen von Belang, und sie schränken die fiktiv unterstellte Freiheit unternehmerischer Entscheidungen von vornherein ein. Die ökonomische Analyse der neuen Kriege erfasst eher die Bedingungen, unter denen sie möglich werden, als dass sie die ursprünglichen Motivationen der Kriegsakteure zu enthüllen versucht. Gleichzeitig macht sie aber auch deutlich, dass in vielen der neuen Kriege politische Konflikte, die anfangs im Mittelpunkt gestanden haben mögen, im Verlauf des Krieges zunehmend von ökonomischen Interessen überlagert werden.[52] Je länger ein Krieg dauert, desto stärker tritt die Ökonomie der Gewalt als eine das Handeln der Akteure bestimmende Macht hervor, und dabei verwandelt sie die ursprünglichen Motivationen mehr und mehr in Ressourcen eines verselbständigten Krieges.

Am Beispiel der Afghanistankriege zwischen 1979 und 2002 lässt sich die Verselbständigung der Kriegsökonomie gegenüber den zunächst politischen Ursachen des Krieges leicht nachzeichnen, und daneben zeigt dieses Beispiel, dass das Ausmaß, in dem sich eine Kriegsökonomie verselbständigt, mit dem fortschreitenden Staatszerfall korrespondiert. Während des Kampfes der Mudschaheddin gegen die afghanischen Regierungstruppen und die Sowjetarmee war die Bildung kleinräumiger Versorgungsstrukturen für die selbständig operierenden Partisanengruppen hochgradig effektiv: Sie bot dem militärtechnisch überlegenen Gegner nur geringe Angriffsflächen und stellte eine effektive Nutzung der Ressourcen sicher, die den afghanischen Partisanen aus den islamischen Ländern sowie den USA zuflossen. Nach relativ zuverlässigen Schätzungen hat die Sowjetunion etwa 45 Milliarden Dollar in den Afghanistankrieg investiert, während von den USA und den islamischen Ländern etwa 10 Milliarden Dollar ausgegeben worden sind. Aber diese Effektivität schlug nach dem Rückzug der Sowjetarmee in ein politisches Chaos um, weil keiner der so genannten Feldkommandeure die zwischenzeitlich errungene Macht und die damit verbundenen Versorgungsstrukturen zugunsten einer wieder zu errichtenden Zentralgewalt abtreten wollte. Die Zentralgewalt hatte in Afghanistan nie große Macht besessen; sie war stets auf die Unterstützung der Stammesführer angewiesen, aber sie hatte eben doch ein Mindestmaß an gesamtstaatlichen Rahmenregelungen hergestellt und, wenn sie auch niemals ein Gewaltmonopol nach europäischem Vorbild innehatte, Stammeskonflikte so weit in Grenzen gehalten, dass sie sich nicht zu innergesellschaftlichen Kriegen auswuchsen. Genau dies war nunmehr der Fall: Die Feldkommandanten verwandelten sich in Warlords, akzeptierten keinerlei Vorgaben und Anweisungen mehr und errichteten eigene labile Herrschaften, die – wiewohl durch Offensiven und Rückzüge gelegentlich verschoben – über Jahre hinweg eine erstaunliche Kontinuität aufwiesen.

Zweifellos handelte es sich bei diesen Kriegsökonomien im Wesentlichen um Raubwirtschaften, die nicht viel mehr als eine Perspektive des unmittelbaren Überlebens zu entwickeln vermochten und den bereits im Krieg gegen die Sowjets fortgeschrittenen Prozess der Deinvestition weiter vorantrieben.[53] Die über Jahrzehnte entwickelten Bewässerungssysteme der afghanischen Landwirtschaft waren zerstört, große Teile des Landes vermint, und die jungen Männer, die sich in den zurückliegenden Jahren an das freie Handwerk des Krieges gewöhnt hatten, besaßen keine Neigung, zu harter Arbeit in einer wenig ertragreichen Landwirtschaft zurückzukehren. Doch für eine *geschlossene Kriegsökonomie* auf der Basis einer agrarischen Subsistenzwirtschaft reichten die verfügbaren Mittel nicht hin, und seit dem Rückzug der Sowjetunion aus Afghanistan drohten die westlichen und islamischen Subsidien allmählich zu versiegen. Also fand ein schrittweiser Übergang in eine *offene Kriegsökonomie* statt. Am wichtigsten war dabei die wachsende Produktion von Rohopium, mit dem sich auf den Handelsrouten ins östliche Mittelmeer beträchtliche Gewinne erzielen ließen.[54] Durch das Geschäft mit illegalen Waren also gelang es den afghanischen Warlordfigurationen, sich zu den globalisierten Märkten Zutritt zu verschaffen, auch wenn dieser Zutritt durch die Hintertür erfolgte.

Da es sich um illegale Güter handelte, bedurfte ihr Transport, zumal wo er durch umkämpfte Gebiete führte, eines starken Schutzes, und hier konnten die bewaffneten Gefolgschaften der Warlords eine ihren Fähigkeiten und Neigungen entsprechende Beschäftigung finden. Die örtlichen Warlordfigurationen schlossen Kooperationen mit der international organisierten Kriminalität, wobei als Dritte im Bunde die in Afghanistan traditionell gut organisierten Schmugglerbanden ins Spiel kamen; sie stellten die Verbindung

Afghanische Mudschaheddin nahe Tora-Bora, Dezember 2001
Die sich über zwei Jahrzehnte erstreckenden Kriege in Afghanistan führten schließlich zum Zerfall sämtlicher Staatsstrukturen. Wichtiger als schweres militärisches Gerät war auch hier die Kalaschnikow. Sie ist zum Symbol der neuen Kriege geworden: effektiv, unverwüstlich und obendrein ein Zeichen stolzer Männlichkeit.

zwischen dem pakistanisch-indischen Raum und dem Nahen Osten her und zogen daraus beträchtliche Gewinne, die freilich zunehmend dadurch bedroht wurden, dass jeder Warlord in dem von ihm kontrollierten Gebiet Straßensperren errichtete und Zölle auf durchfahrende Transporte erhob.[55] Es kam in Afghanistan im Verlauf der neunziger Jahre also nicht zur Rekonstruktion einer regulären Ökonomie, sondern es entwickelte sich eine Verbindung von informeller und krimineller Ökonomie, aus der die Warlords und ihre bewaffneten Gefolgschaften ihre Einkommen bezogen. *Informelle Ökonomien* sind gekennzeichnet durch asymmetrische Machtstrukturen, in denen die Androhung und Anwendung von Gewalt jederzeit unsanktioniert möglich ist, aber durch Ansätze kommunitärer Selbstorganisationen (hier die Warlordfigurationen) begrenzt und daran gehindert wird, in den Kampf eines jeden gegen jeden umzuschlagen.[56]

Im Falle Afghanistans war diese informelle Ökonomie der Warlords an die internationale kriminelle Ökonomie gebunden, was in ähnlicher Form übrigens auch für Kolumbien zutreffen dürfte.[57] Es müssen allerdings keine illegalen Güter, wie Rauschgifte, sein, durch die die Raubökonomien der transnationalen Kriege an die Friedensökonomien von Nachbarländern andocken und zu den weltwirtschaftlichen Verteilungskreisläufen Zugang finden. Auch Bodenschätze, wie Eisenerze oder Ölvorkommen, oder Tropenhölzer und seltene Mineralien, schließlich Gold und Diamanten sind dafür geeignet. Das bedeutet, dass ein innergesellschaftlicher Krieg tendenziell umso wahrscheinlicher ausbricht und umso länger dauert, je reicher ein Land an Bodenschätzen und anderen Rohstoffen ist, durch deren Ausbeutung und Verkauf die Ökonomien der Warlords und Milizenführer «angefüttert» und gestärkt werden können. In einigen Fällen war zu beobachten, dass eine bessere Integration eines

Landes in den Weltmarkt keineswegs, wie von einigen Seiten immer wieder behauptet wird, einer Erhöhung der Friedenschancen zugute kam, sondern dass dadurch in erster Linie die Position der Warlords, die die Bodenschätze kontrollierten, gefestigt wurde.[58] Dies gilt insbesondere für die transnationalen Kriege in West- und Zentralafrika.

Es ist vor allem der Übergang von geschlossenen zu offenen Kriegswirtschaften, durch den sich die neuen Kriege von den Warlordfigurationen, wie sie etwa im 19. Jahrhundert in Lateinamerika und in der ersten Hälfte des 20. Jahrhunderts in China zu beobachten waren,[59] aber auch vom klassischen Bürgerkrieg unterscheiden. Beruhten die klassischen Warlordökonomien im Wesentlichen auf agrarischen Subsistenzwirtschaften, aus denen die benötigten Ressourcen durch die systematische Erzeugung von Angst, notfalls auch durch offene Gewalt, abgeschöpft wurden, so prosperieren die offenen Kriegsökonomien, wie sie sich in den letzten Jahrzehnten herausgebildet haben, infolge eines beständigen Ressourcenzuflusses von außen. Dieser Ressourcenzufluss kann in einer kontinuierlichen Bezuschussung durch Dritte (andere Staaten, internationale Unternehmen oder finanzstarke Emigrantenkolonien) bestehen, er kann durch die Ausbeutung von Hilfsleistungen internationaler Organisationen erfolgen und schließlich auch durch die Beteiligung an der Schattenglobalisierung, in der der Handel mit strategischen Rohstoffen und zum Teil illegalen Gütern zu einer ständig wachsenden Einnahmequelle der Kriegsparteien geworden ist.

Die geschlossenen Kriegsökonomien der klassischen Warlords stellten weder für die internationalen Beziehungen noch für die Weltwirtschaft ein größeres Problem dar. Da sie sich über längere Zeiträume ohnehin nur in peripheren, zumeist geographisch isolierten Gebieten halten konnten, verfügten sie über begrenzte Ressourcen und hatten einen dementsprechend beschränkten Einflussradius. Weltpolitisch waren sie so marginal, dass man sie vernachlässigen konnte. Es handelte sich dabei zwar häufig um brutale Terrorregime, unter denen die Zivilbevölkerung des entsprechenden Gebietes furchtbar zu leiden hatte, aber es waren Kriegsökonomien, die weder politisch noch ökonomisch metastasierten. Im Gegenteil: Wollte ein regionaler Warlord die prekären Grundlagen seiner kriegerischen Herrschaft dauerhaft konsolidieren, so hatte er nur die Möglichkeit, parastaatliche Strukturen auszubilden oder sich die Ämter und Institutionen des zuvor bekämpften Staates, soweit sie noch einigermaßen intakt waren, anzueignen. Es gab also mit anderen Worten einen starken Anreiz zur Formalisierung und Regularisierung der Gewaltstrukturen, und die Krieg führenden Parteien waren sich in der Regel darüber im Klaren, dass die von ihnen entwickelten und ausgenutzten Kriegswirtschaften nur Übergangsregime darstellten.

Der weltwirtschaftlich wie weltpolitisch folgenreiche Bruch mit diesen Zuständen hat sich in den siebziger und achtziger Jahren in Peru und Kolumbien vollzogen, als die dort entstandenen Guerillabewegungen die Perspektive einer auf Dauer stabilisierbaren informellen Herrschaft über große Gebiete entwickelten. Voraussetzung hierfür war die Herausbildung einer offenen Kriegswirtschaft durch die Verbindung der regionalen Kriegsökonomie mit der internationalen organisierten Kriminalität; der Anbau und Vertrieb von Kokain machte ein solches Bündnis möglich.[60] Dieses lateinamerikanische Modell hat inzwischen, vor allem in Schwarzafrika und Zentralasien, zahllose Nachahmer gefunden, zumal die regionalen Kriegsakteure seit dem Ende der Ost-West-Konfrontation kaum mehr auf die Alternative bei der Errichtung einer offenen Kriegswirtschaft, nämlich deren Alimentierung durch einen mächtigen «interessierten Dritten»,[61] zurückgreifen konnten.

Im Rahmen des Ost-West-Gegensatzes und zusätzlich begünstigt durch die politisch-ideologische Konfrontation zwischen der Sowjetunion und China waren seit den fünfziger Jahren geschlossene Kriegsökonomien, indem sie sich auf die Seite des Westens beziehungsweise des Ostens stellten, schrittweise in offene Kriegsökonomien verwandelt worden: Sie waren nicht mehr auf die begrenzten Ressourcen des jeweils militärisch kontrollierten Gebietes angewiesen, sondern konnten, selbst wenn die Kriegsgebiete für die Supermächte und ihre Bündnispartner nur von geringem strategischen Interesse waren, mit einem kontinuierlichen Zufluss von militärischem Gerät und Hilfsgütern rechnen. Im Unterschied zu den an globalisierte Wirtschaftskreisläufe angeschlossenen Kriegsökonomien, wie sie sich im letzten Jahrzehnt entwickelt haben, standen diese offenen Kriegsökonomien unter einer gewissen politischen Kontrolle; die weltpolitisch dominierenden Mächte konnten durch Verstärkung oder Drosselung des Ressourcenzuflusses, gelegentlich auch durch die Entsendung regulärer Verbände – ein Beispiel hierfür ist das Eingreifen kubanischer Truppen in den angolanischen Krieg[62] – Einfluss auf den Kriegsverlauf wie den Abschluss von Waffenstillständen nehmen. Das hat zu der Vorstellung geführt, es handele sich bei diesen Kriegen um «Stellvertreterkriege», in denen die maßgeblichen Akteure die Supermächte sowie die ihnen angeschlossenen Bündnissysteme seien. Das trifft jedoch nur in einigen Fällen zu: Mit dem Ende des Ost-West-Konflikts stellte sich sehr schnell heraus, dass viele der vorherigen ideologischen Solidaritätsadressen allein dazu bestimmt gewesen waren, die beschränkte kriegsökonomische Basis zu erweitern und an zusätzliche Mittel für die Führung des Krieges heranzukommen.

Wo dies infolge der Verfügbarkeit strategischer Rohstoffe und wertvoller Bodenschätze möglich war, wurden zu Beginn der neunziger Jahre die auf den Ost-West-Konflikt gestützten Ressourcenzuflüsse durch entsprechende Verbindungen zum Weltmarkt ersetzt. Internationale Unternehmen, von den Ölkonzernen bis zu den großen Diamantenhändlern, oder kriminelle Organisationen[63] traten damit an die Stelle der zahlungsunfähigen Sowjetunion sowie der zunehmend zahlungsunwilligen USA. Auch wenn man den tatsächlichen politischen Einfluss, den die Supermächte auf das Kriegsgeschehen gehabt haben, nicht überschätzen sollte, so ist doch unbestreitbar, dass die wirtschaftlichen Grundlagen der meisten Kriege damit einem politischen Zugriff durch Dritte, andere Staaten, aber auch internationale Organisationen, weitgehend entzogen wurden. Der kurzzeitig unternommene Versuch, den Verlust an Möglichkeiten direkter politischer Einflussnahme durch eine Embargopolitik zu kompensieren, kann inzwischen als gescheitert betrachtet werden.[64]

Wahrscheinlich liegt in der Errichtung offener Kriegsökonomien, die von außen politisch nicht mehr zu kontrollieren sind, die ausschlaggebende Ursache für die Verselbständigung des Kriegsgeschehens. Das heißt nicht, dass sämtliche Kriege des letzten Jahrzehnts ausschließlich durch den Anschluss an die Schattenglobalisierung finanziert worden sind – eine ganze Reihe von ihnen wird nach wie vor durch politisch kontrollierte Ressourcenzuflüsse am Fortdauern gehalten. So konnten sich etwa die Taliban in Afghanistan auf pakistanische und saudi-arabische Hilfen verlassen, während die so genannte Nordallianz ohne russische Zuwendungen kaum durchgehalten hätte. Bei einer wachsenden Anzahl von Kriegen sind solche Zuwendungen durch «interessierte Dritte» jedoch nicht mehr feststellbar, und die politische Unabhängigkeit der regionalen Kriegsparteien gegenüber Unterstützungs- und Anlehnungsmächten lässt Kriege, die über die Kanäle der Schattenglobalisierung finanziert werden, für diese Kriegsparteien zunehmend attraktiv erscheinen. Wo schließlich weder Rohstoffe noch Bodenschätze zur Verfügung stehen, um die für die Kriegführung erforderlichen Mittel zu erhalten, und sich auch die geographischen wie klimatischen Bedingungen für den Anbau von Mohn oder Kokapflanzen nicht eignen, da bleibt noch die Möglichkeit, in großem Stil junge Frauen zu rauben und sie in den Bordellen der OECD-Staaten zur Prostitution zu zwingen.[65] Die Strategie der sexuellen Gewalt dient hier nicht einer Politik der «ethnischen Säuberung», wie sie oben beschrieben wurde, und ebenso wenig handelt es sich um eine zusätzliche Prämie zur Entlohnung der Kämpfer, sondern sie ist in diesem Fall ein Mittel zur Finanzierung des Krieges in seiner Gänze, das als Wiederaufnahme der Sklaverei bezeichnet werden kann.[66] Und schließlich besteht für die Warlords und Milizenführer als Letztes noch die bereits erwähnte Möglichkeit, durch die mediale Präsentation von Hunger und Elend Hilfslieferungen internationaler Organisationen in Gang zu setzen, aus denen dann die eigenen Kämpfer als Erste mit Lebensmitteln und Medikamenten versorgt werden können. Dementsprechend gibt es heute so gut wie keine Warlordfigurationen mehr, die auf einer geschlossenen Kriegswirtschaft beruhen.

Sind Warlords und Warlordfigurationen lange Zeit als typisch für stecken gebliebene Modernisierungsprozesse angesehen worden, bei denen der Staat (noch) nicht zum Monopolisten der legitimen physischen Gewalt avanciert ist, aber die alten Clan- und Stammesstrukturen nicht mehr die Kontrollmacht über die Gewalt besitzen, so haben in den letzten beiden Jahrzehnten die Warlords ihrerseits einen Modernisierungsprozess durchlaufen. Sie haben sich von den spezifischen sozialen und ökonomischen Konstellationen emanzipiert, an deren Vorhandensein sie zuvor gebunden waren. Im Prozess der wirtschaftlichen Globalisierung sind Kriege billig geworden, und offene Kriegsökonomien lassen sich relativ leicht errichten. Unter diesen Umständen ist großräumig und langfristig organisierte Gewaltanwendung, als die man Krieg definieren kann, wieder zunehmend lukrativ geworden, und das wiederum hat entscheidend dazu beigetragen, dass es in den letzten zwei Jahrzehnten zu einer umfassenden Entstaatlichung und Privatisierung des Krieges gekommen ist.

5 Der internationale Terrorismus

Terrorismus als Kommunikationsstrategie

Wie Terrorismus definiert werden kann, ist umstritten, und das hat sowohl sachliche als auch machtpolitische Gründe. Indem man bestimmte Gewalthandlungen «terroristisch» nennt, will man ihnen nämlich in der Regel jegliche politische Legitimität absprechen. So fungiert die Bezeichnung «Terrorismus» in der internationalen Politik als ein Ausschließungsbegriff: Den so apostrophierten Akteuren wird damit bedeutet, dass ihre Anliegen nicht verhandelbar sind – jedenfalls so lange nicht, wie sie sich bestimmter Formen der Gewaltanwendung bedienen. Die als terroristisch bezeichneten Gruppierungen wiederum reklamieren häufig für sich selbst, Guerilleros zu sein und einen Partisanenkampf für die Befreiung sozialer oder ethnischer Gruppen zu führen, bei dem aufgrund der militärischen Überlegenheit der Repressionsmacht auch auf «unkonventionelle» Methoden des Gewaltgebrauchs zurückgegriffen werden müsse. Die Probleme im Umgang mit dem Begriff des Terrorismus erwachsen also nicht nur aus sachlichen Schwierigkeiten bei einer verbindlichen Grenzziehung zwischen Terrorismus, Verbrechen und Partisanenkrieg, sondern sie sind auch die Folge semantischer Verwirrspiele der politischen Akteure, die durch die Besetzung bestimmter Begriffe die eigene Position zu verbessern und die der Gegenseite zu verschlechtern suchen: Wer über längere Zeit ohne energischen Widerspruch eines einflussreichen Politikakteurs als Terrorist bezeichnet wird, erfährt dadurch erhebliche Legitimitätseinbußen; wer es dagegen schafft, sich auf den Bühnen der internationalen Politik als Guerillaorganisation zu positionieren, hat damit einen entscheidenden Schritt hin zur Durchsetzung seiner politischen Ziele gemacht.

Für eine wissenschaftliche Herangehensweise ist der Terrorismusbegriff, selbst wenn er politisch in aller Munde ist, nur dann brauchbar, wenn es gelingt, jenseits der semantischen Positionskämpfe zumindest in Umrissen festzulegen, welche Ökonomien und Strategien der Gewalt damit bezeichnet werden und worin deren spezifische Unterschiede zu anderen politisch-militärischen Strategien liegen. Zugleich dürfte es auch sinnvoll sein, nur dann von Terrorismus zu sprechen, wenn dieser als gewalttätige Durchsetzungsform eines politischen Willens identifiziert werden kann, das heißt, wenn sich eine instrumentelle Beziehung zu den Absichten und Zielen politischer Akteure angeben lässt. Im Sinne der Clausewitzschen Definition des Krieges als «Akt der Gewalt, um den Gegner zur Erfüllung unseres Willens zu zwingen»,[1] muss also ein politischer Wille existieren, dem die Entscheidungen über Art und Ausmaß der Gewaltanwendung zugerechnet werden können. Da terroristische Organisationen im Verborgenen operieren und durch nichthierarchische Netzwerkstrukturen gekennzeichnet sind, ist das oft nicht ohne weiteres möglich. In diesen Fällen muss ein solcher politischer Wille letzten Endes konstruiert und personalisiert werden, um den Gegner identifizierbar und damit bekämpfbar zu machen. Der Venezolaner Carlos und der Araber Osama bin Laden sind Beispiele dafür. Wo ein solcher Wille nicht auszumachen ist, kann vielleicht von Terror, aber nicht von Terrorismus die Rede sein.

Ganz allgemein lässt sich Terrorismus als eine Form der Gewaltanwendung beschreiben, die wesentlich über die indirekten Effekte der Gewalt Erfolge erringen will. Terroristische Strategien zielen dementsprechend nicht auf die unmittelbaren *physischen*, sondern auf die *psychischen* Folgen der Gewaltanwendung; sie sind weniger an den materiellen Schäden – dem Ausmaß der Zerstörungen, der Anzahl von Toten, dem Zusammenbruch der Versorgungssysteme – interessiert, die von den Anschlägen verursacht werden, als an dem Schrecken, der dadurch verbreitet wird, und den Erwartungen und Hoffnungen, die mit diesen Anschlägen als Zeichen der Verletzbarkeit eines scheinbar übermächtigen Gegners verbunden werden können.[2] In diesem Sinne ist Terrorismus als eine Kommunikationsstrategie bezeichnet worden, durch die auf eine besonders spektakuläre Art und Weise Botschaften verbreitet werden sollen.[3] Hat Clausewitz die Schlacht als ein Messen der moralischen und physischen Kräfte mit Hilfe der Letzteren bezeichnet,[4] so kann der Terrorismus in Variation dieser Formel als ein mit minimalen physischen Kräften erfolgender Angriff unmittelbar auf die moralischen Potenzen der Gegenseite, ihren Durchsetzungs- und Selbstbehauptungswillen definiert werden. Ganz bewusst wird dabei eine direkte Konfrontation mit den physischen Kräften des angegriffenen Feindes, insbesondere mit dessen Streitkräften, vermieden, da die Angreifer einer solchen Auseinandersetzung nicht im Mindesten gewachsen wären. Die Entscheidung, eine bewaffnete Auseinandersetzung mit terroristischen Mitteln zu führen, ist also nicht Ausdruck einer prinzipiellen Feigheit, sondern vielmehr das Ergebnis einer rationalen Abschätzung der Kräfteverhältnisse.[5]

Bekanntlich agieren auch Partisanen aus einer Situation kräftemäßiger Unterlegenheit heraus. Sie sind jedenfalls nicht in der Lage, den Kampf mit ihrem Gegner unter beiderseits gleichen Bedingungen zu führen. Aber die partisanische Gewaltanwendung richtet sich im Wesentlichen gegen die physischen Kräfte des Gegners, um durch deren Ermattung dessen politischen Willen zu schwächen. Diesem Zweck dienen Überfälle auf kleinere Posten und abgelegene Garnisonen, die zeitweilige Unterbrechung des Nachschubs durch die Zerstörung von Schienensträngen, die Sprengung von Brücken oder die Sperrung von Gebirgspässen, und schließlich auch Angriffe auf kleinere Truppeneinheiten, die nach Möglichkeit in unwegsamem Gelände eingeschlossen und vernichtet werden sollen. Der militärische Erfolg partisanischer Aktionen entspricht dem Ausmaß der materiellen Schäden, die durch sie verursacht werden, und daher müssen diese an zahlreichen Orten und immer wieder auftreten, wenn die Partisanenangriffe bei der Gegenseite Wirkung zeigen sollen.

Die Kräfte, mit denen Partisanen gegen reguläre Truppen Krieg führen, sind diesen an zahlenmäßiger Stärke, auf jeden Fall aber an Bewaffnung und Ausbildung deutlich unterlegen, müssen aber doch so groß sein, dass damit an mehreren Stellen gleichzeitig eine dauerhafte Bedrohungssituation hergestellt werden kann. Das ist bei Terroristen gerade nicht der Fall; sie wären zu einer überraschenden und kurzzeitigen militärischen Konfrontation mit regulären Streitkräften, wie sie für den Partisanenkrieg charakteristisch ist, weder von ihrer Anzahl noch ihrer Bewaffnung her in der Lage. Deswegen meiden sie solche militärischen Konfrontationen prinzipiell und setzen nicht auf die physischen, sondern die psychischen Folgen der angewandten Gewalt. Die verheerenden Bombenanschläge auf die Stützpunkte amerikanischer Truppen in Beirut und Riad waren dementsprechend Terroraktionen und keine Kampfhandlungen von Partisanen, da sie nicht auf die physische Schwächung dieser Einsatzverbände ausgerichtet waren, sondern eine Botschaft an die amerikanische Politik und insbesondere die Bevölkerung der USA darstellten. Durch die einmalige Demonstration der Verwundbarkeit ihrer Truppen im Libanon beziehungsweise in Saudi-Arabien sollten die Amerikaner ohne eine längere bewaffnete Konfrontation zum Rückzug bewegt werden.

Fast immer sind die von terroristischen Aktionen ausgehenden Botschaften doppelt adressiert: Sie wenden sich zunächst an den Angegriffenen, um ihm seine Verwundbarkeit vor Augen zu führen und zu signalisieren, dass er bei Fortsetzung seines militärischen Engagements in einer bestimmten Region oder – allgemeiner – bei Aufrechterhaltung seines politischen Willens mit erheblichen Schädigungen und Verlusten, das heißt politischen Kosten, zu rechnen habe. Im Prinzip stellen terroristische Anschläge also die Frage, ob die Gegenseite bereit ist, die zunächst nur einmalig verursachten Kosten ein zweites und ein drittes Mal in Kauf zu nehmen, und sie sind dabei getragen von der nicht unbegründeten Erwartung, dass diese Bereitschaft nicht vorhanden ist. Es handelt sich bei ihnen demnach im Sinne der Clausewitzschen Definition um Akte der Gewalt, die den Gegner zur Erfüllung eines seinen Zielen und Absichten entgegengesetzten Willens zwingen sollen – freilich nicht durch die Zerstörung der militärischen Mittel, mit denen der Gegner seinen Willen geltend macht, sondern durch demonstrative Gewaltakte, die den politischen Willen des Gegners direkt brechen sollen. Dabei sind sie umso erfolgreicher, je leichter es der angegriffenen Seite fällt, sich zurückzuziehen, insofern dies ohne Gefährdung ihrer existenziellen Interessen möglich ist.

Das ist jedoch selten der Fall, oder die angegriffene Macht ist nicht ohne weiteres bereit, sich durch erkennbar kleine Gruppen zur Änderung ihrer Ziele und Absichten nötigen zu lassen. Andernfalls wären die Staaten durch beliebige Gewaltandrohungen erpressbar. Diese Weigerung antizipierend, enthält jeder Terroranschlag eine weitere Botschaft, und die richtet sich an «den zu interessierenden Dritten» der Gewaltaktionen. Er ist nicht mit dem interessierten Dritten identisch, als den Rolf Schroers und Carl Schmitt die Unterstützungs- und Anlehnungsmächte eines Partisanenkrieges bezeichnet haben.[6] Die Botschaft der Anschläge an den zu interessierenden Dritten lautet, dass Widerstand gegen eine unendlich überlegen erscheinende Macht nicht nur möglich ist, sondern auch erfolgreich sein kann – zumal dann, wenn noch mehr junge Männer und Frauen dem Vorbild der zunächst kleinen Gruppe von Kämpfern folgen und sich an bewaffneten Aktionen beteiligen. Bei dem zu interessierenden Dritten handelt es sich also um denjenigen, für dessen Interessen die Terroristen zu kämpfen behaupten. Es können, je nach der ideologischen Ausrichtung der terroristischen Gruppen, ethnische oder religiöse Minderheiten in einem Staat sein, für die besondere Rechte oder die politische Unabhängigkeit erkämpft werden sollen; es können sozial benachteiligte und politisch marginalisierte Schichten und Klassen sein, deren revolutionäre Befreiung zu betreiben die terroristischen Gruppierungen für sich in Anspruch nehmen; und schließlich kann es sich auch um eine religiös definierte Zivilisation handeln, die durch den bewaffneten Kampf, wie er etwa von militant-islamistischen Gruppen propagiert wird, ihre Selbstachtung und Ehre zurückgewinnen soll.[7]

Aber dieser zu interessierende Dritte ist nicht nur der zweite Adressat der terroristischen Botschaft, sondern zugleich auch der Legitimitätsspender der terroristischen Gruppen: In ihren Erklärungen wird seine angebliche oder tatsächliche Unterdrückung und Benachteiligung regelmäßig als die eigentliche Ursache des Kampfes herausgestellt, der nur geführt werde, um sie zu beseitigen. Dementsprechend wird der zu interessierende Dritte auch in den Bekennerschreiben zu den Anschlägen apostrophiert. So sind Terroranschläge fast immer gleichermaßen eine demonstrativ inszenierte Drohung, die der angegriffenen Macht signalisiert, dass die Kosten für eine Weiterführung ihrer Politik kontinuierlich steigen werden, und ein Weckruf an den zu interessierenden Dritten, der aus seiner (angeblichen) politischen Resignation und Apathie gerissen und zur Aufnahme des bewaffneten Kampfes motiviert werden soll. Welche von beiden Seiten der Doppelbotschaft die wichtigere ist, kommt auf den Einzelfall an; generell aber gilt, dass sich die Botschaft eines Anschlags überwiegend an die angegriffene Macht richtet, wenn Grund zu der Annahme besteht, dass diese dadurch zum Nachgeben veranlasst werden kann, während sie sich vor allem an den zu interessierenden Dritten wendet, wenn die attackierte Macht nicht nachgeben kann, sondern in einem auf lange Sicht angelegten Kampf zermürbt und vernichtet werden soll. Ob es dazu kommt, hängt dann freilich von der Antwort der angegriffenen Macht ab: Sie kann durch ihre Reaktion die in den Bekennerschreiben vorgebrachten Anschuldigungen bestätigen und dadurch den angerufenen Dritten zur offenen Parteinahme für die Gewaltakteure bringen, es kann ihr aber auch gelingen, durch flexible Gegenmaßnahmen die Terroristen und den zu interessierenden Dritten zueinander auf Distanz zu halten. Als die zunächst prinzipiell schwächere Seite sind die terroristischen Gruppen auf längere Sicht darauf angewiesen, diesen Dritten auf ihre Seite zu ziehen und ihn zu mobilisieren, wenn sie politisch erfolgreich sein wollen. Dabei scheint es jedoch einen bemerkenswerten Unterschied zwischen den herkömmlichen Terroristen – von den russischen Anarchisten des 19. Jahrhunderts bis zu den linksextremistischen Gewaltgruppierungen der siebziger und achtziger Jahre – auf der einen und den Akteuren der neuen Terrorkriege auf der anderen Seite zu geben: Erstere haben den zu interessierenden Dritten stets als vorhanden angesehen und sind lediglich von seiner Aktivierungsbedürftigkeit ausgegangen; in den neuen Formen des Terrorismus dagegen soll dieser Dritte nicht bloß aktiviert, sondern als politische Größe überhaupt erst hervorgebracht werden.

Vom taktischen Element zur politisch-militärischen Strategie: die Entwicklung des Terrorismus

Politikgeschichtlich ist Terror nichts Neues, sondern mit der Geschichte von Unterdrückungsregimen ebenso wie mit der von Widerstandsbewegungen und Aufstandsversuchen seit jeher verbunden.[8] Im Rahmen der antikolonialen Aufstandsbewegungen Mitte des 20. Jahrhunderts, die innerhalb kurzer Zeit zum Zusammenbruch der europäischen Kolonialreiche geführt haben, hat der Terrorismus jedoch eine bis dahin nie erreichte Qualität erlangt, und dabei konnte er, im Unterschied zum sozialrevolutionären Terrorismus in der zweiten Hälfte des 19. Jahrhunderts,[9] erhebliche politische Erfolge erzielen.[10] Zahlreiche Politiker, die im Verlauf der sechziger Jahre in der Generalversammlung der Vereinten Nationen ihren Platz einnahmen, waren kurz zuvor noch als Terroristen gebrandmarkt und verfolgt worden: Die Partisanenbewegungen, an deren Spitze sie standen, hatten in ihren ersten Anfängen zumeist durch terroristische Anschläge gegen die Kolonialmacht Aufmerksamkeit erregt, und fast immer, wenn sie militärisch in die Enge gedrängt worden waren, hatten sie verstärkt auf Terroraktionen zurückgegriffen.[11]

Im Befreiungskampf der Dritten Welt hatte sich der Terrorismus als ein taktischer Bestandteil des Partisanenkrieges bewährt: Mit Terroranschlägen, die durchweg von kleinen und schwachen Untergrundorganisationen durchgeführt werden konnten, war es gelungen, einer bis dahin duldsamen bis apathischen Bevölkerung zu demonstrieren, dass die scheinbar übermächtige Kolonialmacht verletzlich war. Und da diese sich im Gegenzug zu Repressionsmaßnahmen hatte verleiten lassen, gingen auch jene Bevölkerungsgruppen, die bislang mit dem herrschenden Regime eher einverstanden waren oder sich eine allmähliche Integration autochthoner Politiker in die Verwaltungsaufgaben erhofften, auf Distanz gegenüber der Kolonialmacht. Durch solche Anschläge erst hatten die Aufstandsbewegungen den Zulauf an Kampfwilligen und die Unterstützung durch die Bevölkerung erhalten, die erforderlich waren, um den Partisanenkrieg mit hinreichenden Erfolgsaussichten zu beginnen. In den fünfziger und sechziger Jahren ist der Terrorismus zum Initialzünder der Guerilla geworden. Die erwähnte Neigung terroristischer Gruppierungen, sich als Guerilleros auszugeben, resultiert aus dieser Zeit, als aus Terroristen Partisanen und aus Partisanen Staatsführer wurden.

Solange terroristische Aktionen als Initialzündung eines Partisanenkrieges angesehen wurden, waren sie nicht nur auf eine kurze, vorübergehende Phase des Befreiungskampfes begrenzt, sie unterlagen auch einer überaus restriktiven Zielauswahl, da bei den Anschlägen nach Möglichkeit niemand zu Schaden kommen durfte, der sozial, ethnisch oder religiös dem zu interessierenden Dritten zuzurechnen war. Wo dies doch einmal geschah, wurden ausführliche Erklärungen und Entschuldigungen der Gruppen verbreitet, um zu verhindern, dass die angegriffene Macht solche Opfer propagandistisch ausnutzen konnte. Der politisch-legitimatorische Bezug auf den zu interessierenden Dritten garantierte auch, dass die Terroristen keinen Gebrauch von Massenvernichtungswaffen machten oder durch ähnliche Methoden auf eine Maximierung der Gewaltfolgen setzten, sondern sich weiterhin auf die herkömmlichen Mittel, Pistolen und Bomben, beschränkten. Zwei Entwicklungen haben diese Selbstbegrenzung terroristischer Gewalt aufgebrochen: die Internationalisierung des Terrorismus, die bereits in den sechziger Jahren einsetzte, aber erst in den neunziger Jahren ihre ganze Wirkung entfaltete, sowie das Eindringen religiös-fundamentalistischer Motive in die Antriebs- und Rechtfertigungsstrukturen terroristischer Gruppen.

Die Annahme einer politisch-ideologisch gesteuerten Selbstbegrenzung terroristischer Gewalt gilt offenbar nur für sozialrevolutionäre und ethnisch-nationalistische Gruppen uneingeschränkt. Einer deutlich ausgeweiteten und nicht länger auf die Träger politischer Macht begrenzten Feinddefinition entspricht beim religiösen Terrorismus, der keineswegs nur aus islamistischen Wurzeln erwächst und auch auf der Grundlage christlicher oder jüdischer Fundamentalismen gedeihen kann, eine starke Diffusität des zu interessierenden Dritten. So forderten schon lange vor dem 11. September die Anschläge fundamentalistisch motivierter Terrorgruppen deutlich mehr Opfer als die des sozialrevolutionären oder ethnisch-nationalistischen Terrorismus. Ein religiös-fundamentalistischer Terrorismus wendet sich an keinen Dritten, allenfalls will er durch seine Aktionen diesen Dritten erst hervorbringen. Obendrein kann er zur Legitimation der angewandten Gewalt auf millenarische oder apokalyptische Vorstellungen zurückgreifen, in denen die Beschränktheit aller säkularen Zwecksetzungen aufgesprengt ist.[12] Im Kampf gegen das schlechthin Böse kann auf einzelne, womöglich unschuldige Opfer keine Rücksicht genommen werden.[13] Beispiele dafür sind die Giftgasanschläge der japanischen Aum-Sekte auf die Tokioter U-Bahn, das Bombenattentat auf das Verwaltungsgebäude in Oklahoma City, die Anschläge auf die amerikanischen Botschaften in Nairobi und Daressalam sowie schließlich die verheerende Attacke auf das New Yorker World Trade Center.

Daneben hat die Internationalisierung des Terrorismus, die mit den spektakulären Flugzeugentführungen palästinensischer Gruppen ihren Anfang nahm, erheblich zur Auflösung der Gewaltbegrenzung beigetragen. Die soziale wie nationale Zusammensetzung der Passagiere eines entführten Flugzeugs ist in sehr viel höherem Maße kontingent als dies bei gezielt ausgewählten Objekten für Bombenanschläge der Fall ist, und auch wenn die Entführer beim ersten Zwischenstop zumeist den Kreis der potenziellen Opfer durch Freilassungen einschränkten, so wurde terroristische Gewalt damit doch immer diffuser und konnte sich tendenziell gegen jeden beliebigen Flugpassagier richten. Ein solcher Effekt war freilich keineswegs unerwünscht, denn dadurch stieg die weltweite Aufmerksamkeit für Flugzeugentführungen. Er verschärfte sich noch, als die Terrorgruppen von Entführungen zu Anschlägen auf Flugzeuge übergingen. Höhepunkt dieser Entwicklung war der Bombenanschlag im Dezember 1988 auf eine Pan-Am-Maschine über Lockerbie, bei dem über zweihundertfünfzig Menschen ums Leben kamen. Die Entgrenzung terroristischer Gewalt wurde zeitweilig durch die Internationalisierung der Terrorkommandos weiter beschleunigt. An den Aktionen waren nun «Verbündete» beteiligt, die den Zielen der Gruppen zwar ideologisch nahe

Die entführte Lufthansamaschine «Landshut», 1977
Durch Flugzeugentführungen versuchte der internationale Terrorismus eine Zeit lang, Aufmerksamkeit für politische Anliegen zu erzeugen und inhaftierte Gesinnungsgenossen freizupressen. Hier die von palästinensischen Terroristen entführte «Landshut» bei einer Zwischenlandung in Dubai.

standen, den darin implizierten Gewaltbegrenzungen aber in geringerem Maße unterlagen. Der Aufstieg des Venezolaners Ilich Ramírez Sánchez, bekannt unter seinem Decknamen Carlos, zum so genannten Top-Terroristen der siebziger und achtziger Jahre ist das prominenteste Beispiel dafür.[14]

Eine auf den ersten Blick kaum sichtbare, längerfristig aber die folgenreichste Veränderung, zu der es im Zuge der Internationalisierung des Terrorismus gekommen ist, war die Aufwertung der terroristischen Gewaltaktionen von einem taktischen Mittel bei der Vorbereitung eines Partisanenkrieges zu einer selbständigen politisch-militärischen Strategie. In ihr bildeten die Terroraktionen selbst den operativen Mittelpunkt des «Kriegsplanes». Damit traten zwangsläufig auch die zuvor politisch unverzichtbaren Gewaltbegrenzungen in den Hintergrund, und der Erfolg der Aktionen bemaß sich an der Größe des angerichteten Schadens, der Anzahl der Toten und Verletzten, vor allem aber an der Intensität und Dauer der Berichterstattung über den Anschlag. Nunmehr galt die Regel: Je größer der Schaden, je höher die Anzahl der Opfer, desto größer die erzielte Aufmerksamkeit und desto nachhaltiger der Erfolg eines Terroranschlags. Die Planer der Anschläge vom 11. September 2001 sind dieser neuen strategischen Regel des internationalen Terrorismus gefolgt.

Die terroristische Umkehrung von Machtasymmetrien

Die Geschichte des Krieges in der zweiten Hälfte des 20. Jahrhunderts lässt sich – auch – als eine sukzessive Herauslösung untergeordneter taktischer Elemente des Gewaltgebrauchs aus dem Rahmen einer genuin militärischen Strategie begreifen.[15] Dass die Militärs die Kontrolle über die unterschiedlichen Möglichkeiten der Gewaltanwendung innehatten und sie als *taktische* Möglichkeiten in den strategischen Gesamtplan zu integrieren vermochten, hing im Wesentlichen an der Fähigkeit der Staaten, sich als Monopolisten des Krieges zu behaupten[16] und dabei den Rückgriff auf kurzfristig billige, langfristig aber teure und unkontrollierbare Gewaltoptionen zu begrenzen. Diese Kontroll- und Subsumptionsfähigkeit der militärischen Strategie bildete eine notwendige Voraussetzung für die Symmetrisierung des Kriegsgeschehens. Dagegen geht die Asymmetrisierung der Gewaltanwendung mit der Verselbständigung ehedem taktischer Elemente der Kriegführung zur eigenständigen strategischen Disposition einher: War der Kleine Krieg (Guerilla) zunächst ein begleitender Bestandteil des Großen Krieges, bei dem ihm Unterstützungs- und Entlastungsfunktionen für die Operationen verbündeter regulärer Truppen zukamen, so hat er sich nach dem Zweiten Weltkrieg schrittweise zu einer strategischen Option entfaltet, die nicht notwendig dem mit regulären Streitkräften geführten Krieg untergeordnet ist oder in ihn einzumünden hat, wie dies noch die Partisanentheorien Mao Tse-tungs oder Nguyen Giaps vorsahen.[17] Die entscheidenden Innovationen des Partisanenkrieges haben sich insofern nicht in China oder Vietnam und auch nicht auf Kuba vollzogen, sondern im Nahen Osten und in Nordafrika, von wo ausgehend sie dann überall Nachahmer gefunden haben. Bei dieser Verselbständigung des Partisanenkrieges kam der Verbindung von militärischem Kalkül und ökonomischer Rationalität eine Schlüsselfunktion zu: Im Kampf gegen eine auswärtige Macht müssen Partisanen danach einen Krieg nicht militärisch gewinnen – es reicht, wenn sie ihn auf einem gewissen Niveau der Gewaltanwendung am Fortdauern halten und dadurch die wirtschaftlichen Kosten des Feindes so lange steigern, bis sie für diesen unerträglich sind.

In ähnlicher Weise hat sich auch der Terrorismus in den letzten Jahrzehnten zu einer eigenen Strategie ohne zwingende Verbindung zum Partisanenkrieg oder anderen genuin militärischen Operationsformen verselbständigt. Er setzt jedoch nicht unmittelbar bei der Ökonomie der angegriffenen Mächte und der dort vorherrschenden Orientierung am wirtschaftlichen Ertrag und Nutzen an, der die eigene unbedingte Entschlossenheit und Opferbereitschaft entgegengestellt wird; ausschlaggebend für die Verselbständigung des Terrorismus ist vielmehr die Verbindung der Gewaltanwendung mit der Mediendichte und dem offenen Medienzugang in den attackierten Ländern,[18] wodurch bei relativ geringem Gewalteinsatz maximale Effekte erzielt werden können. Fehlt eine entsprechende Mediendichte oder unterliegt die Berichterstattung einer politischen Zensur, haben terroristische Strategien nur geringe Erfolgsaussichten: Ohne mediale Verstärkung sind die physischen Folgen der angewandten Gewalt (der Anschlag auf das World Trade Center stellt hier sicherlich eine Ausnahme dar) zu gering, um der ökonomischen Infrastruktur dieser Länder einen schweren Schaden zuzufügen.

Die Verselbständigung bislang untergeordneter taktischer Elemente der Kriegführung zu selbständigen Strategien beruht also auf einer weit reichenden Ausweitung der Konfliktfelder und einer grundlegenden Umdefinition der Gewaltmittel. Die privilegierte Alleinverfügung des Militärs über die Gewalt des Krieges, wie sie für die europäische Kriegsgeschichte vom 17. bis 20. Jahrhundert kennzeichnend war, ist damit definitiv zu Ende. Aus dem Terrorismus ist damit, um es zu pointieren, der Terrorkrieg geworden, der weltweit und ohne jede Selbstbeschränkung bei der Auswahl der Opfer geführt wird. Parallel dazu sind Zivilbevölkerung und zivile Infrastruktur zu entscheidenden Ressourcen des Krieges geworden.[19] Im Partisanenkrieg etwa ist die zumindest logistische Unterstützung der Partisanengruppen durch die Zivilbevölkerung fest eingeplant, und wo sie nicht freiwillig erfolgt, wird sie mit Gewalt oder Gewaltandrohung erzwungen. Nur so kann es den Partisanen gelingen, die militärische Überlegenheit des Gegners durch erhöhte Beweglichkeit, den Kampf im Verborgenen beziehungsweise das Untertauchen der Kämpfer in der Masse der Nonkombattanten sowie den reduzierten Aufwand für Versorgung und Nachschub wettzumachen.

Der Partisanenkrieg hat die Kräfteverhältnisse des klassischen Krieges revolutioniert, indem er die Zivilbevölkerung in eine militärische Ressource verwandelt hat, von der nur die Partisanen, nicht aber reguläre Streitkräfte, zu profitieren vermögen. Der Partisan gleicht die waffentechnische Überlegenheit seines Gegners, des regulären Soldaten, dadurch aus, dass er Art und Ort des Kampfes umdefiniert und sich dabei Ressourcen der Kriegführung erschließt, die dem regulären Soldaten nicht zugänglich sind. Unter dem Eindruck der spanischen Guerilla hat Napoleon daraus den Schluss gezogen, man könne Partisanen nur nach Partisanenart bekämpfen[20] und das reguläre Militär müsse ihre neuen Methoden der Kriegführung übernehmen. Die Folge war, dass es zu Repressalien gegen die Zivilbevölkerung kam, die sich schnell zu Massakern steigern konnten. Dies hat sich in fast allen Partisanenkriegen des 20. Jahrhunderts gezeigt. Die Um- und Neudefinition von Art und Ort des Gewaltgebrauchs ist auch die Ursache dafür, dass Partisanenkriege als besonders grausam gelten: Zeigen nämlich die von den regulären Streitkräften angewandten Repressionen gegen die Zivilbevölkerung Wirkung, greifen die Partisanen zu ähnlichen Mitteln, um die für sie überlebensnotwendige logistische Unterstützung, Deckung und Tarnung nicht zu verlieren. So wird jeder Partisanenkrieg zunächst als Kampf um die Unterstützung beziehungsweise Unterstützungsverweigerung der Zivilbevölkerung geführt.

Aber der Partisanenkrieg ist und bleibt eine in militärischer Hinsicht prinzipiell defensive Strategie, auch dann, wenn sie politisch für revolutionäre Zwecke eingesetzt wird. Dadurch unterscheidet sie sich grundsätzlich von der Strategie des Terrorismus, die nicht nur politisch, sondern auch in operativer Hinsicht einen wesentlich offensiven Charakter hat. Das zeigt sich vor allem darin, dass der Terrorismus auf die Unterstützung durch eine ihm wohlgesonnene Bevölkerung kaum angewiesen ist, ja er kann ganz auf sie verzichten, sobald es ihm gelingt, die zivile Infrastruktur des angegriffenen Gegners als logistische Basis sowie Waffenarsenal zu nutzen. Damit haben sich freilich Art und Ort der Gewaltanwendung radikal verändert, und eine neue Stufe der Asymmetrisierung der Gewalt ist erreicht. Eine solche Nutzung der zivilen Infrastruktur des Gegners kann etwa in Form von Banküberfällen erfolgen, so genannten «revolutionären Enteignungen», wie sie von Carlos Marighella in seiner Strategie der «Stadtguerilla» propagiert und während der sechziger und siebziger Jahre von zahlreichen terroristischen Gruppierungen in Lateinamerika und Westeuropa praktiziert worden sind. Sie dienen dazu, Geld für Waffen, Unterkünfte und Lebensunterhalt der Terroristen zu beschaffen. Des weiteren sind Flugzeugentführungen eine Möglichkeit, die zivile Infrastruktur als Waffe zu nutzen, wobei es sich nicht einmal um die Infrastruktur des angegriffenen Gegners handeln muss, wenn damit nur allgemeine Aufmerksamkeit erregt oder Mitstreiter und Verbündete freigepresst werden sollen. Schließlich lassen sich durch spektakuläre Anschläge auf Personen und Infrastruktureinrichtungen dauerhaft Angst und Schrecken verbreiten, um so das Wirtschaftsleben des Angegriffenen schwer zu treffen. Ihren vorläufigen Höhepunkt hat diese Strategie der terroristischen Umdefinition von Waffen und Kampfplätzen am 11. September 2001 gefunden.

Die Verwendung ziviler Infrastruktur für die Zwecke terroristischer Gruppen ist umso leichter möglich und hat umso größere Folgen, je dichter und komplexer die Transport- und Kommunikationssysteme des angegriffenen Landes sind; das beginnt bei der Nutzung des Postverkehrs für die Versendung von Briefbomben oder Anthraxbriefen und geht bis zu Angriffen mit Computerviren und anderen Formen des Eindringens in die Informations- und Steuerungssysteme der angegriffenen Macht. Schließlich verschafft sich der Terrorismus auch noch dadurch erhebliche Vorteile, dass er die politischen, rechtlichen und moralischen Selbstbindungen des Angegriffenen zu seinem eigenen Vorteil ausbeutet: Dass die Gegenseite nicht mit den gleichen Mitteln und auf derselben Ebene antworten kann, ist Bestandteil des terroristischen Kalküls. Es sind insofern zumeist demokratisch verfasste, postindustrielle Gesellschaften mit einer hohen Mediendichte, die von Terroristen attackiert werden. Agrarische Gesellschaften hingegen, autoritär oder gar totalitär regierte Staaten, schließlich Gesellschaften mit geringer Mediendichte, womöglich gar solche ohne Fernsehsender, sind dagegen sehr viel schwerer mit terroristischen Mitteln anzugreifen und zu treffen. Sie bleiben Orte des Partisanenkriegs.

Noch stärker als der Partisanenkrieg ist der Terrorismus eine Strategie, mit der sich militärisch Schwache, sogar kleinste Gruppierungen, die Möglichkeit des Gewalteinsatzes gegen Groß- und Supermächte verschaffen. Es sind nur minimale Mittel für den Aufbau einer eigenen operativen

Logistik, für die Entwicklung und Bereitstellung von Waffen und schließlich für Ausbildung und Versorgung von Kämpfern erforderlich, da die Durchführung terroristischer Aktionen wesentlich auf der Nutzung von Fremdressourcen beruht. Das macht den Einstieg in den Terrorismus und die Eröffnung einer terroristischen Kampagne im Vergleich mit der Vorbereitung und Eröffnung eines Partisanenkrieges, von konventionellen Kriegen ganz zu schweigen, so leicht und verführerisch.

Eine weitere Ressource, die Terroristen bei ihren Angriffen auf hoch entwickelte Gesellschaften ausbeuten, ist die in diesen Gesellschaften vorherrschende postheroische Mentalität, gegen die Terroristen ganz gezielt den Gestus ihrer heroischen Entschlossenheit setzen. Wer zur Aufopferung des eigenen Lebens bereit ist, muss sich um die Sicherung von Rückzugsmöglichkeiten und Fluchtwegen nicht kümmern und kann seine gesamte Energie auf den Angriff konzentrieren, wodurch die Durchführbarkeit und die Erfolgsaussichten terroristischer Aktionen deutlich erhöht und oft überhaupt erst ermöglicht werden. Wahrscheinlich noch wichtiger ist jedoch die in solchen Selbstmordanschlägen zum Ausdruck gebrachte Verachtung gegenüber den unheroischen Lebensformen der Angegriffenen, denn die psychischen Effekte, auf die terroristische Anschläge vor allem abzielen, werden dadurch dramatisch intensiviert. Gegen Selbstmordattentäter könne man sich nicht schützen – dieses immer wieder zu hörende Eingeständnis der Sicherheitsinstitutionen enthält eben nicht nur eine sachlich zutreffende Feststellung über die gesteigerten Erfolgsaussichten von Attentätern, die Planung und Durchführung einer Aktion nicht von der Möglichkeit zu Rückzug und Flucht abhängig machen. Es ist zugleich die Anerkennung eines symbolischen Aktes, in dem sich die Attentäter mit unbedingter

Entschlossenheit gegen die ausgeprägte Ausgleichs- und Verhandlungsmentalität zumal westlicher Gesellschaften stellen, die in der Regel bereit sind, sich von einer Gefährdung des Lebens der ihr Angehörenden mit Geld oder politischen Konzessionen freizukaufen. So liegt in der Todesentschlossenheit der Selbstmordattentäter – nicht nur in deren eigener Sicht – ein Sieg über den verhassten Gegner, und zwar unabhängig davon, welche Ergebnisse der Anschlag zur Folge hat. Auch wenn er scheitert, bleibt er doch eine Demonstration von Entschlossenheit, auf die postheroische Gesellschaften mit Irritation reagieren. Die Asymmetrisierung der Kampfformen im Terrorismus findet außer auf der instrumentellen auch auf der symbolischen Ebene statt. Vor allem die symbolische Dimension terroristischer Anschläge zielt auf die Hervorbringung eines zu interessierenden Dritten; damit ist sie ein strategisches Element der neuen Terrorkriege.

Die systematische Asymmetrisierung der Gewaltmittel durch den auf strategischer Ebene auftretenden Terrorismus ist in der Regel freilich selbst eine Reaktion auf vorhandene militärische, ökonomische, technologische und kulturelle Asymmetrien, bei denen für die unterlegene Seite keinerlei Aussicht auf eine Resymmetrisierung durch Steigerung der eigenen Anstrengungen besteht. Eine solche Konstellation ist im Konflikt zwischen Israelis und Palästinensern seit dem Sechstagekrieg von 1967 sowie dem Jom-Kippur-Krieg von 1973 gegeben, nach denen feststand, dass Israel mit konventionellen militärischen Mitteln nicht zu besiegen sein würde, zumal mit Jordanien und Ägypten auch noch die zwei wichtigsten Anrainerstaaten aus der arabischen Kriegskoalition gegen Israel ausschieden. Nachdem anfänglichen Versuchen zur Entfachung eines Partisanenkrieges nur geringer Erfolg beschieden war, griffen die Palästinenser zunehmend zu terroristischen Methoden, um ihre politischen Ziele weiterhin mit gewaltsamen Mitteln gegen Israel zur Geltung bringen zu können. Diese regional begrenzten Asymmetrien, wie sie den Palästina-Konflikt seit Ende der sechziger Jahre geprägt haben, haben sich zu Beginn der neunziger Jahre im globalen Maßstab ausgeweitet: Seit dem Zerfall der Sowjetunion gibt es keine Macht – sei es ein Staat oder eine Koalition von Staaten –, die den USA unter den Bedingungen einer symmetrischen Kriegführung auch nur entfernt gewachsen wäre, und keine auf konventionellen Streitkräften begründeten Szenarien, in deren Rahmen die USA in für sie elementaren Fragen zu einer grundlegenden Änderung ihrer Politik gezwungen werden könnten. Das heißt, dass für politische Akteure, die mit der dominierenden Stellung der USA und der von ihnen betriebenen Politik in zentralen Fragen nicht einverstanden sind, keine Aussicht besteht, durch die Drohung mit konventionellen militärischen Potenzialen oder das Bündnis mit einer drohfähigen Macht eine Veränderung der amerikanischen Politik zu erzwingen, wie dies unter den Bedingungen des Ost-West-Konflikts perspektivisch zumindest vorstellbar war.[21]

Ganz anders stellen sich die Verhältnisse freilich dar, wenn auf diese asymmetrischen Konstellationen selbst mit Strategien der Asymmetrisierung geantwortet wird. Diese Erfahrung haben die USA erstmals in Vietnam machen müssen, als sie nicht in der Lage waren, einen Gegner, der seine waffentechnische Unterlegenheit durch die Partisanenstrategie ausglich, politisch und militärisch in die Knie zu zwingen, und darum schließlich den Krieg verloren.[22] Ebenso deutlich zeigte sich die Verletzlichkeit der amerikanischen Macht bei den Militärinterventionen im Libanon und in Somalia. Im Oktober 1983 brachten Kommandos der Terrorgruppe «Islamischer heiliger Krieg» vor den Hauptquartieren der US-Marines und der französischen Fallschirmjäger in Beirut nahezu gleichzeitig sprengstoffgefüllte Lkws zur Explosion, wobei fast zweihundertfünfzig amerikanische Marineinfanteristen und über fünfzig französische Fallschirmjäger den Tod fanden. Die amerikanische und die französische Regierung entschlossen sich daraufhin umgehend zum Rückzug ihrer Truppen. Ganz ähnlich waren zehn Jahre später die Folgen der gescheiterten Festnahmeaktion gegen den somalischen Warlord Mohammed Farrah Aidid am 3. Oktober 1993 in Mogadischu, als achtzehn amerikanische Soldaten starben, mehr als achtzig verletzt wurden und die verstümmelte und geschändete Leiche eines amerikanischen Soldaten vor den Kameras des Nachrichtensenders CNN durch die Straßen geschleift wurde:[23] Die USA zogen danach ihre Truppen eilig ab, wiewohl diese Bestandteil eines UN-Kontingents waren, das ohne sie in eine schwierige Situation geriet. Wahrscheinlich waren die Ereignisse von Mogadischu eine der Schlüsselerfahrungen Osama bin Ladens und seiner strategischen Planer, auf denen spätere Anschläge des Al-Qaida-Netzwerks begründet wurden.[24]

Die Medien, durch die solche Anschläge, die in einer unmittelbar militärischen Hinsicht nur geringe Bedeutung haben, vielfach verstärkt und immer wieder gezeigt werden, sind der Garant dafür, dass inzwischen – in Umkehrung der politisch-militärischen Verhältnisse Europas vom 17. bis zum 20. Jahrhundert[25] – Prämien auf die radikal asymmetrische Strategie der neuen Terrorkriege gezahlt werden. Im asymmetrischen Krieg sind die Medien selbst zu einem Mittel der Kriegführung geworden. Wer nicht in der Lage ist, die konventionellen Streitkräfte einer Macht mit militärischen Mitteln erfolgreich zu attackieren, der sorgt für die Verbreitung von Bildern, in denen die Folgen der Gewaltanwendung unmittelbar sinnlich erfahrbar werden. Dabei wird nicht nur über die Bilder, die gegen Soldaten ausgeübte Gewalt dokumentieren, Schrecken erzeugt, sondern auch über solche, die von regulärem Militär ausgehende Gewalt zeigen, wie Angriffe auf Eisenbahnzüge, Wohngebäude und nicht militärischen Zwecken dienende Fabriken, vor allem aber immer wieder tote Kinder und Frauen. Letztgenannte Bilder zielen, gleich ob sie authentisch oder gefälscht sind, auf das einem politischen Willen zugrunde liegende gute Gewissen, die begründete oder unbegründete Selbstgewissheit, Gewalt für eine gute und gerechte Sache einzusetzen; erstgenannte hingegen attackieren den politischen Willen selbst, indem sie ihn mit dem für seine Durchsetzung zu entrichtenden Preis konfrontieren, wobei die Angreifer davon ausgehen, dass die mit terroristischen Mitteln angegriffene Macht nicht bereit ist, auf längere Sicht einen so hohen Preis zu zahlen. In die Bilder von der Gewaltanwendung und ihren Folgen ist darum regelmäßig die Botschaft eingeschlossen, dass der Preis beim nächsten Mal erhöht werden könnte. Insofern ist die medial inszenierte Symbolkonfrontation zwischen kleinen Gruppen zum Äußersten entschlossener, todesmutiger Kämpfer auf der einen und ökonomisch wie militärisch dominierenden, postheroisch geprägten Mächten und Gesellschaften auf der anderen Seite immer schon selbst ein Bestandteil des Kampfes. In diesem Sinne stellt der Terrorismus eine Form der Kriegführung dar, in welcher der Kampf mit Waffen als Antriebsrad für den eigentlichen Kampf mit Bildern fungiert. Die Verwandlung der Berichterstattung über den Krieg in ein Mittel seiner Führung war der wahrscheinlich größte Schritt bei der Asymmetrisierung des Krieges. Durch ihn ist es möglich geworden, die militärischen Asymmetrien der «neuen Weltordnung» zu unterlaufen, freilich nicht auf dem Wege ihrer Resymmetrisierung, sondern durch die gezielte und entschlossene Entwicklung neuer Asymmetrien, wie sie die neuen Terrorkriege kennzeichnen.

Das Angriffsziel terroristischer Gruppen: die fragile psychische Textur hoch entwickelter Gesellschaften

Das wichtigste Charakteristikum des jüngsten international agierenden Terrorismus ist also die Verkoppelung von Gewalt und medialer Präsentation.[26] Pointiert formuliert ist Terrorismus eine Strategie, die den Gewalteinsatz gebraucht, um spektakuläre Ereignisse zu inszenieren, durch die Botschaften der beschriebenen Art versandt werden. Im Prinzip agieren terroristische Gruppierungen nach ähnlichen Grundsätzen wie NGOs, die, um auf die von ihnen bearbeiteten Themen – zum Beispiel Klimaschutz, Kinderarbeit oder Waldsterben – aufmerksam zu machen, Ereignisse inszenieren, deren Drehbuch im Wesentlichen an der Produktion möglichst spektakulärer Bilder orientiert ist. Diese Bilder sollen das weltweite Publikum für ein Problem sensibilisieren, Regierungen unter Druck setzen, damit sie bestimmte Maßnahmen ergreifen, und nicht zuletzt dienen sie als Werbemittel für die eigene Organisation, um die Spendenbereitschaft der Bevölkerung in den reichen Industrieländern zu mobilisieren. Terrorgruppen, denen es nicht nur um die Freipressung inhaftierter Gesinnungsgenossen geht, folgen demselben Muster. Um Missverständnissen vorzubeugen: Die Analogie zwischen einigen NGOs und Terrornetzwerken beschränkt sich auf die Nutzung der Medien in Form spektakulärer Selbstinszenierungen, die der Schaffung von Aufmerksamkeit für bestimmte Themen und der Unterstützungsmobilisierung dienen. Die Ausbreitung des Terrorismus in den letzten Jahrzehnten des 20. Jahrhunderts beruht somit nicht auf einer Revolution der Gewaltmittel, wie dies für die Geschichte der konventionellen Kriegführung typisch ist, sondern auf einer Ausbeutung der Medienrevolution, durch die sich das Informations- und Freizeitverhalten der Menschen grundlegend verändert hat. Terroristische Aktionen sind danach Ereignisse mit hohem Aufmerksamkeitswert, wobei Nachrichten im klassischen Sinn inzwischen durch Bilder ersetzt worden sind. Mit der Produktion von spektakulären Bildern wurden Bekennerschreiben, in denen die Gruppen früher die Motive und Ziele ihrer Aktionen dargelegt haben, zunehmend überflüssig.

Offenkundig hat die terroristische Orientierung an der medialen Verstärkung der Gewalteffekte lange Zeit deren Ausmaß, die Größe der Schäden und die Anzahl der Opfer begrenzt. So sind die meisten Terrorismusforscher bis vor wenigen Jahren davon ausgegangen, dass Dynamit und Schusswaffen, wie sie bereits von den Terroristen des späten 19. Jahrhunderts benutzt worden sind,[27] auch weiterhin die bevorzugten Waffen terroristischer Gruppierungen bleiben würden und der Einsatz von atomaren, biologischen und chemischen Massenvernichtungswaffen für Terroristen weder taktisch erforderlich noch politisch attraktiv sein werde. Diese Sichtweise hat sich inzwischen geändert.[28] Dabei dürfte auch das Erfordernis, durch größere und verheerendere Aktionen das gesteigerte mediale Rauschen zu durchdringen, eine gewisse Rolle gespielt haben, doch insgesamt scheint der relative Bedeutungsverlust eines «als interessiert unterstellten Dritten» von stärkerer Bedeutung gewesen zu sein: Solange dieser Dritte als Legitimationsgrund wie Adressat der Aktionen nämlich sozialrevolutionär oder ethnisch-nationalistisch bestimmt wurde, durfte bei Anschlägen nach Möglichkeit niemand, der diesem Dritten zuzurechnen war, zu Schaden kommen – und das schloss den Einsatz von Massenvernichtungswaffen kategorisch aus.

Im Falle eines religiös motivierten Terrorismus ist das offensichtlich anders: Hier geht die erhebliche Ausweitung der Feinddefinition, bei der nicht mehr Positions- und Machteliten, sondern ganze Zivilisationen ins Visier geraten, mit einer wachsenden Diffusität des zu interessierenden Dritten einher, und beides zusammengenommen dürfte die wichtigste Erklärung dafür sein, dass bei den Anschlägen von Terrorgruppen mit religiös imprägnierten Ideologien seit einigen Jahren deutlich höhere Opferzahlen zu beklagen sind als bei denen sozialrevolutionär oder ethnisch-nationalistisch orientierter Gruppen.[29] Die Verbindung von religiöser Motivation und terroristischer Strategie hat dazu geführt, dass sich die Eskalationsspirale terroristischer Gewalt immer schneller dreht. Religiös motivierte Terroristen brauchen keinen zu interessierenden Dritten als Legitimationsgrundlage und Adressaten ihrer Aktionen. Legitimation und möglicherweise sogar Adressat der Anschläge ist Gott oder das Göttliche, jedenfalls ein Bezug, der keinerlei politisches Kalkül bei der Begrenzung der Schäden und Opfer von Anschlägen erzwingt. Das Erfordernis, im Hinblick auf die Verstärkereffekte der Medien möglichst spektakuläre Anschläge zu planen, und die Auflösung der herkömmlichen politisch-legitimatorischen Gewaltbegrenzungen durch religiöse Motivations- und Rechtfertigungsstrukturen sind, wie die Anschläge vom 11. September zeigen, inzwischen eine fatale Verbindung miteinander eingegangen.

Auffällig ist in diesem Zusammenhang auch, dass die einem religiös imprägnierten Terrorismus zuzurechnenden Gruppen zunehmend auf die von sozialrevolutionären wie ethnisch-nationalistischen Gruppen verbreiteten Bekennerschreiben verzichten und offenbar ausschließlich auf die Aussagekraft der Bilder des Anschlags beziehungsweise seiner Folgen vertrauen. Man kann das damit erklären, dass sich im religiösen Terrorismus die Bilder gleichsam vom Text gelöst haben. Allerdings besteht der Grund hierfür letztendlich darin, dass es für diese Gruppen keinen innerweltlichen Adressaten mehr gibt, dem gegenüber sie sich rechenschaftspflichtig fühlen. Nicht erst die Anschläge vom 11. September, aber sie vor allem, sind ein Beleg dafür. Wenn die terroristische «Botschaft» nur durch die Bilder des Anschlags, ohne erläuternden und fordernden Subtext verbreitet wird, dann wird sie unklar: Sie kann vielerlei bedeuten, doch was sie «eigentlich» bedeutet und was die dahinterstehenden Gruppen erreichen wollen, bleibt im Dunkeln. Diese Unklarheit ist im Falle der jüngsten Entwicklungen des internationalen Terrorismus freilich kein taktisches Manko, wie etwa für sozialrevolutionäre oder ethnisch-nationalistische Gruppierungen, sondern offenbar ein zentraler Bestandteil der Strategie: Man gibt dem Angegriffenen ein Rätsel auf und lässt ihn darüber im Dunkeln, womit der Angreifer politisch saturiert werden könnte. Terroristische Anschläge, die ihre Botschaft allein über Bilder und ohne Bekennerschreiben kommunizieren, schließen von vornherein jeden Kompromiss zwischen den widerstreitenden Interessen und Absichten aus. Offenbar kommunizieren sie etwas anderes als eine bestimmte Forderung, die – unabhängig davon, ob sich ein Staat darauf einließe oder nicht – die Perspektive auf eine Beendigung der Terrorkampagne eröffnen würde. Das ist bei den Anschlägen vom 11. September, aber auch bei späteren kleineren Aktionen desselben Netzwerks, wie etwa der Gaswagenexplosion vor der Synagoge von Djerba in Tunesien, gerade nicht der Fall. Was also soll mit ihnen bezweckt und erreicht werden?

Zunächst einmal liegt die Annahme nahe, dass auf diese Weise den Angegriffenen, also im Prinzip allen in der westlichen Welt Lebenden und Arbeitenden, mitgeteilt werden soll, es werde für sie von nun an keinerlei Sicherheit mehr geben, nirgendwo und niemals. Trotz ihrer gewaltigen technologischen, ökonomischen und militärischen Überlegenheit seien die USA nicht in der Lage, ihre Bürger und Einrichtungen zuverlässig und sicher zu schützen. Nachdem die schweren Bombenanschläge auf die US-Vertretungen in Nairobi und Daressalam diese Botschaft offenbar nicht hinreichend deutlich gemacht hatten oder nicht hinreichend ernst genommen worden waren, gab es keine unmissverständlichere und schärfere Form als die Attacken auf das Pentagon und das World Trade Center, um eine solche Nachricht zu übermitteln. Durch die Herstellung einer permanenten Bedrohung sollte die amerikanische Bevölkerung dazu gebracht werden, eher auf eine Reduzierung als auf eine Ausweitung des weltweiten amerikanischen Engagements zu drängen – so etwa ließe sich ein politischer Minimalgehalt der Botschaft dechiffrieren. Zugleich enthielten diese Anschläge mit wachsender Intensität aber auch einen Aufruf an die Massen der islamischen Welt, die als Residualfigur des «zu interessierenden Dritten» anzusehen sind: Durch den mehrfachen spektakulären Nachweis der Verwundbarkeit der USA (und ihrer Verbündeten) sollte in der islamischen Welt die Hoffnung und das Selbstvertrauen gesteigert werden, dass ein umfassender, auch mit gewaltsamen Mitteln ausgetragener Konflikt mit dem Westen trotz dessen vielfacher Überlegenheit nicht ohne Aussicht auf Erfolg begonnen und geführt werden könne – vorausgesetzt, man lasse sich nicht auf die konventionellen Formen der Kriegführung ein, greife den Feind also nicht da an, wo er besonders stark und mächtig, sondern wo er besonders anfällig und verletz-

Brennendes World Trade Center, 11. September 2001
Die jüngste Form des internationalen Terrorismus nutzt entführte Flugzeuge nicht mehr als Instrument politischer Erpressung, sondern als quasi-militärisches Gerät: als Raketen und Bomben.

lich ist. So etwa lässt sich die politische Doppelbotschaft der Anschläge vom 11. September entschlüsseln.

Aber wahrscheinlich kam es den strategischen Planern der Aktionen gar nicht so sehr auf diese Botschaften an. Sie dürften eher auf die ökonomischen als auf die unmittelbar politischen Folgen der Anschläge spekuliert haben. Ihr eigentliches Angriffsziel war offensichtlich das leicht zu zerreißende Gewebe der wirtschaftlichen Erwartungen, gewissermaßen die «Phantasie der Anleger» der westlichen Ökonomien. Es sollten panische Reaktionen bei Aktienhändlern und Fondsmanagern ausgelöst werden, und tatsächlich sind Gesellschaften, die ihr Wirtschaftsleben zunehmend in globalen Dimensionen über Börsen organisieren, auf diese Weise am schnellsten und folgenreichsten zu treffen. Hier sind die Schäden, die mit Terroranschlägen herbeizuführen sind, am größten, und sie beschränken sich, wenn sie die Börse erst einmal in eine entsprechend Panik versetzt haben, nicht auf eine bestimmte, direkt betroffene Branche oder Sparte, sondern erfassen in kurzer Zeit die gesamte Wirtschaft. Angriffe auf touristische Einrichtungen folgen demselben Muster, wonach durch einen Anschlag ökonomisch folgenreiche Entscheidungen provoziert werden sollen, die weit reichende und den unmittelbar verursachten Schaden weit übertreffende Konsequenzen haben. Länder etwa, die in hohem Maße vom Tourismus abhängig sind, können durch spektakuläre Attentate wirtschaftlich – und damit meist auch politisch – ruiniert werden; es bleibt ihnen oft nichts anderes übrig, als sich dem Druck zu beugen und die terroristischen Gruppen zumindest indirekt zu unterstützen – zum Beispiel durch ein entsprechendes Abstimmungsverhalten in internationalen Organisationen, die Gewährung von Unterschlupf für gesuchte Mitglieder terroristischer Gruppen, politische Erklärungen und öffentliche Parteinahmen oder die Weitergabe geheimdienstlicher Informationen. Wahrscheinlich sind Terrorgruppen längst in der Lage, durch einige wohldosierte Anschläge und die glaubwürdige Androhung weiterer Attacken ein System von «Schutzgeldzahlungen» zu errichten, bei dem es freilich weniger um materielle als um politische Unterstützung geht. Zumal kleinere Länder, die eine eher an den USA und dem Westen orientierte Politik betreiben, lassen sich so verhältnismäßig leicht und vor allem billig zu einem Kurswechsel bewegen oder jedenfalls dazu, dem Westen gegenüber eine distanziertere Haltung einzunehmen.

Der internationale Terrorismus, wie er in den letzten Jahren in Erscheinung getreten ist, nutzt die Gewaltanwendung nicht mehr ausschließlich und auch nicht mehr bevorzugt als Zugangsmittel zur Weltöffentlichkeit, um bestimmte Botschaften und Nachrichten zu verbreiten. Anders als etwa die verschiedenen palästinensischen Gruppierungen Ende der sechziger, Anfang der siebziger Jahre, die durch spektakuläre Flugzeugentführungen ihre jeweiligen Ziele und Forderungen ins öffentliche Bewusstsein rücken wollten, zielt die neue Form der terroristischen Gewalt unmittelbar auf die Wirtschaftskreisläufe der westlichen Welt sowie der ihr verbundenen Staaten, und sie setzt dabei – das kennzeichnet sie als terroristische Gewalt – statt auf die physischen auf die psychischen Folgen der Gewalt. Sie ist zerstörerisch nicht dadurch, dass sie massive Schäden an der Infrastruktur der angegriffenen Länder, an Fabriken und Einkaufszentren, Steuerungs- und Transportsystemen anrichtet, sondern indem sie Schrecken verbreitet und damit das hoch sensible psychische Wirtschaftsgewebe moderner Gesellschaften zerreißt. Hier liegt der schwächste Punkt dieser Gesellschaften, und ausgerechnet er ist relativ leicht zu treffen.

6 Militärische Interventionen und das Dilemma des Westens

Kriegführungsfähigkeit und Kosten-Nutzen-Kalkül

Die dramatische Verteuerung des Krieges, die sich ja keineswegs auf die Bereitstellung und den Einsatz eigener Streitkräfte beschränkt, sondern bei der auch die verheerenden Schäden im eigenen Land mit kaum abschätzbaren Folgewirkungen zu berücksichtigen sind, hat den zwischenstaatlichen Krieg, zumal den Krieg zwischen Staaten mit ökonomisch und technologisch hoch entwickelten Gesellschaften, zumindest vorläufig zum historischen Auslaufmodell werden lassen.

Gleichwohl ist die Theorie des demokratischen Friedens, also die generalisierte Beobachtung, dass im engeren Sinne demokratische Staaten keine Kriege gegeneinander geführt haben, für die Analyse von Krieg und Frieden im 20. Jahrhundert sehr viel weniger bedeutsam und folgenreich, als der Großteil der Friedens- und Konfliktforschung annimmt.[1] Im Prinzip lässt sich jene Beobachtung mit Blick auf drei gleichzeitig verlaufene Entwicklungen erklären, die sich wechselseitig verstärkt und so die Friedfertigkeit demokratischer Gesellschaften quasi überdeterminiert haben. Es sind dies, *erstens*, die mit der Industrialisierung einsetzende, zunächst nur allmähliche, dann exponentielle Steigerung der Kriegskosten, *zweitens* die parallel dazu erfolgte Umstellung gesellschaftlicher Orientierungsmuster von Ruhmgier und Ehrstreben auf Zweckrationalität sowie endlich, *drittens*, die Entwicklung institutioneller Arrangements, die sicherstellen, dass diese Zweckrationalität nicht nur die wirtschaftlichen, sondern auch die politischen Entscheidungen bestimmt.

In der Theorie des demokratischen Friedens hat sich die politikwissenschaftliche Konfliktforschung nahezu ausschließlich auf das letzte Element dieser dreifachen Entwicklung konzentriert und die Funktionsmechanismen der demokratischen Ordnung als den *alles entscheidenden* Faktor für die Kriegsbereitschaft oder Friedensliebe einer Gesellschaft untersucht. Gelegentlich ist daneben auch die Wirkweise von Kosten-Nutzen-Kalkülen in den internationalen Beziehungen thematisiert und über Möglichkeiten ihrer zuverlässigen Institutionalisierung nachgedacht worden,[2] doch wird dem in der Theorie des demokratischen Friedens keine zentrale Bedeutung beigemessen. In nahezu allen Untersuchungen wurde dagegen – man möchte fast meinen: systematisch – die enorme Verteuerung des Krieges ausgeblendet. Sie bildet aber die unerlässliche Voraussetzung für das Wirksamwerden der beiden anderen Elemente und für den Rückgang von Kriegsbereitschaft und Kriegführungsfähigkeit.[3] Wie direkt dieser Zusammenhang ist, zeigen die neuen Kriege, deren Ausbreitung und Dauer im Wesentlichen auf einer drastischen Senkung der unmittelbar anfallenden Kosten beruht.[4] Während hier die Friedens- und Konfliktforschung zum ganz überwiegenden Teil damit beschäftigt war, nach institutionellen Regelungen für die Sicherung eines dauerhaften Friedens zu suchen, haben die Strategen der Gewalt Mittel und Wege zur Verbilligung des Krieges gefunden. Vor allem die deutsche Friedens- und Konfliktforschung ist in ihren Hoffnungen und Erwartungen daran gescheitert, dass sie sich mit der inneren Ökonomie des Krieges kaum ernsthaft beschäftigt hat. Wurden ökonomische Fragen thematisiert, dann im Hinblick auf externe Interessen und Motive, denen mit den Mitteln kriegerischer Gewalt Geltung verschafft werden sollte.[5] So blieb verborgen, in welchem Maße die Verteuerung des Krieges seine Nichtführbarkeit garantierte.

Der Erste Weltkrieg hatte diese explosionsartige Verteuerung und die daraus erwachsenden strukturellen Folgen für die in ihn verwickelten Gesellschaften erstmals spürbar werden lassen. Er war von den beteiligten Mächten in der Erwartung begonnen worden, es werde sich, ähnlich wie bei den europäischen Kriegen des 19. Jahrhunderts, um einen schnellen Waffengang handeln.[6] Im Spätherbst 1914 wurde jedoch klar, dass mit einer baldigen Entscheidung nicht zu rechnen war und der Krieg sich in einen Abnutzungskrieg verwandelt hatte, aus dem keine der beteiligten Mächte so herauskommen würde, wie sie in ihn hineingegangen war. Damit bestätigten sich die Prognosen einer Reihe von Nichtmilitärs, namentlich des polnischen Bankiers Johann von Bloch und des deutsch-englischen Industriellen und politischen Schriftstellers Friedrich Engels, die die immensen Kosten und unübersehbaren Auswirkungen eines Krieges ohne schnelle militärische Entscheidung ziemlich genau vorhergesagt hatten.[7] Als der Erste Weltkrieg schließlich nach über vier Jahren zu Ende ging, waren nicht nur die drei großen, Ost- und Südosteuropa sowie den Vorderen Orient beherrschenden Reiche – das Zarenreich, die Donaumonarchie sowie das Osmanische Reich – zerbrochen, sondern Sieger und Verlierer standen gleichermaßen vor dem Problem, ihre wirtschaftlich wie sozial zertrümmerten Gesellschaften wieder neu aufbauen zu müssen: Das britische Realeinkommen lag 10 bis 20 Prozent unter dem zu Kriegsbeginn, das der Franzosen war um etwa ein Viertel gesunken, das der Italiener und Deutschen um etwa 35 Prozent, das der Russen und Ungarn sogar um die Hälfte.[8] Von tausend mobilisierten Männern im Alter von zwanzig bis fünfundvierzig Jahren waren in Ungarn 187, in Frankreich 182, in Deutschland 155 und in Großbritannien 88 gefallen.[9] Und zudem waren die für die soziale Kohäsion und die politisch-kulturelle Orientierung der Gesellschaften elementaren Mittelschichten wirtschaftlich verarmt und politisch radikalisiert.

Nach dem Ende des Ersten Weltkriegs war allen beteiligten Ländern klar, vielleicht mit Ausnahme der am wenigsten in Mitleidenschaft gezogenen USA, dass keines von ihnen einen solchen Krieg noch einmal durchstehen würde. Der Zusammenbruch des russischen Heeres sowie die Weigerung französischer Frontdivisionen, zum Angriff vorzugehen, im Jahre 1917, das Auseinanderfallen der österreichisch-ungarischen Armee im Sommer 1918 und die schnell schwindende Kampfbereitschaft der deutschen Truppen seit August 1918, dazu die Meuterei in der deutschen Hochseeflotte, zeigten deutlich, dass die Grenzen der Belastbarkeit selbst einer nationalistisch euphorisierten Bevölkerung überschritten worden waren.[10] Zwischen 1936 und 1939 hat Hitler das Zurückschrecken aller europäischen Mächte vor einem neuen großen Krieg politisch ausgebeutet, und noch die überwältigenden militärischen Erfolge, die die Wehrmacht während der ersten Kriegsjahre errang, sind nicht zuletzt darauf zurückzuführen, dass sie bei den angegriffenen Gegnern nicht auf jene unbedingte Kampfbereitschaft stieß, wie sie ein Vierteljahrhundert zuvor im Ersten Weltkrieg bestanden hatte. Besonders der schnelle Zusammenbruch der französischen Armee im Frühjahr 1940[11] zeigt, dass demokratische Gesellschaften nicht mehr bereit waren, die wirtschaftlichen, gesellschaftlichen und humanitären Kosten eines solchen Krieges noch einmal zu übernehmen.[12] Es kommt also nicht von ungefähr, dass die größten Verluste während des Zweiten Weltkriegs im Wesentlichen von totalitären Regimen – dem nationalsozialistischen Deutschland und der bolschewistischen Sowjetunion – getragen wurden.

Nach dem Ersten Weltkrieg waren drei prinzipielle politische Reaktionen auf die neu entstandenen Konstellationen zu beobachten: *Erstens* ein prinzipieller Pazifismus, dessen Vertreter sich – trotz rechtlicher und gesellschaftlicher Sanktionen – jeder Form des Kriegsdienstes verweigerten, in der Hoffnung, eine massenhafte Verbreitung dieser Entscheidung werde jede Kriegführung unmöglich machen. Daneben ist, *zweitens*, der Versuch zu nennen, durch zwischenstaatliche Übereinkünfte und Verträge, vor allem aber durch die Gründung internationaler Organisationen, wie des Genfer Völkerbundes, zu einer Ordnung der Staatenwelt zu gelangen, die den Ausbruch von Kriegen verhindern könnte. Die Ächtung des Angriffskrieges war ein erster Schritt auf diesem Wege. Schließlich gab es, *drittens*, die Option, den Krieg wieder führbar zu machen: Durch veränderte Strategien und Gefechtstaktiken sowie die Entwicklung neuer Waffen sollte es möglich werden, verlustreiche Abnutzungsschlachten, wie man sie sich bei Verdun und an der Somme geliefert hatte, unter allen Umständen zu vermeiden, die eigenen Verluste an Menschenleben deutlich zu senken und die gesellschaftlichen Kosten des Krieges spürbar zu reduzieren.

Für die Zwischenkriegszeit ist ein unausgesetztes Ringen dieser drei Reaktionen miteinander charakteristisch, und zwar sowohl innerhalb der europäischen Staaten als auch zwischen ihnen. Chamberlains und Daladiers viel gescholtene Appeasementpolitik, die dann zum Münchner Abkommen vom Herbst 1938 führte, in dem die Westmächte ihren politischen und militärischen Verbündeten Tschechoslowakei opferten und ihn zur Abtretung des Sudetenlandes zwangen, entsprach der zweiten Reaktion auf die Erfahrungen des Ersten Weltkriegs: Sie war ein letzter verzweifelter Versuch, eine durch zwischenstaatliche wie internationale Verträge und Institutionen gesicherte Friedensordnung in Europa aufrechtzuerhalten. Dieser Versuch ist daran gescheitert, dass Hitler mehr wollte, als ihm innerhalb einer solchen Friedensordnung zugestanden werden konnte. Spätestens seit dem Frühjahr 1939, dem Einmarsch deutscher Truppen in die so genannte Resttschechei, war der Krieg vorauszusehen, und auf einen solchen Krieg hatten sich die europäischen Mächte unterschiedlich vorbereitet, je nachdem, welche politischen und militärischen Konsequenzen sie aus den Erfahrungen des Ersten Weltkriegs gezogen hatten.

Unter dem Eindruck der Material- und Abnutzungsschlachten des Ersten Weltkriegs haben sich drei unterschiedliche Strategien entwickelt, und dabei handelt es sich offenbar um die seitdem einzig möglichen Formen der Führung eines zwischenstaatlichen Krieges, die zusammen mit der Guerillastrategie und dem Terrorkrieg die fünf Kriegstypen des 20. Jahrhunderts darstellen. Es sind dies die *offensive* Strategie des Blitzkrieges, die *defensive* Maginotdoktrin und schließlich die Strategie des *indirect approach*, die von der Wirtschaftsblockade bis zum strategischen Bombenkrieg reicht. So unterschiedlich diese drei Strategien im Einzelnen sein mögen – ihnen allen lag die Annahme zugrunde, dass Krieg nur noch zu führen war, wenn er verkürzt und die eigenen militärischen Verluste deutlich eingeschränkt wurden, sodass seine Auswirkungen auf die eigene Zivilbevölkerung in engen Grenzen gehalten werden konnten.

Die im Wesentlichen von jüngeren Reichswehroffizieren

ausgearbeitete *Blitzkriegstrategie* setzte auf die Vermeidbarkeit eines lange währenden Abnutzungskrieges durch eine Stärkung der Offensivkraft des Heeres bei gleichzeitiger Verminderung seines Umfangs. Den Grundsätzen der napoleonischen Strategie entsprechend, war es ihr Ziel, die Entscheidung des Krieges wieder auf das Schlachtfeld zurückzuverlegen. Nachdem 1914 sowohl der Schlieffenplan als auch der französische Angriffsplan, der einen Vorstoß in den Ardennen und über den Rhein vorsah,[13] gescheitert waren, hatte sich die Kriegsentscheidung nämlich vom Schlachtfeld in die Durchhaltefähigkeit der Wirtschaftspotentiale beider Bündnissysteme verschoben. Rückverlegung der Kriegsentscheidung auf das Schlachtfeld hieß zugleich, das Militär wieder in die Funktion der dominierenden und kontrollierenden Macht des Krieges einzusetzen und den Einfluss, den Zivilisten und Wirtschaftsfachleute seit Herbst 1914 erlangt hatten, zurückzudrängen. Motorisierte, an ihrer Spitze gepanzerte Verbände mit großer Feuerkraft, die aus der Luft von Kampfbombern als «fliegender Artillerie» unterstützt wurden, sollten dieser Strategie gemäß die gegnerische Front durchbrechen, tief ins Hinterland des Gegners vordringen, dessen Streitkräfte in ihrem Rücken umfassen, vom Nachschub abschneiden, sie endlich einkesseln und zur Kapitulation zwingen, ohne in lange, verlustreiche Abnutzungsschlachten verwickelt zu werden.[14]

Die deutsche Wehrmacht in den ersten Jahren des Zweiten Weltkriegs, danach die israelische Armee während des Sechstagekrieges und zuletzt die amerikanisch geführte Interventionsstreitmacht im Zweiten Golfkrieg von 1991 haben diese Strategie relativ erfolgreich angewandt – durchweg jedoch mit dem Ergebnis, dass es letztlich nicht gelang, die schnellen militärischen Siege in dauerhafte politische Gewinne zu verwandeln: Das militärisch Erreichte blieb prekär, weil es von der unterlegenen Seite politisch nicht anerkannt wurde. Ungeachtet dessen setzt eine militärisch erfolgreiche Anwendung der Blitzkriegstrategie eine qualitativ hochwertige Ausrüstung der Truppen, gut ausgebildete und hochgradig disziplinierte Soldaten sowie ein entscheidungsfreudiges Offizierskorps voraus, was die Vorbereitung eines solchen Krieges immens teuer macht. Dass die Blitzkriegstrategie scheitert, wenn nur eines dieser Elemente fehlt, zeigte sich zuletzt am Ersten Golfkrieg, als den irakischen Streitkräften ein entscheidender Durchbruch der iranischen Front nicht gelang – mit der Folge, dass der Krieg anschließend, ähnlich wie der Erste Weltkrieg in Europa, als verlustreicher, zermürbender Stellungskrieg geführt wurde.[15]

Während die Blitzkriegstrategie den Ermattungs- und Abnutzungskrieg durch eine Stärkung der offensiven Fähigkeiten der Streitkräfte zu vermeiden suchte, setzte die *Maginotdoktrin* auf das genaue Gegenteil: die Stärkung der Defensive. Sie stellte dabei darauf ab, die Verteidigungskräfte tendenziell unverwundbar zu machen. In gewisser Hinsicht löste sie das Problem der Abnutzungsschlacht, indem sie deren Kostenverteilung asymmetrisierte: Die Verluste des Angreifers sollten ins Unerträgliche gesteigert und die eigenen so weit minimiert werden, dass sie politisch zu verkraften waren. Diese vor allem in Frankreich von Kriegsminister André Maginot durchgesetzte Konzeption[16] wurde im Bau eines gewaltigen Festungsgürtels realisiert, der so genannten Maginotlinie, in der durch Stahl und Beton geschützte Truppen jedem Angriff trotzen sollten. Militärisch hat jedoch kaum eine dieser Defensivkonzeptionen die in sie gesetzten Erwartungen erfüllt – sei es, dass die eigenen Verluste erheblich größer waren als vorausberechnet, sei es, dass der Angreifer seine höhere Mobilität strategisch nutzen konnte und so die Vorteile der Defensive entwertete. Wie

Britische Soldaten rücken in ein französisches Fort ein, 1939
Die französische Antwort auf die Erfahrung des Ersten Weltkriegs war die Stärkung der Defensive. Durch Bunker und Panzertürme, die auch starkem Artilleriebeschuss standhielten, sollten die untragbar gewordenen Verluste einer Abnutzungsschlacht minimiert werden.

sehr in die Maginotdoktrin und ähnliche Konzeptionen schließlich mythische Imaginationen von der Unverwundbarkeit des Helden (etwa durch das Bad in Drachenblut und ähnliches) eingegangen sind, ist in den jüngsten Diskussionen um die von den USA forcierte Entwicklung eines strategischen Raketenabwehrsystems herausgestellt worden.

Als dritte und wahrscheinlich folgenreichste politisch-militärische Konsequenz aus den Erfahrungen des Ersten Weltkriegs ist schließlich der *strategische Luftkrieg* zu nennen, wie er vornehmlich in Großbritannien nach 1940 konzipiert worden ist.[17] Im Prinzip handelt es sich dabei um eine Variante des *indirect approach*, der für die seegestützte Kriegführung der Briten spätestens seit den napoleonischen Kriegen charakteristisch geworden ist. Winston Churchill hat diese Strategie in ihrer herkömmlichen Form sowohl zu Beginn des Ersten als auch zu Beginn des Zweiten Weltkriegs verfolgt: Um hohe Verluste unter allen Umständen zu vermeiden, sollte der Gegner nicht an seinen stärksten Stellen angegriffen werden, also nicht dort, wo er das Gros seiner Kräfte konzentriert hatte, sondern an seinem «weichen Unterleib», wie Churchill dies nannte. Gemeint waren damit seine weitgehend ungeschützten Versorgungslinien, seine Abhängigkeit von strategisch wichtigen Gütern, wie Erdöl, Erzen und Kautschuk, und allen voran seine militärisch schwächelnden oder politisch schwankenden Verbündeten, da von ihnen kein größerer Widerstand zu befürchten war.

Die Anlandung britischer, australischer und neuseeländischer Truppen auf der Halbinsel Gallipoli im Jahre 1915, mit der das Osmanische Reich als unverzichtbarer Verbündeter der Mittelmächte getroffen werden sollte, sowie die Invasion britischer Truppen in Nordnorwegen im Frühjahr 1940, die den Zufluss schwedischen Eisenerzes nach Deutschland beenden sollte, sind Beispiele für die traditionelle Form des *indirect approach*. Beide Unternehmen sind jedoch militärisch fehlgeschlagen. Mit dem strategischen Bombenkrieg, den Churchill lange angekündigt hatte, bevor die britische Luftwaffe ihn tatsächlich zu eröffnen in der Lage war, traten an die Stelle der äußeren Versorgungswege die wirtschaftlichen Zentren des Gegners, insbesondere die Verfügbarkeit von Arbeitskräften für die Rüstungsproduktion; an Stelle des weichen Unterleibs wurden, um im Bild zu bleiben, nunmehr das Skelett und die Nervenbahnen zum wichtigsten Angriffsziel, während man der gepanzerten Faust des Gegners weiterhin auswich. Das Vermeiden einer Entscheidung auf dem Schlachtfeld und die systematische Bombardierung von Industriezentren und Arbeiterquartieren[18] hatten allerdings zur Folge, dass die im Zuge der Verstaatlichung des Krieges erreichte Unterscheidung zwischen Kombattanten und Nonkombattanten aufgegeben und die militärische Gewalt nun bewusst und gezielt gegen die Zivilbevölkerung gerichtet wurde.

Es waren vor allem die westlichen Mächte, die in der zweiten Hälfte des Zweiten Weltkriegs diese Form des strategischen Bombenkriegs entwickelt und praktiziert haben,[19] sowohl gegen Deutschland als auch gegen das japanische Kaiserreich. Die Atombombenabwürfe auf Hiroshima und Nagasaki bildeten nur den Schlusspunkt eines gegen die japanische Zivilbevölkerung gerichteten Bombenkriegs, der eine Kapitulation Japans erzwingen sollte, ohne die befürchteten Verluste an eigenen Soldaten bei einer Eroberung der Inseln durch Bodentruppen riskieren zu müssen. Im Einsatz von B-52-Bombern über Vietnam hat diese Strategie ihre Fortsetzung gefunden. Ihre verfeinerte Variante sind Angriffe gegen Wasser- und Elektrizitätswerke sowie Fernsehsender, wie sie bei den Bombardements während des Kosovo-

Krieges im Jahre 1999 erfolgt sind. Auch sie zielten statt auf die gegnerischen Streitkräfte auf den politischen Durchhaltewillen der Bevölkerung, der aufgrund einer weiterentwickelten Waffentechnik nicht mehr durch die Vernichtung von Wohnquartieren, wie während des Zweiten Weltkriegs, sondern durch die Zerstörung elementarer Versorgungseinrichtungen gebrochen werden sollte. Es gibt eine Reihe von Gründen für die Annahme, dass es im Wesentlichen diese Angriffe waren, die die jugoslawische Regierung letztendlich zum Einlenken in der Kosovofrage zwangen.[20] Durchgängige Vorgabe all solcher Luftangriffe, zuletzt auch derjenigen im Afghanistankrieg im Herbst 2001, war die Vermeidung eigener Verluste, von denen die kriegsbeteiligten Regierungen durchweg annahmen, sie seien ihrer Bevölkerung nicht zuzumuten und würden sehr schnell zu einer Ablehnung der Politik militärischer Intervention führen. Um diesen Vorgaben zu genügen, wurden auch so genannte Kollateralschäden unter der Zivilbevölkerung der angegriffenen Länder in Kauf genommen, wenngleich die politische und militärische Führung erkennbar darum bemüht war, sie in Grenzen zu halten.[21]

Dieselben Prinzipien und Mechanismen, die den Krieg im Handlungsrepertoire der westlichen Demokratien auf einen untergeordneten Platz drängten, haben schließlich dazu geführt, dass diese Demokratien, wenn sie sich nach langem Zögern zum militärischen Eingreifen in einen Konflikt durchringen – sei es zur Unterdrückung der Gewaltoption von Bürgerkriegsparteien, zum Schutz von Menschenrechten oder zur Zerschlagung terroristischer Basen –, im Prinzip nur ihre Luftwaffe oder seegestützten Lenkflugkörper und allenfalls kleine Spezialeinheiten zum Einsatz bringen können. Die notorische Zurückhaltung bei der Entsendung von Bodentruppen wird ausgeglichen durch ein grenzenloses Vertrauen in die militärische Leistungsfähigkeit der so genannten Luftschläge.

Demokratien, so müsste das Gesetz des demokratischen Friedens wohl richtigerweise lauten, sind nicht in der Lage, symmetrische Kriege zu führen, weil eine Bevölkerung, die zielstrebig ihre Interessen verfolgt und durch Wahlen auf politische Entscheidungen Einfluss nimmt, nicht bereit ist, die seit dem Ersten Weltkrieg antizipierbar hohen Verluste eines solchen Krieges hinzunehmen. In asymmetrische Kriege dagegen sind Demokratien durchaus bereit einzutreten, vorausgesetzt, die eigenen Verluste und die wirtschaftlichen Belastungen werden nicht zu hoch. Frankreich, Großbritannien und die USA haben nach 1945 eine ganze Reihe von solchen Kriegen geführt,[22] die sich gegen Aufstandsbewegungen oder diktatorische Regime richteten. Aber wahrscheinlich war weniger die innere politische Verfassung der Kriegsgegner ausschlaggebend als der Umstand, dass es sich um asymmetrische Konfliktkonstellationen handelte, man also erwartete, dass der Krieg ohne größere eigene Verluste schnell und erfolgreich zu Ende gebracht werden könne.

Muster und Vorbild all dieser Kriege war die Schlacht von Omdurman am 2. September 1898,[23] in der ein britisches Expeditionskorps unter Lord Kitchener eine zahlenmäßig weit überlegene Streitmacht arabisch-sudanesischer Krieger, die der Mahdi von Omdurman aufgeboten hatte, mit Hilfe ihrer waffentechnischen Dominanz, insbesondere des in dieser Form erstmals eingesetzten Maschinengewehrs,[24] ohne nennenswerte eigene Verluste vernichtete. Im strengen Sinn war Omdurman also gar keine Schlacht, sondern eher ein Massaker: Für die arabisch-sudanesischen Kämpfer kamen die britischen Maschinengewehrschützen nie in die Reichweite ihrer Waffen, da sie trotz ihrer Überzahl die im Sturmlauf zurückzulegende Entfernung zu den britischen Positionen nicht zu überwinden vermochten; sie verbluteten zu Tausenden im MG-Feuer. Was bei Omdurman die Überlegenheit einer Seite ausgemacht hatte, wurde knapp zwanzig Jahre später auf den Schlachtfeldern zwischen Flandern und den Vogesen als Vor- und Nachteil gleichmäßig verteilt,[25] und dies veränderte sich in seinem Verlauf auch mit der Einführung neuer Waffensysteme nicht mehr. Keine der beiden Seiten konnte während des Ersten Weltkriegs eine waffentechnische Überlegenheit erlangen, wie sie die Briten bei Omdurman (und in vielen anderen Massakern der Kolonialkriege) besessen hatten.

Die Mittel, eine solche Überlegenheit herzustellen, haben sich in der zweiten Hälfte des 20. Jahrhunderts vom Schlachtfeld in die Beherrschung des Luftraums, von den Bodentruppen zur Luftwaffe verlagert. Ursache hierfür war die zunehmend praktizierte Anwendung von Partisanentaktiken, in deren Folge der waffentechnologische Vorsprung der europäischen und US-amerikanischen Truppen nicht zum Tragen kam, beziehungsweise der logistische Aufwand, der mit diesen Waffensystemen verbunden war, sich als die Achillesferse der auf sie angewiesenen Truppen herausstellte.[26] So ließen die Partisanen ihre übermächtigen Gegner ins Leere stoßen und griffen in deren Rücken die weniger gut ausgerüsteten und leicht verwundbaren Nachschubverbände an. Der Vorzug einer Intervention mit Luftstreitkräften liegt vor allem darin, dass die eigenen Interventionskräfte für den Gegner unverwundbar sind: während des Einsatzes, weil sie in einer für seine Flugabwehrwaffen unerreichbaren Höhe operieren, und am Boden, weil sie Flugzeugträger oder weit entfernte Stützpunkte als Basis nutzen. Der in diesen Zusammenhängen häufig gebrauchte Begriff der «chirurgischen Eingriffe» bezeichnet die Konstellationen sehr treffend: jede Form von Symmetrie ist hier aufgehoben; die eine Partei wird auf dem Operationstisch ausgebreitet, während sich die andere an ihr mit den Mitteln und Instrumenten zu schaffen macht, die sie für geeignet hält. Auch die Definition über gesund und krank, therapeutisch erforderlich oder medizinisch tolerabel ist allein auf die Seite übergegangen, die sich in der Rolle des Chirurgen sieht. Ein entscheidender Unterschied zwischen dem politisch-militärischen Bild und der ärztlich-medizinischen Praxis freilich – abgesehen davon, dass der «Patient» nicht um seine Einwilligung in die Operation ersucht wird – bleibt: Die bei militärischen Interventionen als Patient gedachte Partei ist fast durchweg nicht zahlungsfähig; der Operateur hat für die Kosten des Eingriffs wie der Nachsorge, die gelegentlich recht lange dauern kann, selbst aufzukommen, und dementsprechend ist er darauf bedacht, die anfallenden Kosten in Grenzen zu halten. Wenn damit gerechnet werden muss, dass der Patient im Verlaufe der Behandlung ernsthaften Widerstand leistet, unterbleibt der Eingriff, mag er indiziert sein oder nicht. Anders gesagt: Westliche Demokratien sind durchaus bereit, sich auf bewaffnete Pazifizierungen ganzer Regionen einzulassen, aber die Entscheidung hierzu hängt nicht davon ab, ob alle andern Möglichkeiten zur Beendigung eines Krieges gescheitert sind, sondern ob ein solcher Einsatz finanzierbar ist und ob er mit den Interessen der Eingreifenden übereinstimmt. Nur wo die Konstellationen so asymmetrisch sind, wie dies im Bild von Chirurg und Patient ausgedrückt wird, sind die westlichen Demokratien zum Eingreifen bereit. Wo dagegen damit gerechnet werden muss, dass die Gegenseite ihrerseits mit Strategien der Asymmetrisierung auf diese asymmetrischen Konstellationen zu reagieren vermag,[27] lassen sie von ihrem Vorhaben ab.

Interventionserfordernis zum Schutz von Menschenrechten und zur Beendigung von Bürgerkriegen

Nach dem Ende der Ost-West-Konfrontation und dem Zusammenbruch der Sowjetunion hat sich eine Politik der militärischen Interventionen entwickelt, die von den einen als der Anfang einer neuen politischen Weltordnung gefeiert worden ist, während die anderen darin eine neue Form des Kolonialismus oder eines humanitär bemäntelten Imperialismus gesehen haben, die mit aller Entschiedenheit abgelehnt und bekämpft werden müsse. Der bereits in den achtziger Jahren aufgekommene Begriff der *Weltinnenpolitik*, in dem das Ende der alten Formen zwischenstaatlicher Außenpolitik und der damit einhergehenden Kriege zum Ausdruck kommen sollte,[28] wird dementsprechend unterschiedlich ausgedeutet: Für die einen bezeichnet er den vorläufigen Endzustand einer wünschenswerten politischen Ordnung, in der die Menschen- sowie Bürgerrechte prinzipiell gesichert sind und in der massive Verstöße dagegen mit quasi polizeilichen Maßnahmen geahndet werden. Unter dem Eindruck des Nato-Einsatzes im Kosovo hat Jürgen Habermas die humanitäre militärische Intervention als «bloßen Vorgriff auf einen zukünftigen kosmopolitischen Zustand, den sie zugleich befördern will», bezeichnet.[29] Von den Kritikern einer jeden Politik der bewaffneten Intervention, von Noam Chomsky etwa, ist dagegen geltend gemacht worden, der Verweis auf die Menschenrechte sei nichts anderes als ein den USA ausgestellter Blankoscheck, mit dem sie nach Belieben überall militärisch eingreifen könnten, um ihre geostrategischen und ökonomischen Interessen durchzusetzen.[30] Der Münchner Soziologe Ulrich Beck schließlich hat beide Seiten in seiner Analyse miteinander zu verbinden versucht, indem er den Anbruch einer neuen Ära «postnationaler Kriege» konstatierte, in der «die klassischen Unterscheidungen zwischen Krieg und Frieden, zwischen Innen und Außen, Angriff und Verteidigung, Recht und Unrecht, Mörder und Opfer, Zivilgesellschaft und Barbarei» implodiert und die Menschenrechtspolitik zu einer Art Zivilreligion des Westens, vor allem der USA, geworden sei.[31] Beck erwartet deshalb, dass das herkömmliche Völkerrecht, das sich auf die Staaten als die privilegierten Akteure der Politik gestützt hat, allmählich von der «Verfassung einer Weltinnenpolitik» abgelöst werde, die durch «eine neuartige postnationale Politik des *militärischen Humanismus*» gekennzeichnet sei, also «des Einsatzes transnationaler Militärmacht mit dem Ziel, der Beachtung der Menschenrechte über nationale Grenzen hinweg Geltung zu verschaffen». Aber diese nach Habermas erfreuliche Entwicklung überschüttet er sogleich mit dem Essig der Chomskyschen Kritik: «Die gute Nachricht ist die schlechte Nachricht: Die hegemoniale Macht bestimmt, was Recht, was Menschenrecht ist. Und der Krieg wird zur Fortsetzung der *Moral* mit anderen Mitteln. Gerade deswegen wird es umso schwerer, der Eskalationslogik des Krieges einen politischen Riegel vorzuschieben.»[32] Beck prognostiziert darum für das 21. Jahrhundert eine stetig wachsende Anzahl von Pazifizierungs- und Menschenrechtskriegen.

Keiner der drei genannten Autoren hat bei seinen Erwartungen, Warnungen oder Prognosen jedoch einen genaueren Blick auf die Ökonomie des Krieges geworfen und sich gefragt, unter welchen Umständen ein Staat, selbst eine Supermacht, die beträchtlichen Kosten und Risiken einer militärischen Intervention auf sich nehmen wird, deren Erfolg wesentlich anderen zugute käme. Die prinzipiellen Gegner solcher Einsätze machen dagegen geltend, in diesen gehe es nicht darum, den Opfern von Bürgerkrieg und Menschenrechtsverletzungen zu helfen, sondern darum, die Interessen der eingreifenden Staaten durchzusetzen. Für Habermas dagegen steht offensichtlich außer Frage, dass es staatliche wie suprastaatliche Akteure gibt, die fähig und willens sind, das kollektive Gut eines weltweiten Schutzes der Menschenrechte notfalls mit militärischer Gewalt bereitzustellen, ohne davon selbst in besonderer Weise zu profitieren. Dass sie davon profitieren, nimmt wiederum Beck an, wenn er von einer machtpolitischen Hegemonialisierung der Menschenrechtspolitik spricht. Aber keiner der drei rechnet wie gesagt die Kosten und Risiken dagegen, die ein Staat auf sich nimmt, wenn sie sich zur Garantiemacht der Menschenrechte erklärt. Chomskys bittere Kritik an der Außenpolitik der Vereinigten Staaten resultiert letzten Endes aus der Beobachtung, dass die USA weder gegenwärtig noch zukünftig bereit sind, sich zum Instrument einer weltweiten Menschenrechtspolitik machen zu lassen, und sich nur dann auf solche Grundsätze berufen, wenn das mit ihren besonderen Interessen im Einklang steht. Wo dies hingegen nicht der Fall ist, vergessen sie ihre sonst benutzte Menschenrechtsrhetorik. Offenbar liegt das Grundproblem der Debatten, die in den letzten Jahren über Recht und Unrecht militärischer Interventionen geführt worden sind, vor allem darin, dass sie das Problem aus der Sicht des Intervenierenden angehen und dem Gebiet, in das hinein interveniert wird, nur ganz am Rande Beachtung schenken. Statt abstrakter rechts- und moralphilosophischer Erörterungen, imperialismuskritischer Einwände und allgemeiner Thesen über den Wandel der Weltordnung sollten für eine politikwissenschaftliche Analyse jedoch eher die Dynamiken und Eskalationsmechanismen der innergesellschaftlichen und transnationalen Kriege als Ausgangspunkt der Überlegungen dienen.[33]

Führt man sich die Bürgerkriegsdynamiken, insbesondere die drei wichtigsten Charakteristika innergesellschaftlicher

Kriege – den Verlust von Zeit mitsamt der Entwertung der Zukunft, die Marginalisierung von Friedens- und die gleichzeitige Privilegierung von Gewaltkompetenzen sowie die Herausbildung bürgerkriegsverbundener Interessen – vor Augen, wird deutlich, warum solche Kriege nur in den seltensten Fällen durch einen von den Konfliktparteien ausgehandelten und umgesetzten politischen Kompromiss beendet werden. Viel wahrscheinlicher ist, dass sie über Jahre andauern und sich dabei auch nicht infolge eines gesteigerten Ressourcenverbrauchs erschöpfen: Über die Vergabe von Schürf- und Bohrrechten für Bodenschätze und den Handel mit illegalen Gütern sind sie an die Weltwirtschaft angeschlossen und beziehen daraus die für ihre Fortdauer benötigten Ressourcen.[34] Durch diese Verknüpfung mit einer globalisierten Ökonomie bedrohen sie langfristig die Friedensökonomien der benachbarten und sogar weit entfernter Länder. Vor allem deshalb – und weniger aus menschenrechtlichen Erwägungen heraus – entschließen sich andere Staaten, Bündnissysteme oder die Vereinten Nationen zu dem Versuch, dem Krieg mit Hilfe von bewaffneten Interventionen ein Ende zu bereiten: Die Logik dieser Einsätze folgt im Wesentlichen nicht den Imperativen einer Menschenrechtspolitik oder des Weltbürgerrechts,[35] sondern denen eines politisch-ökonomischen Kalküls, bei dem abgeschätzt wird, ob die Kosten, die die Fortdauer eines innergesellschaftlichen Krieges für die übrigen Staaten verursacht, die Kosten einer solchen militärischen Intervention deutlich übersteigen. Neben den Problemen, die aus der Verbindung von Bürgerkriegsakteuren und international organisierter Kriminalität erwachsen, werden in dieser Rechnung ferner die durch innergesellschaftliche und transnationale Kriege erzeugten Flüchtlingsströme berücksichtigt – vor allem natürlich von den Aufnahmeländern, die für die Versorgung der Flüchtlinge aufzukommen haben. Ab einem gewissen Zeitpunkt mögen dann auch menschenrechtliche Argumentationen mit hineinspielen, aber für sich allein dürften sie kaum je den Ausschlag für eine Interventionsentscheidung geben; ausschlaggebend sind vielmehr politisch-ökonomische Belange, wobei es sich – anders als die Theorien des Neokolonialismus und Imperialismus unterstellen – zumeist um defensive, nicht um offensive Interessen handelt: Die am Ende des 20. und zu Beginn des 21. Jahrhunderts erfolgten Interventionen dienten – im Unterschied zum klassischen Kolonialismus und Imperialismus – nicht der Ausdehnung einer Raubökonomie, sondern, ganz im Gegenteil, deren Zurückdrängung und Begrenzung.

Die Bedrohungen, die innergesellschaftliche Kriege sowie Bürgerkriegsökonomien für die Friedensökonomien anderer Länder darstellen, sind vielfältiger Art. Da ist zunächst, *erstens*, das Übergreifen des Krieges auf die Nachbarländer, was gerade in den neuen, nicht an den Grenzziehungen der klassischen Staatenwelt orientierten Kriegen[36] mit einer gewissen Regelmäßigkeit geschieht. Zeitweilig in Bedrängnis geratene Parteien und Gruppierungen entziehen sich einem übermächtigen militärischem Druck, indem sie auf das Territorium eines Nachbarstaates ausweichen oder dort jedenfalls dauerhafte Rückzugs- und Versorgungsbasen errichten. Aus einem innergesellschaftlichen wird so ein transnationaler Krieg, der immer weitere Kreise zieht und immer mehr Länder in den Konflikt hineinreißt. Dadurch wird es zunehmend schwerer, die Konfliktparteien zu politischen Verhandlungen zu versammeln, um sie in einen Friedensprozess einzubinden. Auch die Chancen, durch eine militärische Intervention von außen den Krieg zu beenden, schwinden in dem Maße, wie dieser sich transnationalisiert. Folglich liegt es nahe, eine solche Eskalationsspirale möglichst frühzeitig und gegebenenfalls auch mit den Mitteln einer militärischen Intervention anzuhalten, also einzugreifen, solange die Risiken und die voraussichtliche Dauer einer solchen Aktion noch einigermaßen überschaubar sind.

Ein weiteres, *zweites*, Bedrohungsmoment, das von Bürgerkriegsökonomien ausgeht, ist deren Verbindung mit der international organisierten Kriminalität. Durch die illegalen Güter, mit denen die Kriegsakteure handeln, und die Wege, auf denen sie die Embargos der internationalen Gemeinschaft umgehen, entwickelt und verfestigt sich diese Verbindung, über die die Bürgerkriegsökonomien in die Friedensökonomien der Nachbarländer eindringen. Je stärker und länger ein solcher Einfluss erfolgt, desto größer werden die daraus für die Stabilität und Funktionsfähigkeit der Friedensökonomien entstehenden Probleme; der Anteil der kriminellen Ökonomie an der Friedensökonomie etwa steigt sprunghaft an, und die internationale Kriminalität lässt sich schwerer bekämpfen, denn sie verfügt nun über Rückzugsmöglichkeiten – in den von Warlords, lokalen Milizen oder Guerillagruppen kontrollierten Gegenden ist Interpol machtlos. Entsprechendes gilt im Übrigen für den internationalen Terrorismus, dessen Ausbildungslager und Rückzugsgebiete vorzugsweise dort liegen, wo im Verlauf eines innergesellschaftlichen Krieges die staatlichen Strukturen zusammengebrochen sind. Dass solche Regionen selbst dann, wenn sie geostrategisch und wirtschaftlich ohne größere Bedeutung sind, zum Ziel militärischer Interventionen werden, widerlegt nicht nur die Behauptung, die Interventionspolitik der letzten Jahre sei imperialistisch; es zeigt auch, dass es in einer globalisierten Welt keine Regionen mehr gibt, in denen die staatlichen Strukturen völlig zusammenbrechen können, ohne dass dies schwer wiegende Folgen für die weltpolitische wie weltwirtschaftliche Ordnung hätte.

Die Bedeutung dieser Gebiete für den Drogenanbau ebenso wie für die Rekrutierung und Ausbildung von Terrorkommandos[37] legt hier selbst bei sorgsamer Kosten-Nutzen-Abwägung militärische Interventionen oder massive Militärhilfen für eine vom Zusammenbruch bedrohte Staatsmacht nahe. Dass solche Maßnahmen sich keineswegs nur nach den Standards einer Politik der Menschenrechte richten, dürfte außer Frage stehen. Die immer wieder beklagten Doppelstandards insbesondere der US-amerikanischen Außen- und Militärpolitik, das Geltendmachen menschenrechtlicher Prinzipien im einen und deren völlige Hintansetzung im anderen Fall,[38] hat ihre Ursachen vor allem darin, dass hier ökonomische und politische Überlegungen im Vordergrund stehen, die mit den Vorgaben einer Menschenrechtspolitik häufig nicht zur Deckung zu bringen sind.

Schließlich kann bei der Entscheidung zugunsten einer militärischen Intervention noch, *drittens*, das Interesse, bestimmte Lernprozesse zu verhindern, leitend sein. Das trifft insbesondere dann zu, wenn sich eine Macht in einer politisch instabilen Region erhebliche Vorteile gegenüber ihren Nachbarn verschafft, indem sie ganze Bevölkerungsgruppen vertreibt, Spannungen und Konflikte exportiert und den eigenen Staat auf ethnisch homogener Grundlage reorganisiert. Gelingt es ihr, sich mit einer solchen Politik der «ethnischen Säuberung» durchzusetzen, ohne dass sie auf den massiven Widerstand der Staatengemeinschaft stößt, kann das die machtorientierten Politiker der Region dazu ermuntern, bei nächster Gelegenheit ebenfalls die «ethnische Karte» zu spielen, um sich die Unterstützung und Folgebereitschaft der begünstigten Bevölkerungsgruppe zu verschaffen. Anschließend greift eine solche Politik dann in Windeseile um sich und destabilisiert die gesamte Region. Ein innergesellschaftlicher Konflikt weitet sich so innerhalb kürzester

Zeit zu einem transnationalen Krieg aus, der nicht mehr einzugrenzen und zu kontrollieren ist. Diese Entwicklung schon im Ansatz zu bekämpfen, ist ein guter Grund für benachbarte Staaten oder ein die Stabilität der Region garantierendes Bündnissystem, rasch und entschlossen gegen eine derartige Politik der «ethnischen Säuberung» vorzugehen. Die Entscheidung der Nato, im Kosovo – anders als in Bosnien, wo man lange gezögert hatte – frühzeitig und massiv einzugreifen, war zunächst und vor allem der Versuch, das «Spielen der ethnischen Karte» mit einem prinzipiellen Verbot zu belegen. Sicherlich sind bei der Entscheidung auch menschenrechtliche Argumentationen relevant gewesen – nicht zuletzt für die innergesellschaftlichen Debatten in den Interventionsstaaten, wo sie dazu dienten, das völkerrechtliche Nichteinmischungsgebot zu relativieren –,[39] aber den Ausschlag dürften sie nicht gegeben haben.

In diesem Zusammenhang sollte der wachsende Einfluss der Medien auf die politischen Entscheidungsabläufe nicht unterschätzt werden: So, wie die mediale Präsentation von Verlusten innerhalb der Eingreiftruppe oder von «Kollateralschäden» dazu führt, dass die Unterstützungsbereitschaft der Bevölkerung für die Maßnahmen schwindet und in eine Ablehnung der Intervention umschlagen kann, so sorgen entsprechende Berichte von massiven Menschenrechtsverletzungen, von Massakern, vergewaltigten Frauen, umherirrenden Kindern und so weiter dafür, dass die Gesellschaft in den Interventionsländern bereit ist, die Kosten und Risiken eines Militäreinsatzes zu tragen. Der Kampf um die «richtigen» Bilder ist also immer auch ein Kampf um die Unterstützung oder Ablehnung der Bevölkerung für eine Politik der Intervention. Dass unter diesen Umständen den jeweils verbreiteten Bildern und Nachrichten zu misstrauen ist und dass sie keineswegs immer eine angemessene Berichterstattung über die wirkliche Lage vor Ort darstellen, ist nicht verwunderlich.[40] Allerdings hat sich eine solche in Kriegszeiten geübte Politik des Täuschens und Lügens nach Art und Umfang gegenüber der Zeit der klassischen Staatenkriege vielleicht nicht einmal grundsätzlich verändert – so genannte Gräuelpropaganda hat es ebenso wie die Unterdrückung von Berichten über Gräueltaten immer schon gegeben. Was sich jedoch geändert hat, ist die Bedeutung, die dieser Politik des Täuschens und Lügens heute zukommt: In Form einer medialen Beeinflussung der Bevölkerung wirkt sie auch auf grundlegende politische Beschlüsse ein; die Entscheidung über Intervention oder Nichtintervention wird inzwischen durch das Fernsehen vorbereitet. Hier werden freilich keine menschenrechtlichen *Argumentationen* im strikten Sinne präsentiert, sondern es werden Abscheu und Mitgefühl, also starke emotionale Beweggründe, mobilisiert, die den Einfluss der sonst vorherrschenden Orientierung an Kosten-Nutzen-Kalkülen zeitweilig zu reduzieren vermögen.

Den oben aufgeführten drei Gründen, in Krisen- und Kriegsgebiete frühzeitig und entschieden zu intervenieren, um die drohende Entwicklung eines weiteren neuen Krieges im Ansatz zu unterbinden, steht eine für die Übernahme militärischer Kosten und Risiken ausgesprochen empfindliche Mentalität westlicher Gesellschaften gegenüber. Diese bevorzugen zunächst eine Politik des Zuwartens und Beobachtens, in der Hoffnung, dass die politischen und finanziellen Belastungen, die durch einen sich abzeichnenden innergesellschaftlichen Krieg (in Form von Flüchtlingsströmen, eines Anwachsens der informellen und kriminellen Ökonomie sowie der Nachahmung bestimmter Strategien in anderen Ländern) auf sie zukommen, geringer sein werden als die Kosten und Risiken, die mit einer militärischen Intervention verbunden wären. Schon die postheroische Mentalität eines

Großteils der Bevölkerung in den westlichen Demokratien[41] garantiert, dass eine Politik humanitärer militärischer Interventionen nicht in eine imperiale Expansion umschlägt, wie sie für die Geschichte des 18. und 19. sowie des frühen 20. Jahrhunderts charakteristisch ist. Lassen sich neoimperiale Praktiken in weltpolitischem Maßstab ausmachen, so viel eher in den Formen der Kreditvergabe, dem Engagement oder Nichtengagement internationaler Konzerne und schließlich der Entsendung so genannter Militärberater, weniger in einer Politik militärischer Interventionen zur Beendigung innergesellschaftlicher Kriege.

Strategien militärischer Risikominimierung und deren politische Kosten

Warum eigentlich müssen es immer wieder die Truppen westlicher Staaten sein, auf die bei militärischen Interventionen vorwiegend zurückgegriffen wird? Warum werden diese prinzipiell teuren Einheiten nicht durch die erheblich billigeren, mit den klimatischen und geographischen Gegebenheiten besser vertrauten und daher wahrscheinlich für Verluste weniger anfälligen Streitkräfte der direkten Anrainerstaaten eines Kriegsgebiets ersetzt? Man kann die Frage auch etwas provokanter formulieren: Warum kommt die sonst übliche Strategie, die Herstellungskosten eines Gutes durch den Einsatz billiger Arbeitskräfte zu senken, indem man sie entweder ins Land holt oder die Produktion in Billiglohnländer verlagert, hier nicht oder jedenfalls kaum zur Anwendung? Natürlich haben im Rahmen von UNO-Einsätzen stets auch Dritte-Welt-Staaten größere Kontingente gestellt – namentlich Indien und Pakistan sind hier zu nennen, die auf eine eigene, später britisch überformte Militärtradition zurückblicken können. Das Grundproblem besteht jedoch darin, dass gerade die zur Befriedung innergesellschaftlicher Kriege eingesetzten Streitkräfte in besonderem Maße diszipliniert und korruptionsresistent sein müssen. Ansonsten werden sie innerhalb kurzer Zeit selbst zu einem Bestandteil des Bürgerkriegs und erliegen den Suggestionen und Angeboten der sich entwickelnden Kriegsökonomien. Der Einsatz nigerianischer Truppen im Bürgerkrieg von Sierra Leone ist sicherlich ein besonders drastisches Beispiel für den Fehlschlag einer in diesem Falle sogar mit UN-Mandat versehenen Militärintervention. Den mit finanziellen Mitteln offenbar gut ausgestatteten Bürgerkriegsparteien gelang es innerhalb kurzer Zeit, die angelandeten Truppen zu korrumpieren und ihnen Waffen und Munition abzukaufen. Nicht viel besser scheint es um die russische Armee in Tschetschenien bestellt zu sein, wiewohl es sich hier nicht um einen zur Befriedung eines Gebiets entsandten Dritten, sondern um eine der Kriegsparteien handelt: Von den einfachen Soldaten bis zur Spitze ihrer Offiziere hat sie sich als korrumpierbar erwiesen,[42] und das dürfte die wichtigste Erklärung dafür sein, warum es ihr trotz erdrückender Übermacht innerhalb eines räumlich begrenzten Gebietes bislang nicht gelungen ist, den Krieg erfolgreich zu beenden.

So stehen sich zu Beginn des 21. Jahrhunderts eine schnell wachsende Anzahl von Krisengebieten und eine eng begrenzte Menge interventions*fähiger*, aufgrund ihrer spezifischen Interessenlage sowie ihrer politischen Verfassung jedoch nur selten interventions*bereiter* Mächte gegenüber: Die Notwendigkeit, neue innergesellschaftliche Kriege durch die Entsendung auswärtiger Streitkräfte im Ansatz zu ersticken, hat ständig zugenommen, während die Möglichkeit hierzu eher zurückgegangen ist[43] – ein weiterer Grund dafür, dass sich die neuen Kriege in den letzten Jahren ungehindert ausgebreitet haben und dass sich dies in nächster Zukunft schwerlich ändern wird.

Aus Sicht der OECD-Staaten sind solche militärischen Interventionen am ehesten als ein Export politischer Stabilitätsbedingungen, als Bereitstellung der Grundvoraussetzungen von Staatlichkeit zu begreifen. Politische Stabilität jedoch ist ein kollektives Gut, das unmittelbar den von innergesellschaftlichen Kriegen bedrohten oder bereits zerstörten Gesellschaften zugute kommt, mittel- und langfristig aber auch allen anderen Staaten. Die von Habermas und Beck entwickelte Vorstellung eines anbrechenden Zeitalters globaler Menschenrechtspolitik, in dem größere Menschenrechtsverstöße durch Interventionen geahndet werden, ist schon deshalb unrealistisch, weil über die Kostenverteilung einer solchen Politik keinerlei Konsens besteht; selbst wenn die OECD-Staaten bereit wären, diese Kosten zu übernehmen, besäßen sie wahrscheinlich trotz ihres Reichtums nicht die hierfür erforderlichen Mittel. Neue Kriege zu entfachen ist schließlich ausgesprochen billig[44] – zumal wenn sie mit den Methoden des internationalen Terrorismus geführt werden –, während Interventionen im Sinne eines Exports politischer und in gewissem Maße wohl auch wirtschaftlicher Stabilität teuer sind und umso teurer werden, je länger sie dauern müssen, um erfolgreich zu sein. Mit den Militäreinsätzen auf dem Balkan, am Horn von Afrika und in Afghanistan ist Deutschland beispielsweise schon an die Grenzen seiner Möglichkeiten gestoßen, und dabei trägt es die Belastungen dieser Aktionen keineswegs allein. Kurz: Die nach 1989/90 zeitweilig gehegte Erwartung einer neuen, friedlichen Weltordnung ist längst an deren enormen Kosten gescheitert. Nachdem klar geworden ist, wie hoch sie tatsächlich sind und wie wenige Staaten sich deren Übernahme teilen können und wollen, dürfte die Bereitschaft zu kriegsbeendenden, friedensschaffenden Interventionen, die im zurückliegenden Jahrzehnt zeitweilig angewachsen ist, wieder deutlich nachlassen.

Noch gravierender jedoch als die mit einer Intervention verbundenen finanziellen Belastungen sind für die westlichen Demokratien die damit einhergehenden politischen und militärischen Risiken: Jede an einem solchen Einsatz beteiligte Regierung muss damit rechnen, dass es zu größeren Verlusten kommt, und mit jeder Nachricht über Tote und Verwundete schwindet die zeitweilige Unterstützung durch die Bevölkerung dahin. Um dieses Risiko zu vermindern, beschränken sich militärische Interventionen, wenn mit einem größeren Widerstand zu rechnen ist, zunächst auf den Einsatz der Luftwaffe sowie von seegestützten Marschflugkörpern. Anders als bei der Entsendung von Bodentruppen kann so die waffentechnische Überlegenheit westlicher Streitkräfte voll zur Geltung kommen. Dabei verändert die Verwendung von Präzisionslenkwaffen, auf die sich solche Einsätze stützen, das Wesen der Kriegführung selbst, insofern durch sie die Einheit von Töten und Sterben, wie sie im klassischen Typus des Soldaten verkörpert war, aufgehoben worden ist. Diese Waffen stellen eine Ungleichverteilung von Töten und Sterben her, die noch deutlich über die der Schlacht von Omdurman hinausgeht. Der Pilot eines Kampfbombers oder die Besatzung eines Kriegsschiffs, von dem aus Tomahawk-Raketen abgefeuert werden, befinden sich außerhalb der Reichweite gegnerischer Waffen. Der Krieg hat hier alle Charakteristika der klassischen Duellsituation verloren und sich, zynisch gesagt, gewissen Formen von Schädlingsbekämpfung angenähert. Insofern läuft der Einsatz solcher Waffensysteme stets Gefahr, den Gefechtseinsatz in ein Massaker zu verwandeln, und die schmale Linie, die beides voneinander trennt, wird zuletzt wohl nur

B-52-Bomber im Einsatz
Der strategische Bombenkrieg ist bei reichen und demokratisch verfassten Staaten inzwischen die am stärksten verbreitete Form der Kriegführung; er zielt darauf, bei weitgehender Vermeidung eigener Verluste den Gegner durch die Zufügung erheblicher Schäden zur Aufgabe seines politischen Willens zu zwingen.

durch die Genauigkeit der Treffer und die Kontrolle der Ziele durch Völkerrechtsoffiziere sichergestellt.[45] Das klassische Soldatenethos, welches das Umschlagen von Kampfhandlungen in Massaker über lange Zeit am zuverlässigsten verhindert haben dürfte, ist durch eine Kombination aus technischer Präzision und juristischer Kontrolle abgelöst worden.

Doch das Sichtbarwerden dieses Ungleichgewichts in den Medien lässt die Intervention häufig moralisch zweifelhaft erscheinen, was zur Folge hat, dass sich die politische Unterstützung und die Parteinahmen verändern. Luftangriffe dürfen inzwischen einen relativ eng begrenzten Zeitraum nicht überschreiten, und wenn sie es doch tun, kann das Interventionsprojekt schnell in politischen Misskredit geraten: Die ersten Stimmen einflussreicher Politiker werden laut, die das Ende der Bombenangriffe fordern, die Zahl der Demonstranten, die für den Frieden eintreten, vergrößert sich und so weiter. Der Minderung militärischer Risiken stehen sehr bald beachtliche politische Kosten gegenüber. Und diese Kosten steigern sich, wenn es bei den Luftangriffen zu einer größeren Anzahl von Opfern unter der Zivilbevölkerung kommt. Zudem kann man davon ausgehen, dass die angegriffene Seite versucht, Bilder von bei Bombardements getöteten Zivilisten – ob nun authentische oder gefälschte – in Umlauf zu bringen, um den militärischen Druck, dem sie selbst ausgesetzt ist, durch politischen Druck auf die Gegenseite auszugleichen.

Es sind jedoch keineswegs nur die Bilder fehlgegangener Bombentreffer, welche die Wirksamkeit einer wesentlich auf Luftangriffe abstellenden Intervention gefährden; häufig ist gar nicht klar, wogegen die Bomben und Raketen gerichtet werden sollen: Wo es Wasser- und Elektrizitätswerke, Fernsehsender und eine funktionierende Infrastruktur gibt, sind auch entsprechende Ziele vorhanden, die angegriffen und zerstört werden können. Liegt ein Land aber nach einem sich über Jahre hinziehenden innergesellschaftlichen Krieg bereits in Trümmern, gibt es für Luftangriffe nur noch wenige mögliche Ziele. In der Regel lässt sich mit deren Zerstörung kein großer politischer Druck mehr ausüben, und die angegriffene Seite kann mit einer gewissen Gelassenheit darauf warten, dass die Bombardements von selbst eingestellt werden – spätestens dann, wenn allgemein bekannt geworden ist, dass der Materialwert der eingesetzten Bomben und Raketen den Wert der zerstörten Ziele um ein Vielfaches übertrifft. Der Versuch, die politisch-militärischen Risiken durch Luftangriffe und Präzisionslenkwaffen möglichst gering zu halten, macht einmal mehr die Asymmetrie der neuen Kriege deutlich: Während deren Akteure von den Möglichkeiten einer Verbilligung der Kriegführung profitieren, befinden sich die Interventionsmächte weiter auf dem Weg der Verteuerung, wie er von der Geschichte der klassischen Staatenkriege gewiesen wurde. Es ist wahrscheinlich, dass diese Entwicklung irgendwann an einen Punkt führen wird, an dem die Strategie der Luftschläge nicht mehr angewendet werden kann.

Die Alternative zu einer auf High-tech-Waffen gestützten Interventionsstrategie besteht im zunehmenden Einsatz von Söldnern, bei denen militärische Verluste politisch weniger ins Gewicht fallen. Unter Söldnern sind dabei alle diejenigen zu verstehen, die nicht qua Staatsbürgerschaft der Wahlbevölkerung des militärisch intervenierenden Landes angehören. Der Söldner ist also dadurch definiert, dass er in einer auf politische Responsivität hin angelegten Verfassungsordnung nicht artikulationsfähig ist. Die Bereitstellung seiner Arbeitskraft, die gegebenenfalls den Verlust der körperlichen Unversehrtheit und des eigenen Lebens einschließt, wird allein mit Sold abgegolten und schließt keinerlei politische Bindung ein. Was in der Geschichte des politischen Denkens immer wieder als das entscheidende Manko von Söldnern geltend gemacht worden ist, die fehlende politische Bindung an den Auftraggeber, entpuppt sich unter den modernen Bedingungen postheroischer Gesellschaften mit einem hohen Maß an politischer Responsivität plötzlich als deren Vorzug: Söldner haben – im Unterschied zu den aus der eigenen Wahlbevölkerung stammenden Berufssoldaten und Wehrpflichtigen – keine Möglichkeit, sich bei riskanten und verlustreichen Einsätzen politisches Gehör zu verschaffen.

Bereitstellung und Einsatz von Söldnern können zwei unterschiedlichen Formen von Bindung und Verpflichtung folgen: Entweder bilden sie reguläre Truppen innerhalb der eigenen Armee, die jedoch nicht aus «Landeskindern» zusammengesetzt sind – dies gilt etwa für die französische Fremdenlegion oder die britischen Gurkha-Einheiten –, oder sie bieten als «freie» Söldner auf dem weltweit vernetzten Arbeitsmarkt ihre Dienste an, die nicht nur von Privatleuten oder großen Firmen, sondern eben auch von den Regierungen westlicher Demokratien in Anspruch genommen werden. Auch wenn gerade Letzteres politisch wie moralisch überaus fragwürdig ist, so handelt es sich doch zweifellos um die effektivste Form der Risikominimierung und Kostensenkung. Es gibt eine Fülle von Hinweisen darauf, dass sich inzwischen eine Reihe westlicher Regierungen, insbesondere die USA, bei kleineren und verdeckten Interventionen dieses Mittels bedient haben. Eine ganz andere Frage ist dagegen, ob die Soldaten, aus denen solche Truppen bestehen, für den Einsatz im Rahmen kriegsbeendender und friedensschaffender Interventionen tatsächlich am besten geeignet sind. Gerade «freie» Söldner dürften kaum über die notwendige Disziplin und Korruptionsresistenz verfügen, die eine unabdingbare Voraussetzung für den Erfolg solcher Interventionen ist. Dass sie allerdings die beschriebenen politischen Probleme des Entsendelandes zumindest auf kurze Sicht lösen können, ist wohl unbestreitbar. Außerdem wird durch die verstärkte Verwendung von Söldnern jene Spur verlassen, die auf eine kontinuierliche Verteuerung des Krieges hinausgelaufen ist: Neben den politischen Risiken sinken auch die finanziellen Belastungen für die Bereitstellung und den Einsatz von Truppen. Und obendrein kommt die Anwerbung von Söldnern der Freikaufmentalität postheroischer Gesellschaften am stärksten entgegen. Politisch freilich hätte ein Umsichgreifen dieser Entwicklung verheerende Konsequenzen, denn die bewaffnete Macht unterläge dann nur noch schwach, nämlich allein gebunden an das Beschäftigungsverhältnis, der politischen Kontrolle der Staaten. Die beschriebene Privatisierung des Krieges würde dann nicht bloß von den Kriegsgebieten und Elendsregionen vorangetrieben, sondern ebenso aus den Wohlstands- und Machtzentren. Ein derart privatisierter Krieg würde sich sehr schnell verselbständigen und ein den Marktgesetzen folgendes verhängnisvolles Eigenleben führen.

Sicherheitspolitische Herausforderungen

Aufgrund der beschriebenen Entwicklungen hat sich das Aufgabenfeld der Sicherheitspolitik in den letzten zehn, fünfzehn Jahren also dramatisch verändert: Es ist unübersichtlicher und komplexer geworden, vor allem aber ist es durch die Ablösung sicherheitspolitischer Symmetrien und die Herausforderung durch Asymmetrien gekennzeichnet. Nicht nur der zwischenstaatliche Krieg machte wegen der Symmetrie der Kontrahenten komplexe Konstellationen übersichtlich und mit militärischen Mitteln entscheidbar: Die gesamte politische Ordnung der Staatenwelt war durch das Prinzip der Souveränität auf Symmetrie programmiert. Das hat sich mit der Rückkehr halbstaatlicher, privater, teilweise kommerzieller Kriegsakteure geändert, und diese Rückkehr ist dadurch beschleunigt worden, dass sich eine politische Weltordnung herausgebildet hat, in der nicht Symmetrien, sondern Asymmetrien dominant sind. Es war eine Illusion zu meinen, mit dem Ende der symmetrischen Kriege sei auch das Zeitalter der Kriege zu Ende gegangen. Sie sind durch asymmetrische Kriege abgelöst worden, und diese werden die Geschichte des 21. Jahrhunderts bestimmen.

Der zwischenstaatliche Krieg ist heute ein historisches Auslaufmodell, und womöglich sind dies auch die daran gebundenen, weil wesentlich an Staaten adressierten Normen des heutigen Völkerrechts. Während die Europäer im Augenblick noch versuchen, das bestehende Völkerrecht weiterzuentwickeln und es den veränderten weltpolitischen Konstellationen anzupassen, haben die Amerikaner damit begonnen, sich schrittweise davon zu verabschieden. Dass die USA sich weigern, eine Kriegsverbrechen ahndende internationale Gerichtsbarkeit anzuerkennen, ist ein Indiz dafür, und auch die Tatsache, dass amerikanische Intellektuelle unterschiedlicher politischer Provenienz die Idee des gerechten Krieges propagieren, deutet darauf hin. Den europäischen Weg kann man als den Versuch verstehen, die unverzichtbaren Minimalvoraussetzungen symmetrischer Politik wiederherzustellen, während der amerikanische selbst auf die Spur der Asymmetrisierung eingeschwenkt ist. Welcher dieser Wege der richtige ist, wird wesentlich davon abhängen, ob es durch einen auf Militärintervention und Wirtschaftshilfe gestützten Export von Stabilität gelingt, in

Ländern, in denen sich die staatlichen Strukturen aufgelöst haben, Minimalbedingungen von Symmetrie zu etablieren, also die Auszahlung einer gewissen Prämie auf staatliche Ordnung zu garantieren.

Territorial gebundene Staatlichkeit hat, wie schwach sie auch immer sein mag, den Effekt, dass die Verletzung zwischenstaatlicher Regeln und internationalen Rechts sanktionierbar ist. Netzwerkorganisationen wie Al Qaida jedoch sind mit den üblichen Sanktionen nicht zu treffen, und selbst Militärschläge der herkömmlichen Art können, wie sich in Afghanistan gezeigt hat, das Netzwerk nicht völlig zerreißen und seine Funktionsfähigkeit nicht nachhaltig beeinträchtigen. Die Strategie der Europäer im Kampf gegen den internationalen Terrorismus besteht darin, durch die Wiederherstellung von Staatlichkeit, die in innergesellschaftlichen wie transnationalen Kriegen zerfallen ist, die Verwurzelungsmöglichkeiten für terroristische Netzwerke systematisch zu minimieren und auf diese Weise die Existenz- und Operationsbedingungen von Terroristen zu beschränken. Die Amerikaner setzen dagegen offenbar auf einen lange dauernden, womöglich permanenten Krieg gegen terroristische Organisationen, die sie nach dem Prinzip des Zuschlagens und Verschwindens beständig attackieren, um deren offensive Fähigkeiten immer wieder einzuschränken. Ob ein solcher Krieg sich gewinnen, das heißt erfolgreich beenden lässt, ist mehr als zweifelhaft. Es wäre ein Krieg an einer neuen «imperialen Barbarengrenze»,[46] der immer wieder aufflackern würde.

Dass der europäische Weg, durch die Wiederherstellung von Staatlichkeit dem internationalen Terrorismus das Wasser abzugraben, den Amerikanern nicht Erfolg versprechend zu sein scheint, bringen sie am deutlichsten im Gebrauch des Begriffs «Schurkenstaaten» zum Ausdruck. Damit meinen sie die Staaten, denen sie vorwerfen, den internationalen Terrorismus verdeckt zu unterstützen, um auf diese Weise – da sie einen symmetrischen militärischen Konflikt zu führen nicht in der Lage sind oder einen solchen, wie der Irak, gerade erst verloren haben – ihrem politischen Willen doch noch gewaltsam Geltung zu verschaffen. Schurkenstaaten sind, nimmt man den Begriff ernst, Staaten, die heimtückisch mit den Mitteln asymmetrischer Kriegführung agieren. Sie kassieren zweimal ab, weil sie die Prämien auf Symmetrie und Asymmetrie gleichzeitig einstreichen wollen. Falls die USA den eingeschlagenen Kurs weiterverfolgen, werden sie den Irak, den sie 1991 noch mit Blick auf die regional stabilisierenden Effekte seiner staatlichen Existenz fortbestehen ließen, wohl angreifen. Das würde dem jetzigen Völkerrecht den Todesstoß versetzen. Ein anderes Völkerrecht dürfte dann an seine Stelle treten. Und das wäre keines zwischen prinzipiell Gleichen, sondern, wie die Rückkehr der Vorstellung von gerechtem Krieg zeigt, zutiefst asymmetrisch. Auch das Konzept des Dschihad, des Heiligen Krieges, ist asymmetrisch. Es handelt sich um die Ideologie blockierter Staatlichkeit. Misslingt die Auflösung dieser Blockade, werden Asymmetrien zur weltpolitischen Signatur.

Damit aber gerieten die Staaten – was ihre Befriedungsstrategien anbelangt – in einen Teufelskreis. Denn Asymmetrien führen in militärstrategischer, politisch-konzeptioneller und schließlich auch völkerrechtlich-legitimatorischer Hinsicht leicht zu Sicherheitsillusionen und Allmachtsphantasien bei den Überlegenen. Dadurch beeinträchtigen sie deren Vermögen, aus Entwicklungen zu lernen und sich auf neue Gegebenheiten einzustellen, während sie bei den Unterlegenen zwangsläufig eine Form von Kreativität provozieren, die auf der permanenten Veränderung des möglichen Gewalteinsatzes im politischen Feld beruht. Bei symmetrischen Konfliktkonstellationen, und das ist wohl die wichtigste Ursache der über sie erzeugten Stabilitäten, sind die Chancen von Lernen und Lernverweigerung tendenziell gleichmäßig verteilt; asymmetrische Konstellationen hingegen bringen Ungleichheiten bei Lernvermögen und Lernblockaden mit sich. Das lässt erwarten, dass wir in ausgesprochen unruhige und bewegte Zeiten hineingehen.

Anmerkungen

Anmerkungen zur Einleitung

1 Vgl. hierzu Mary Kaldor, *Neue und alte Kriege. Organisierte Gewalt im Zeitalter der Globalisierung*, Frankfurt am Main 2000.

2 Eine engagierte Stellungnahme, auf den Begriff des Krieges zumindest als wissenschaftlichen Terminus zu verzichten, findet sich bei Andreas Osiander, «Plädoyer für die Abschaffung des ‹Krieges›»; in: *Initial* 6/1995, S. 23–36.

3 Vgl. Herfried Münkler, «Sind wir im Krieg? Über Terrorismus, Partisanen und die neuen Formen des Krieges»; in: *Politische Vierteljahresschrift*, 49. Jg., 2001, Heft 4, S. 581–589.

Anmerkungen zu Kapitel 1

1 Einen ebenso zuverlässigen wie informativen Überblick bieten die regelmäßig von der Hamburger Arbeitsgemeinschaft Kriegsursachenforschung (AKUF) herausgegebenen Bände über das Kriegsgeschehen eines Jahres; vgl. zuletzt *Das Kriegsgeschehen 1999. Daten und Tendenzen der Kriege und bewaffneten Konflikte*, hrsg. von Thomas Rabehl, Opladen 2000, sowie *Das Kriegsgeschehen 2000. Daten und Tendenzen der Kriege und bewaffneten Konflikte*, hrsg. von Thomas Rabehl und Wolfgang Schreiber, Opladen 2001.

2 Vgl. dazu Herfried Münkler, «Afghanistan: Legitimität der Tradition und Rationalität der Modernisierung»; in: *aus politik und zeitgeschichte*, Heft 21/1982, S. 32–44, sowie Martin Baraki, «Die Talibanisierung Afghanistans»; in: *Blätter für deutsche und internationale Politik*, 11/01, S. 1342–1352.

3 Dazu Ahmed Rashid, *Taliban. Afghanistans Gotteskrieger und der Dschihad*, München 2001, S. 303 f., sowie ders., *Heiliger Krieg am Hindukusch. Der Kampf um Macht und Glauben in Zentralasien*, München 2002, S. 262 ff.

4 Vgl. dazu Klaus Schlichte/Boris Wilke, «Der Staat und einige seiner Zeitgenossen. Die Zukunft des Regierens in der ‹Dritten Welt›»; in: *Zeitschrift für Internationale Beziehungen*, 7. Jg., 2000, Heft 2, S. 359–384, insbes. S. 364ff.

5 Diese These ist unter anderem von Klaus Jürgen Gantzel in die Debatte über die Kriege nach dem Ende des Ost-West-Konflikts eingeführt worden; vgl. Gantzel, «Kriegsursachen – Tendenzen und Perspektiven»; in: *Ethik und Sozialwissenschaften. Streitforum für Erwägungskultur*, 8. Jg., 1997, Heft 3, S. 257–266, insbes. S. 264. Unter dem unmittelbaren Eindruck der Kriege in Ex-Jugoslawien hat auch Johannes Burkhardt, frühere Arbeiten zusammenfassend, den Dreißigjährigen Krieg in diesem Sinne als Staatsbildungskrieg beschrieben; vgl. Burkhardt, «Der Dreißigjährige Krieg als frühmoderner Staatsbildungskrieg»; in: *Geschichte in Wissenschaft und Unterricht*, 45. Jg., 1984, S. 487–499.

6 Ryszard Kapuściński, *Afrikanisches Fieber*, Frankfurt am Main 1999, S. 220f.

7 Dazu Wolfgang Reinhard, *Geschichte der Staatsgewalt*, München 1999, S. 509ff.; erheblich schärfer im Urteil hinsichtlich der Erosion staatlicher Fähigkeiten Martin van Creveld, *Aufstieg und Untergang des Staates*, München 1999, S. 373ff.

8 Edward N. Luttwak, «Give War a Chance»; in: *Foreign Affairs*, Bd. 78, 1999, Nr. 4, S. 36–44.

9 Die verheerenden Folgen einer solchen Embargopolitik hat David Rieff am Beispiel des Bosnienkrieges beschrieben; speziell zur Politik des Embargos und dem dahinterstehenden Kalkül vgl. Rieff, *Schlachthaus. Bosnien und das Versagen des Westens*, München 1995, S. 36ff.

10 Vgl. die entsprechenden Zahlen bei Wolfgang Schreiber, «Die Kriege in der zweiten Hälfte des 20. Jahrhunderts und danach»; in: *Das Kriegsgeschehen 2000* (wie Anm. 1), S. 16f.

11 Carl von Clausewitz, *Vom Kriege*, 19. Aufl., hrsg. von Werner Hahlweg, Bonn 1980, S. 453 und 461.

12 Wenn die Entscheidung des Krieges in der Hauptschlacht gesucht wurde, heißt dies freilich nicht, dass sie dort auch gefunden wurde. Entweder wich der Gegner aus, weil er erst zu einem späteren Zeitpunkt und an anderer Stelle die entscheidende Auseinandersetzung führen wollte, oder die Schlacht brachte keine Entscheidung, insofern keine der beiden Seiten danach als eindeutiger Sieger dastand, oder aber der Sieger war zu erschöpft, um seinen Sieg ausnutzen zu können. Das ändert jedoch nichts daran, dass die meisten europäischen Staatenkriege durch eine große Schlacht entschieden worden sind. Insofern ist für sie – in der Regel aber nur für sie – eine Kriegsgeschichte, die sich im Wesentlichen auf Schlachtengeschichte reduziert, angemessen; vgl. Stig Förster,

Markus Pöhlmann, Dierk Walter (Hrsg.), *Schlachten der Weltgeschichte*, München 2001.

13 Dazu Peter M. Kuhfus, «Die Anfänge der Volkskriegsdoktrin in China»; in: Gerhard Schulz (Hrsg.), *Partisanen und Volkskrieg. Zur Revolutionierung des Krieges im 20. Jahrhundert*, Göttingen 1985, S. 57–91, insbes. S. 64 ff. General Giap hat in den beiden Vietnamkriegen, zunächst dem gegen Frankreich und anschließend dem gegen Südvietnam und die USA, Maos Drei-Etappen-Doktrin angewandt: von der strategischen Defensive über das strategische Gleichgewicht zur strategischen Offensive – der erste Krieg endete mit der französischen Niederlage von Dien Bien Phu und der zweite mit der Eroberung Saigons durch reguläre nordvietnamesische Truppen.

14 Dazu Martin van Creveld, *Die Zukunft des Krieges*, München 1998, S. 42 ff.

15 Vesna Bojicic, Mary Kaldor und Ivan Vejvoda, *Post-War Reconstruction in the Balkans: A Background Report Prepared for the European Commission*, Sussex European Institute Working Paper Nr. 14.

16 Hugo Grotius, *De iure belli ac pacis*, dt. Text und Einleitung von Walter Schätzel, Tübingen 1950, S. 47.

17 Selbstverständlich beruhen diese Angaben auf Schätzungen und nicht exakten Auszählungen; außerdem spielt dabei das Problem der Definition und Zurechnung eine Rolle. Zu den Zahlen am Beginn des 20. Jahrhunderts vgl. Dan Smith, *The State of War and Peace Atlas*, London 1977; zu den Zahlen für das ausgehende 20. Jahrhundert vgl. Mary Kaldor, *Neue und alte Kriege. Organisierte Gewalt im Zeitalter der Globalisierung*, Frankfurt am Main 2000, S. 160, sowie Klaus Jürgen Gantzel, «Über die Kriege nach dem Zweiten Weltkrieg. Tendenzen, ursächliche Hintergründe, Perspektiven»; in: Bernd Wegner (Hrsg.), *Wie Kriege entstehen. Zum historischen Hintergrund von Staatenkonflikten*, Paderborn u. a. 2000, S. 299–318, insbes. S. 308 ff.

18 Vgl. François Jean/Jean-Christophe Rufin (Hrsg.), *Ökonomie der Bürgerkriege*, Hamburg 1999, sowie Mats Berdal/David M. Malone (Hrsg.), *Greed and Grievance. Economic Agendas in Civil Wars*, Boulder/London 2000.

19 Dazu Philipp Genschel/Klaus Schlichte, «Wenn Kriege chronisch werden: Der Bürgerkrieg»; in: *Leviathan*, 25. Jg., 1997, Heft 4, S. 501–517, insbes. S. 507 f.

20 Die besten Analysen des Massakers als Gewaltpraxis finden sich bei Wolfgang Sofsky, *Traktat über die Gewalt*, Frankfurt am Main 1996, S. 173 ff., sowie ders., *Zeiten des Schreckens. Amok, Terror, Krieg*, Frankfurt am Main 2002, S. 158 ff.

21 Dazu als erster Überblick Gaby Zipfel, «‹Blood, sperm and tears›.

Sexuelle Gewalt in Kriegen»; in: *Mittelweg 36*, 10. Jg., 2001, Heft 5, S. 3–20, sowie Kevin Gerard Neill, «Duty, Honor, Rape: Sexual Assault Against Woman During War»; in: *Journal of International Woman's Studies*, Bd. 2, 2001, Heft 1.

22 Hans Christoph Buch, *Blut im Schuh. Schlächter und Voyeure an den Fronten des Weltbürgerkriegs*, Frankfurt am Main 2001, S. 117; zum Zusammenhang zwischen der Trophäisierung menschlicher Körperteile und dem Zerfall traditioneller religiöser Weltdeutungen vgl. mit Blick auf den liberianischen Bürgerkrieg Stephen Ellis, *The Mask of Anarchy*, London 1999.

23 Die vier apokalyptischen Reiter, von denen die Johannes-Offenbarung (6, 1–8) berichtet, sind in den Zeiten des späten Mittelalters und der frühen Neuzeit als Pestilenz, Teuerung, Krieg und Tod dechiffriert worden.

24 Ausdruck dessen ist die berühmte Erklärung des Berliner Stadtkommandanten nach der preußischen Niederlage von Jena und Auerstedt: «Der König hat eine Bataille verlohren [sic!]. Jetzt ist Ruhe die erste Bürgerpflicht!» (zit. nach Thomas Nipperdey, *Deutsche Geschichte 1800–1866. Bürgerwelt und starker Staat*, München 1983, S. 15). Der Krieg hatte nur noch von ferne mit dem Alltagsleben der Menschen zu tun, und es war nicht damit zu rechnen, dass er zu gesellschaftlichen Katastrophen führen würde. Dementsprechend haben vom Ende des Dreißigjährigen Krieges bis zum Beginn des Ersten Weltkriegs die in Europa geführten Kriege einen nur noch geringen Einfluss auf die demographische Entwicklung gehabt. Das gilt freilich nicht für die Eroberungskriege der Europäer in anderen Kontinenten. Wie mühsam und aufwendig die Sicherstellung einer regelmäßigen Versorgung der Truppen mit Nahrungsmitteln und die Zurückdrängung von Seuchen und Epidemien waren, zeigen die Durchschnittszahlen über die Todesursachen von Soldaten in den Kriegen des 16.–18. Jahrhunderts: Nur einer von zehn im Verlauf eines Krieges ums Leben gekommenen Soldaten hat den Tod unmittelbar auf dem Schlachtfeld erlitten; drei starben an den Folgen von Verwundungen, die sie im Kampf erhalten hatten; sechs wurden Opfer einer unzureichenden Versorgung und daraus erwachsener Mangelkrankheiten sowie Infektionen; vgl. Bernhard R. Kroener, «‹Das Schwungrad der Staatsmaschine›? Die Bedeutung der bewaffneten Macht in der europäischen Geschichte der Frühen Neuzeit»; in: ders./Ralf Pröve (Hrsg.), *Krieg und Frieden. Militär und Gesellschaft in der Frühen Neuzeit*, Paderborn u. a. 1996, S. 1–23, hier S. 11.

25 Vgl. als einen ersten Überblick Berndt Georg Thamm, «The Nexus between Arms Trade, Drugs and Terrorism»; in: Alex P. Schmidt

(Hrsg.), *Countering Terrorism through International Cooperation*, Mailand 2001, S. 109–118.

26 Die politisch-ökonomischen Konstellationen Kolumbiens sind durch eine antagonistische Koalition von Guerillagruppen, Militär und organisierter Kriminalität gekennzeichnet. Antagonistische Koalition heißt, dass alle drei Akteure einander bekämpfen, indirekt aber auch miteinander kooperieren, da sie aus dem Status quo erhebliche Gewinne beziehen, die sie bei Beendigung des Bürgerkriegs verlieren würden. Richani kommt in seiner Analyse der kolumbianischen Kriegsökonomie («The Political Economy of Violence: The War System in Colombia»; in: *Journal of Interamerican Studies and World Affairs*, 39. Jg., 1997, Heft 2, S. 37–82) darum zu dem Ergebnis, es gebe direkte ökonomische Wechselbeziehungen zwischen Guerilla, Drogenhändlern, Militär, paramilitärischen Gruppen und privaten Sicherheitsunternehmen.

27 Zur stillen Koalition zwischen russischen Soldaten und tschetschenischen Kämpfern im ersten Tschetschenienkrieg Mitte der neunziger Jahre vgl. Juan Goytisolo, *Landschaften eines Krieges: Tschetschenien*, Frankfurt am Main 1996, S. 66 f.; zu Kidnapping und Leichenhandel als Methoden persönlicher Bereicherung bei Offizieren wie Soldaten der russischen Armee im zweiten Tschetschenienkrieg vgl. Anne Nivat, *Mitten durch den Krieg. Ein Winter in Tschetschenien*, Zürich 2001.

28 Rieff, *Schlachthaus* (wie Anm. 9), S. 126.

29 Vgl. Mark Duffield, «Post-modern Conflict: Warlords, Post-adjustment States and Private Protection»; in: *Civil Wars*, Bd. 1, 1998, Heft 1, S. 65–102, sowie Herfried Münkler, «Die privatisierten Kriege des 21. Jahrhunderts»; in: *Merkur*, 55. Jg., 2001, Heft 3, S. 222–234.

30 Einen ausgezeichneten Überblick zu Geschichte und Gegenwart von Warlordfigurationen bietet Michael Riekenberg, «Warlords. Eine Problemskizze»; in: *Comparativ*, Heft 5/6, 1999, S. 187–205; weiterhin William Reno, *Warlord Politics and African States*, Boulder/London 1998. Zur ersten modernen Warlordherrschaft im China der zwanziger, dreißiger und vierziger Jahre des 20. Jahrhunderts vgl. Edward A. McCord, *The Power of the Gun. The Emergence of Modern Chinese Warlordism*, Berkeley u. a. 1993. Zu weiteren Profiteuren der Entstaatlichung des Krieges vgl. Klaus Schlichte, «Profiteure und Verlierer von Bürgerkriegsökonomien». Vortragstyposkript zur Tagung *Die Ökonomie von Bürgerkriegen*, Hofgeismar, 19.–21. Oktober 2001.

31 Riekenberg, «Warlords» (wie Anm. 30), S. 200.

32 Hartmut Dießenbacher, *Kriege der Zukunft. Die Bevölkerungsexplosion gefährdet den Frieden*, München/Wien 1998, insbes. S. 185 ff.

33 Ryszard Kapuściński, *Afrikanisches Fieber* (wie Anm. 6), S. 254.

34 Vgl. François Jean, «Humanitäre Hilfe und Kriegsökonomie»; in: Jean/

Rufin (Hrsg.), *Ökonomie der Bürgerkriege* (wie Anm. 18), S. 440–476; eine exemplarische Studie zur Ausbeutung humanitärer Hilfe durch die Bürgerkriegsparteien im liberianischen Bürgerkrieg findet sich bei F. Weissman, *L'Aide Humanitaire dans la Dynamique du Conflit Liberien*, Paris 1996. Ein weiteres Beispiel sind die Belagerung und der Beschuss Sarajevos durch die bosnisch-serbische Armee zwischen 1992 und 1996, als die serbischen Belagerer Hilfskonvois der UNO nur dann ihre Linien passieren ließen, wenn sie sich zunächst selbst daraus versorgen konnten.

35 Die Zahlenangabe bei Pino Arlacchi, *Ware Mensch. Der Skandal des modernen Sklavenhandels*, München/Zürich 1999, S. 164.

36 Kapuściński, *Afrikanisches* Fieber (wie Anm. 6), S. 149. Es ist in diesem Zusammenhang von Bedeutung, dass nach dem Ende des Ost-West-Konflikts und mit nachlassendem Interesse der großen Mächte an der militärischen Aufrüstung politischer Verbündeter die Waffenkäufe auf dem afrikanischen Kontinent von 5,2 Milliarden Dollar auf 500 Millionen Dollar zurückgingen. Das fand seinen Niederschlag in einer Umstellung von schweren Waffen, wie Panzern und Kampfflugzeugen, auf leichte Waffen, wie Gewehre, Maschinenpistolen, Landminen und leichte Artillerie, also genau die Waffen, die in den neuen Kriegen bevorzugt verwendet werden.

37 Peter Scholl-Latour, *Afrikanische Totenklage. Der Ausverkauf des Schwarzen Kontinents*, München 2001, S. 439.

38 Buch, *Blut im Schuh* (wie Anm. 22), S. 31.

39 Michael Ignatieff, *Die Zivilisierung des Krieges. Ethnische Konflikte, Menschenrechte, Medien*, Hamburg 2000, S. 161.

40 Clotilde Twagiramariya/Meredeth Turshen, «‹Favors› to Give and ‹Consenting› Victims: The Sexual Politics of Survival in Rwanda»; in: dies. (Hrsg.), *What Women Do in Wartime. Gender and Conflict in Africa*, London/New York 1998, S. 102; auch Gourevitch berichtet von systematischen Vergewaltigungen, die das Massaker an den Tutsi begleitet haben. Philip Gourevitch, *Wir möchten Ihnen mitteilen, dass wir morgen mit unseren Familien umgebracht werden. Berichte aus Ruanda*, Berlin 1999.

41 In vielen Fällen werden in der einschlägigen Literatur zu Kriegsvergewaltigungen die tief greifenden Folgen der Entdisziplinierung der Bewaffneten nicht weiter thematisiert, sondern Kriegsvergewaltigung als ein durchgängiges Phänomen behandelt, gleichgültig, um welche Art von Kriegen es geht. Dadurch ist den meisten Autoren der dramatische Anstieg der Vergewaltigungen im Übergang von den Staatenkriegen, wo es sich um ein von der Militärgerichtsbarkeit zu verfolgendes Verbrechen handelte, zu den neuen Kriegen, wo Vergewaltigung zum Element von Strategien geworden ist, weitgehend entgangen.

42 Vgl. Duffield, «Post-modern Conflict: Warlords, Post-adjustment States and Private Protection» (wie Anm. 29), S. 92 ff.

43 Scholl-Latour, *Afrikanische Totenklage* (wie Anm. 37), S. 430.

44 Ebd.

45 Dies hat in dem sowohl von George Bush sr. als auch von François Mitterrand verwendeten Begriff einer «neuen Weltordnung» seinen Niederschlag gefunden.

46 Die entsprechenden Angaben finden sich bei Klaus Jürgen Gantzel, «Über die Kriege nach dem Zweiten Weltkrieg» (wie Anm. 17), S. 300 ff.

47 Die Idee des Weltbürgerrechts findet sich bei Jürgen Habermas, «Bestialität und Humanität. Ein Krieg an der Grenze zwischen Recht und Moral»; in: Reinhard Merkel (Hrsg.), *Der Kosovo-Krieg und das Völkerrecht*, Frankfurt am Main 2000, S. 51–65. Das Theorem vom demokratischen Frieden beruht auf der Beobachtung, dass Demokratien nie oder doch fast nie Krieg gegen Demokratien führen. Gleichzeitig ist aber auch zu konstatieren, dass Demokratien gegen Staaten mit anderen Herrschaftssystemen sehr wohl und durchaus häufig Kriege führen. Ließe sich also der Ewige Friede verwirklichen, wenn alle Staaten Demokratien würden? – Bei dieser Debatte wurde jedoch fast immer übersehen, dass sich das Theorem des demokratischen Friedens auf zwischenstaatliche Kriege bezieht, die tendenziell im Verschwinden begriffen sind. Über die seit zehn bis zwanzig Jahren vorherrschenden innergesellschaftlichen und transnationalen Kriege macht dieses Theorem keine Aussage.

48 Zu begrifflichem Konzept und modelltheoretischer Ausformulierung vgl. Peter Waldmann, «Bürgerkrieg – Annäherung an einen schwer fassbaren Begriff», in: *Leviathan*, 25. Jg., 1997, Heft 4, S. 480–500, sowie Philipp Genschel/Klaus Schlichte, «Wenn Kriege chronisch werden: Der Bürgerkrieg» (wie Anm. 19); eine Reihe fallanalytischer Anwendungen des Konzepts findet sich bei Heinrich-W. Krumwiede/Peter Waldmann (Hrsg.), *Bürgerkriege. Folgen und Regulierungsmöglichkeiten*, Baden-Baden 1998. Eine sehr zugespitzte Anwendung des Bürgerkriegskonzepts bietet Hans Magnus Enzensberger, *Aussichten auf den Bürgerkrieg*, Frankfurt am Main 1993. Vgl. hierzu auch Roman Schnur, «Zwischenbilanz: Zur Theorie des Bürgerkriegs. Bemerkungen über einen vernachlässigten Gegenstand»; in: ders., *Revolution und Weltbürgerkrieg. Studien zur Ouvertüre nach 1789*, Berlin 1983, S. 120–145.

49 Am prägnantesten findet sich diese Überlegung bei Christopher Daase, *Kleine Kriege – Große Wirkung. Wie unkonventionelle Kriegführung die internationale Politik verändert*, Baden-Baden 1999, insbes. S. 213 ff.; vgl. dazu auch die Besprechung von Martin Hoch in *Mittelweg 36*, 10. Bd., 2001, Heft 1, S. 45–49, sowie ders., «Krieg und Politik im 21. Jahrhundert»; in: *Aus Politik und Zeitgeschichte*, B. 20/2001, S. 17–25.

50 Dazu Johannes Kunisch, *Der Kleine Krieg. Studien zum Heerwesen des Absolutismus*, Wiesbaden 1973 (= Frankfurter Historische Abhandlungen, Bd. 4), insbes. S. 5–24.

51 Diese Überlegung ist weniger ausgeprägt, aber durchaus auch in der castristisch-guevaristischen Guerilladoktrin zu finden; zentral ist sie für die Guerillastrategie Mao Tse-tungs (*Theorie des Guerillakrieges oder Strategie der Dritten Welt*, Reinbek 1966) sowie die daran anschließenden Filiationen, ebenso für die Partisanenkonzeption Titos, die im südeuropäischen Raum Schule gemacht hat; vgl. Milovan Djilas, *Der Krieg der Partisanen. Jugoslawien 1941–1945*, Wien u. a. 1978, S. 245 ff.

52 Wolfgang Sofsky, *Zeiten des Schreckens* (wie Anm. 20), S. 147–183.

53 Enzensberger, *Aussichten auf den Bürgerkrieg* (wie Anm. 48), S. 18 ff.

54 Trutz von Trotha, «Formen des Krieges. Zur Typologie kriegerischer Aktionsmacht»; in: Sighard Neckel/Michael Schwab-Trapp (Hrsg.), *Ordnungen der Gewalt. Beiträge zu einer politischen Soziologie der Gewalt und des Krieges*, Opladen 1999, S. 71–95, hier S. 87 ff.

55 Mängel an empirischer Kenntnis kommen hinzu: Es gibt wenige gute Beschreibungen der neuen Kriege; zum überwiegenden Teil sind wir auf die Arbeiten von Journalisten, also Kriegsberichterstattern, angewiesen.

56 Soweit ich sehe, hat Mary Kaldor als Erste den Begriff der neuen Kriege als Bezeichnung verwandt; vgl. Kaldor, *Neue und alte Kriege* (wie Anm. 17).

57 En miniature stellt der Konflikt zwischen Israel und der palästinensischen Autonomiebehörde eine regional begrenzte Kopie der weltpolitischen Konstellationen dar: auf der einen Seite der mächtigste Militärapparat der Region und auf der anderen Seite ein für sich Staatscharakter reklamierendes politisches Gebilde, das über keine schweren Waffen, geschweige denn eine eigene Luftwaffe verfügt. Zur so genannten ersten Intifada vom Ende der achtziger Jahre vgl. John Bunzl/Nadia El-Masri (Hrsg.), *Der Aufstand. Palästinensische und israelische Stimmen zur Intifada*, Wien 1989.

58 Rieff, *Schlachthaus* (wie Anm. 9), S. 232 f.

59 Zit. nach Michael Birnbaum, *Krisenherd Somalia. Das Land des Terrors und der Anarchie*, München 2002, S. 15; dazu auch Peter Bergen, *Heiliger Krieg Inc. Osama Bin Ladens Terrornetz*, Berlin 2001, S. 151 ff.

60 Dazu ausführlich Peter Waldmann, *Terrorismus. Provokation der Macht*, München 1998, sowie Herfried Münkler, «Terrorismus als Kommunikationsstrategie. Die Botschaft des 11. September»; in: *Internationale Politik*, 56. Jg., 2001, Heft 12, S. 11–18.

61 Raymond Aron, *Frieden und Krieg. Eine Theorie der Staatenwelt*, Frankfurt am Main 1963, S. 48.

62 Vgl. Götz Neuneck, «Virtuelle Rüstungen. Die Waffensysteme des 21. Jahrhunderts oder die USA rüsten mit sich selbst»; in: *Wissenschaft und Frieden*, WBF Dossier 31, S. 10–15, sowie Ulrich Albrecht, «Neue Technologien der Kriegsführung und ihre Auswirkungen auf die internationale Ordnung»; in: *Politik und Technik. Sonderheft 31 der Politischen Vierteljahresschrift*, S. 293–301; beide freilich ohne Rekurs auf die neuen Asymmetrien und infolgedessen mit anklagendem Tenor gegenüber den USA.

63 Zu den Anfängen dieser Entwicklung bei Vitoria, Ayala, Gentili, Suarez und Grotius vgl. Wilhelm Grewe, *Epochen der Völkerrechtsgeschichte*, Baden-Baden 1984, S. 240 ff.

64 Auf diesen Aspekt hat vor allem Carl Schmitt im Begriff des «nichtdiskriminierenden Staatenkrieges» immer wieder hingewiesen; vgl. Schmitt, *Der Nomos der Erde im Völkerrecht des Jus Publicum Europaeum*, Köln 1950, S. 123–143.

65 Zu den asymmetrischen Kriegslegitimationen des islamischen Fundamentalismus vgl. Gilles Kepel, *Das Schwarzbuch des Dschihad. Aufstieg und Niedergang des Islamismus*, München/Zürich 2002, passim. Zu der vor allem menschenrechtlich argumentierenden Vorstellung vom gerechten Krieg bei westlichen Intellektuellen vgl. David Luban, «Just War and Human Rights»; in: Charles R. Beitz u. a. (Hrsg.), *International Ethics*, Princeton 1985, S. 195–216.

Anmerkungen zu Kapitel 2

1 Trutz von Trotha, «Die Zukunft liegt in Afrika. Vom Zerfall des Staates, von der Vorherrschaft der konzentrischen Ordnung und vom Aufstieg der Parastaatlichkeit»; in: *Leviathan*, 28. Jg., 2000, Heft 2, S. 253–279; weiterhin ders., «Über den Erfolg und die Brüchigkeit der Utopie staatlicher Herrschaft. Herrschaftssoziologische Beobachtungen über den kolonialen und nachkolonialen Staat in Westafrika»; in: Wolfgang Reinhard (Hrsg.), *Verstaatlichung der Welt? Europäische Staatsmodelle und außereuropäische Machtprozesse*, München 1999, S. 223–251.

2 Martin van Creveld, *Die Zukunft des Krieges*, München 1998, S. 94 ff. und 281 ff., sowie ders., *Aufstieg und Niedergang des Staates*, München 1999, S. 373 ff.

3 Dieser Auffassung ist Clausewitz freilich nicht immer gewesen: Unter dem unmittelbaren Eindruck der napoleonischen Kriege stehend, hat auch er dem Krieg, zumindest metaphorisch, eine Subjektrolle zugebilligt; vgl. dazu das Kapitel über instrumentelle und existenzielle Kriegsauffassungen bei Clausewitz in meinem Buch *Über den Krieg. Stationen*

der Kriegsgeschichte im Spiegel ihrer theoretischen Reflexion, Weilerswist 2002, S. 91–115.

4 Carl von Clausewitz, *Vom Kriege*, 19. Aufl., hrsg. von Werner Hahlweg, Bonn 1980, S. 952.

5 Ebd., S. 990 f.; ob Clausewitz' Überlegungen in dieser Eindeutigkeit empirisch zutreffen, ist eine andere Frage. Zweifel daran sind immer wieder angemeldet worden, unter anderem von Klaus Jürgen Gantzel in dem Aufsatz «Tolstoi statt Clausewitz? Überlegungen zum Verhältnis von Staat und Krieg seit 1816 mittels statistischer Beobachtungen»; in: *Kriegsursachen*, Red. Reiner Steinweg (= Friedensanalysen 21), Frankfurt am Main 1987, S. 25–97.

6 Immanuel Kant hat mit Blick auf die Französische Revolution von einem Geschichtszeichen gesprochen, in dem er eine moralische Tendenz der Menschheitsgeschichte erkennen wollte. In diesem Falle würde wohl eher das Gegenteil angezeigt.

7 Beispielhaft hierfür Ekkehart Krippendorff, *Staat und Krieg. Die historische Logik politischer Unvernunft*, Frankfurt am Main 1985; vgl. dazu meine kritischen Bemerkungen unter dem Titel «Staat, Krieg und Frieden. Die verwechselte Wechselbeziehung»; in: *Kriegsursachen* (wie Anm. 5), S. 135–144.

8 Die tief greifenden Folgen dieser Entwicklung sind von Christopher Daase eingehend analysiert worden: Danach bewirken Große Kriege eher eine Stabilisierung der internationalen Ordnung, während Kleine Kriege deren schrittweise Erosion verursacht haben; vgl. Daase, *Kleine Kriege – Große Wirkung. Wie unkonventionelle Kriegführung die internationale Politik verändert*, Baden-Baden 1999, insbes. S. 91 ff.

9 Beispielhaft hierfür Barbara Ehrenreich, die den Krieg als ein «sich selbst reproduzierendes Verhaltensmuster» begreift. Ehrenreich, *Blutrituale. Ursprung und Geschichte der Lust am Krieg*, München 1997; differenzierter Cora Stephan, *Das Handwerk des Krieges*, Berlin 1998, sowie John Keegan, *Die Kultur des Krieges*, Berlin 1995, S. 21 ff.

10 Kritisch hierzu Andreas Herberg-Rothe, «Clausewitz oder Nietzsche. Zum Paradigmenwechsel in der politischen Theorie des Krieges»; in: *Merkur*, Nr. 623, 55. Jg., 2001, Heft 3, S. 246–250.

11 Vgl. dazu auch meinen Aufsatz «Bleiben die Staaten die Herren des Krieges?», in: *Politisches Denken. Jahrbuch 2000*, S. 16–34.

12 Boris Cezarevic Urlanis, *Bilanz der Kriege: die Menschenverluste Europas vom 17. Jahrhundert bis zur Gegenwart*, Berlin 1965.

13 Die umfassendste und beste Darstellung mittelalterlicher Kriegführung ist nach wie vor Philippe Contamine, *La Guerre au Moyen Âge*, Paris 1980.

14 Clausewitz, *Vom Kriege* (wie Anm. 4), S. 469.

15 Jürgen Osterhammel, «Kulturelle Grenzen in der Expansion Europas»; in: *Saeculum*, Bd. 46, 1995, 1. Halbbd., S. 101–138, hier S. 109.

16 Dies ist nicht gleichbedeutend mit der berühmten Formel Carl Schmitts, wonach die spezifisch politische Unterscheidung die von Freund und Feind sei; vgl. Carl Schmitt, *Der Begriff des Politischen*, Berlin 1963, S. 26. Während Schmitt das definitive Kriterium des Politischen zu bestimmen beansprucht, geht es hier darum, dass der Staat für sich das Monopol der Unterscheidung zwischen Freund und Feind in politischer Hinsicht reklamiert und, zumindest im Falle des Krieges, die von ihm getroffene Entscheidung für die Bürger verbindlich macht.

17 Vgl. hierzu die Erläuterungen am Beispiel des Connetable de Bourbon in meinem Buch *Im Namen des Staates. Die Staatsraison in der Frühen Neuzeit*, Frankfurt am Main 1987, S. 209 f.

18 Dazu detailliert Johannes Kunisch, *Der Kleine Krieg. Studien zum Heerwesen des Absolutismus*, Wiesbaden 1973, S. 5–24.

19 Zu den disziplinierenden Wirkungen der Kasernierung vgl. Ralf Pröve, «Der Soldat in der ‹guten Bürgerstube›. Das frühneuzeitliche Einquartierungssystem und die sozioökonomischen Folgen»; in: Bernhard R. Kroener/Ralf Pröve (Hrsg.), *Krieg und Frieden. Militär und Gesellschaft in der Frühen Neuzeit*, Paderborn u. a. 1996, S. 191–217; zur Ablösung von Kameradengerichten durch eine staatliche Militärgerichtsbarkeit vgl. Peter Burschel, «Zur Sozialgeschichte innermilitärischer Disziplinierung im 16. und 17. Jahrhundert»; in: *Zeitschrift für Geschichtswissenschaft*, 42. Jg., 1994, Heft 11, S. 965–981, hier S. 971 f.

20 Zu den gartenden Landsknechten und ihrem Anhang vgl. Reinhard Baumann, *Landsknechte. Ihre Geschichte und Kultur vom späten Mittelalter bis zum Dreißigjährigen Krieg*, München 1994, S. 131 ff., sowie Burschel, «Zur Sozialgeschichte innermilitärischer Disziplinierung» (wie Anm. 19), S. 977 ff.

21 Vgl. hierzu Jost Dülffer, «Regeln im Krieg? Kriegsverbrechen und die Haager Friedenskonferenz»; in: Wolfram Wette/Gerd R. Ueberschär (Hrsg.), *Kriegsverbrechen im 20. Jahrhundert*, Darmstadt 2001, S. 35–49.

22 Vgl. mit einer Fülle von detaillierten Einzelstudien Wette/Ueberschär, *Kriegsverbrechen* (wie Anm. 21).

23 Diese Entwicklung findet sich dokumentiert bei Roy Gutmann/David Rieff (Hrsg.), *Kriegsverbrechen. Was jeder wissen sollte*, Stuttgart/München 2000.

24 Zu Begriff und Konzept des Gewaltmarktes vgl. Georg Elwert, «Gewaltmärkte. Beobachtungen zur Zweckrationalität der Gewalt»; in: Trutz von Trotha (Hrsg.), *Soziologie der Gewalt*, Opladen/Wiesbaden 1997 (= Sonderheft 37 der Kölner Zeitschrift für Soziologie und Sozialpsychologie) S. 86–101.

25 Dazu Bernhard R. Kroener, «Vom ‹extraordinari Kriegsvolck› zum ‹miles perpetuus›. Zur Rolle der bewaffneten Macht in der europäischen Gesellschaft der Frühen Neuzeit»; in: *Militärgeschichtliche Mitteilungen*, Bd. 43, 1988, Heft 1, S. 141–187, vgl. hierzu auch Martin C. Mandlmayr/Karl G. Vocelka, «Vom Adelsaufgebot zum stehenden Heer. Bemerkungen zum Funktionswandel des Adels im Kriegswesen der Frühen Neuzeit»; in: *Wiener Beiträge zur Geschichte der Neuzeit*, Bd. 8, 1982, S. 112–125; Rainer Wohlfeil, «Das Heerwesen im Übergang vom Ritter- zum Söldnerheer»; in: *Staatsverfassung und Heeresverfassung in der europäischen Geschichte der frühen Neuzeit*, in Zusammenarbeit mit Barbara Stollberg-Rilinger hrsg. von Johannes Kunisch, Berlin 1986, S. 107–127, sowie Hans Schmidt, «Staat und Armee im Zeitalter des ‹miles perpetuus›»; in: *Staatsverfassung und Heeresverfassung*, S. 213–248.

26 Das fand unter anderem darin seinen Ausdruck, dass kaum noch auf kurze Zeit befristete Werbeverträge abgeschlossen wurden und die Staaten bestrebt waren, die Soldaten langfristig an sich zu binden.

27 Vgl. Burschel, «Zur Sozialgeschichte innermilitärischer Disziplinierung» (wie Anm. 19), S. 975 ff.

28 Peter Englunds zusammenfassendes Urteil für Deutschland lautet: «Der Krieg verstärkte und vertiefte eine gewisse wirtschaftliche Stagnation, die bereits vor dem Ausbruch der Feindseligkeiten eingetreten war. Der große Wohlstand, der während des 16. Jahrhunderts geschaffen wurde, war nach den dreißig Kriegsjahren so gut wie verbraucht. Viele Städte und Gemeinwesen, die vor 1618 große Überschüsse aufzuweisen hatten, waren nach 1648 hoch verschuldet, nachdem man sie immer wieder gezwungen hatte, zu Kontributionen und Brandschatzungen beizutragen. Dazu kamen noch die 5 Millionen Taler, die die schwedischen Diplomaten dem Reich abgepresst hatten, um dem Frieden zuzustimmen, und die in vielen Fällen das geringe Kapital, das noch verfügbar war, auffraßen. Allein die Zinsen für die riesigen Kredite sollten die Menschen noch für Generationen niederdrücken.» Englund, *Die Verwüstung Deutschlands. Eine Geschichte des Dreißigjährigen Krieges*, Stuttgart 1998, S. 590; deutlich zurückhaltender dagegen die Beurteilung der langfristigen Folgen durch Christopher Friedrichs bei Geoffrey Parker, *Der Dreißigjährige Krieg*, Frankfurt am Main/New York 1987, S. 300 ff.

29 Als Brandschatzung wird der Freikauf einer Stadt von der angedrohten Eroberung und Plünderung durch die vor ihren Mauern aufmarschierten Truppen bezeichnet. Es handelt sich also um eine Mischform von Lösegeld und als Vertrag formalisierter eingeschränkter Plünderung.

30 Zur Darstellung und Analyse des Dreißigjährigen Krieges vgl. Geoffrey

Parker, *Der Dreißigjährige Krieg* (wie Anm. 28); Herbert Langer, *Kulturgeschichte des Dreißigjährigen Krieges*, Gütersloh 1982. Eine reiche Zusammenstellung von Augenzeugenberichten und Dokumenten sowie zeitgenössischen Bildern bietet Peter Milger, *Gegen Land und Leute. Der Dreißigjährige Krieg*, München 1998. Konzentriert sich Milger vor allem auf die Gewalt gegen die Zivilbevölkerung, so finden sich in Englunds vorwiegend der zweiten Hälfte des Krieges gewidmeter Darstellung (*Die Verwüstung Deutschlands*, wie Anm. 28) die präzisesten und anschaulichsten Schlachtendarstellungen, denen ich in der Literatur zu diesem Krieg begegnet bin. Zum Soldatenleben speziell Bernhard R. Kroener, «‹Kriegsgurgeln, Freireuter und Merodebrüder.› Der Soldat des Dreißigjährigen Krieges. Täter und Opfer»; in: Wolfram Wette (Hrsg.), *Der Krieg des kleinen Mannes. Eine Militärgeschichte von unten*, München 1992, S. 51–67.

31 Ein nicht unerheblicher Teil dieser Truppen bestand freilich aus den entlassenen Söldnern des ausgeschiedenen Kriegsherrn, die von dem, der an seine Stelle trat, umgehend neu unter Vertrag genommen wurden. Hinzu kam, dass im Falle ihrer Gefangennahme viele Söldner kurzerhand die Seiten wechselten und in den Reihen des vormaligen Gegners weiterkämpften. So schrieben sich nach der Kapitulation von Rothenburg ob der Tauber von der 800 Mann starken kaiserlichen Garnison 500 Mann bei den Schweden ein. Das erregte in diesem Falle besonderes Aufsehen, weil den Kaiserlichen freier Abzug «mit fliegenden Fahnen und brennenden Lunten, mit Sack und Pack» zugesichert worden war; vgl. Milger, *Gegen Land und Leute* (wie Anm. 30), S. 254.

32 So die Zahlenangaben bei Langer, *Kulturgeschichte des Dreißigjährigen Krieges* (wie Anm. 30), S. 8.

33 Zit. nach Milger, *Gegen Land und Leute* (wie Anm. 30), S. 137.

34 Die Vorstellung von der Auflösung jeder Ordnung und Disziplin im Verlauf des Krieges wird von Bernhard Kroener stark relativiert und eingeschränkt; vgl. Kroener, «Soldat oder Soldateska? Programmatischer Aufriss einer Sozialgeschichte militärischer Unterschichten in der ersten Hälfte des 17. Jahrhunderts»; in: *Militärgeschichte. Probleme, Thesen, Wege*, ausgewählt und zusammengestellt von Manfred Messerschmidt u. a., Stuttgart 1982, S. 100–123; vgl. auch ders., «‹Die Soldaten sind ganz arm, bloss, nackend, ausgemattet.› Lebensverhältnisse und Organisationsstruktur der militärischen Gesellschaft während des Dreißigjährigen Krieges»; in: Klaus Bußmann/Heinz Schilling (Hrsg.), *1648. Krieg und Frieden in Europa*, Münster 1998, S. 285–292.

35 Zit. nach Milger, *Gegen Land und Leute* (wie Anm. 30), S. 212.

36 Der Begriff *marodieren* leitet sich von der soldatensprachlichen Bedeutung von *marode* im Sinne von marschunfähig, wegmüde her. *Marodeu-*

re beziehungsweise *Marodebrüder* sind also ursprünglich Nachzügler einer Truppe, die von deren Versorgungssystemen abgeschnitten sind und nun auf eigene Faust für Unterkunft und Verpflegung sorgen müssen. Von hier ausgehend ist der Begriff sehr bald zur Bezeichnung für plündernde Soldaten abseits des großen Heereszuges geworden. Im Krieg der *Partey-Gänger*, der später dann als Partisanenkrieg bezeichnet worden ist, waren solche Formen der Selbstversorgung an der Tagesordnung.

37 Vgl. Langer, *Kulturgeschichte des Dreißigjährigen Krieges* (wie Anm. 30), S. 103 ff., insbes. S. 107.

38 Freilich sollte der Simplicissimus nicht, wie häufig der Fall, als eine Art historische Quelle gelesen werden. Tatsächlich hat Grimmelshausens fünfzehnjähriger Militärdienst nur marginalen Eingang in die Darstellung gefunden; vgl. Dieter Breuer, «Krieg und Frieden in Grimmelshausens ‹Simplicissimus Deutsch›»; in: *Der Deutschunterricht*, 37. Jg., 1985, Heft 5, S. 79–101.

39 Vgl. Wolfgang Reinhard, *Geschichte der Staatsgewalt*, München 1999, S. 347; zum Typus des Kriegsunternehmers und seiner Tätigkeit vgl. nach wie vor Fritz Redlich, *The German Military Enterpriser and His Work Force*, Wiesbaden 1964/65 (= Vierteljahresschrift für Sozial- und Wirtschaftsgeschichte, Beihefte 47 und 48); einen knappen Überblick zur Finanzierung und Organisation der Truppen gibt Herbert Langer, «Heeresfinanzierung, Produktion und Märkte für die Kriegführung»; in: Bußmann/Schilling (Hrsg.), *1648* (wie Anm. 34), S. 293–299.

40 Zu Piccolomini und Lobkowitz vgl. Thomas M. Barker, *Army, Aristocracy, Monarchy: Essays on War, Society and Government in Austria, 1618–1780*, Boulder/Col. 1982, S. 61 ff. und 112 ff.; zum neuen Typus der sozialen Karriere allgemein Rainer Wohlfeil, «Ritter – Söldnerführer – Offizier. Versuch eines Vergleichs»; in: Arno Borst (Hrsg.), *Das Rittertum im Mittelalter*, Darmstadt 1976, S. 315–348, insbes. S. 329 ff.

41 Einen knappen Überblick hierzu bietet Konrad Repgen, «Die westfälischen Friedensverhandlungen. Überblick und Hauptprobleme»; in: Bußmann/Schilling (Hrsg.), *1648* (wie Anm. 34), S. 355–372.

42 Vgl. *1648/1998. Frieden als Aufgabe*. Öffentliche Abendvorträge des Historikerkongresses vom 27. 10.–2. 11. 1996 in Münster, Lengerich 1996.

43 Als der «Erfinder» dieser Sichtweise darf Thukydides gelten, dessen *Geschichte des Peloponnesisches Krieges* ebenfalls die Verbindung und «Zusammenschreibung» (Xyngraphé) mehrerer teils aufeinander folgender, teils sich überlagernder Kriege darstellt.

44 Vgl. Conrad I. Schelter/Almut Wieland Karimi (Hrsg.), *Afghanistan in Geschichte und Gegenwart*, Frankfurt am Main 1999; zum Konfliktver-

lauf des letzten Jahrzehnts insbesondere Ahmed Rashid, *Taliban. Afghanistans Gotteskrieger und der Dschihad*, München 2001, insbes. S. 55 ff.

45 Vgl. Victoria Brittain, *Death of Dignity. Angola's Civil War*, London/Chicago 1998.

46 Dazu Bartholomäus Grill, «Der afrikanische Weltkrieg»; in: DIE ZEIT, 22. Febr. 2001, S. 3.

47 Vgl. Ludwig Watzal, *Feinde des Friedens. Der endlose Konflikt zwischen Israel und den Palästinensern*, Berlin 2001, sowie William Harris, *Faces of Lebanon. Sects, Wars, and Global Extension*, Princeton 1997.

48 Analytisch zumindest ist *Transnationalisierung* präzise von *Internationalisierung* zu unterscheiden: nicht Staaten, sondern substaatliche Akteure überschreiten hierbei die Grenzen, die einem innergesellschaftlichen Konflikt gesetzt sind, solange er auf dem Territorium eines (ehemaligen) Staates ausgetragen wird. Empirisch ist diese klare Unterscheidung sicherlich nicht immer durchzuhalten; es ist jedoch evident, dass gerade in diesem Zusammenhang der Privatisierung des Krieges beziehungsweise ihrer Einschränkung eine zentrale Bedeutung zukommt.

49 Diese Sichtweise findet sich vor allem bei Carl Schmitt und seiner Schule, und zwar in Verbindung mit der theoriepolitischen Absicht, die ideologischen Konflikte und Gegensätze des 20. Jahrhunderts mit den konfessionellen Kriegen des 16. und 17. Jahrhunderts zu parallelisieren; vgl. etwa Roman Schnur, *Die französischen Juristen im konfessionellen Bürgerkrieg des 16. Jahrhunderts*, Berlin 1962; ders., *Revolution und Weltbürgerkrieg. Studien zur Ouverture nach 1789*, Berlin 1983, sowie Hanno Kesting, *Geschichtsphilosophie und Weltbürgerkrieg: Deutungen der Geschichte von der Französischen Revolution bis zum Ost-West-Konflikt*, Heidelberg 1959.

50 Vgl. hierzu Johannes Burkhardt, «Worum ging es im Dreißigjährigen Krieg? Die frühmodernen Konflikte um Konfessions- und Staatsbildung»; in: Bernd Wegner (Hrsg.), *Wie Kriege entstehen. Zum historischen Hintergrund von Staatenkonflikten*, Paderborn u. a. 2000 (= Kriege in der Geschichte, Bd. 4), S. 67–87.

51 Zur Person des Schwedenkönigs vgl. Günter Barudio, *Gustav Adolf – der Große. Eine politische Biographie*, Frankfurt am Main 1982.

52 Vgl. dazu vor allem Jörg Wollenberg, *Richelieu. Staatsräson und Kircheninteresse. Zur Legitimation der Politik des Kardinalpremier*, Bielefeld 1977, S. 39–124.

53 Vgl. Redlich, *The German Military Enterpriser* (wie Anm. 39).

54 Hinweise auf die große Bedeutung, die der Renaissancegottheit Fortuna im Selbstverständnis der freien Söldner zukam, finden sich bei Langer, *Kulturgeschichte des Dreißigjährigen Krieges* (wie Anm. 30), S. 61, 94, 158 und 200. Einen Einblick in die Vorstellungswelt dieser Glücksritter

bietet Anton Ernstberger, *Abenteurer des Dreißigjährigen Krieges. Zur Kulturgeschichte der Zeit*, Erlangen 1963; Ernstberger hat den Briefwechsel zweier Nürnberger Patriziersöhne ausgewertet, die sich als Soldaten verdingt hatten, um im Krieg ihr Glück zu machen.

Anmerkungen zu Kapitel 3

1 Diese Anekdote ist festgehalten und überliefert in Franco Sacchettis Novelle «Der Gruß des Kriegers»; vgl. Franco Sacchetti, *Die wandernden Leuchtkäfer. Renaissancenovellen aus der Toskana*, Berlin 1988/91, Teil 2, S. 80 f.

2 Vgl. hierzu Michael Howard, *Der Krieg in der europäischen Geschichte*, München 1981, S. 33–55; Michael E. Mallett, *Mercenaries and their Masters: Warfare in Renaissance Italy*, London 1974, sowie John R. Hale, *War and Society in Renaissance Europe 1450–1620*, Phoenix Hill 1998, S. 127 ff.; vgl. auch das Stichwort «Condottieri» in Herfried und Marina Münkler, *Lexikon der Renaissance*, München 2000, S. 57–67.

3 Vgl. Hans Michael Möller, *Das Regiment der Landsknechte. Untersuchungen zu Verfassung, Recht und Selbstverständnis in deutschen Söldnerheeren des 16. Jahrhunderts*, Wiesbaden 1976 (= Frankfurter historische Abhandlungen, Bd. 12); Reinhard Baumann, *Landsknechte. Ihre Geschichte und Kultur vom späten Mittelalter bis zum Dreißigjährigen Krieg*, München 1994; vgl. auch die bereits ältere Darstellung von Friedrich Blau, *Die deutschen Landsknechte*, Essen o.J., S. 23 ff.

4 Martin van Creveld, *Die Zukunft des Krieges*, München 1998, S. 53.

5 Dieser Übergang hat sich freilich nicht abrupt vollzogen, gab es doch innerhalb der mittelalterlichen Heeresaufgebote seit dem 13./14. Jahrhundert immer auch einen beträchtlichen Anteil von Soldrittern; vgl. Rainer Wohlfeil, «Das Heerwesen im Übergang vom Ritter- zum Söldnerheer»; in: *Staatsverfassung und Heeresverfassung*, hrsg. von Johannes Kunisch, Berlin 1986, S. 112 ff.

6 Vgl. Geoffrey Trease, *Die Condottieri. Söldnerführer, Glücksritter und Fürsten der Renaissance*, München 1974. Die meisten Condottieri entstammten freilich italienischen Herrschergeschlechtern, wie die Montefeltre, Este, Gonzaga und andere. Da sie zur Verteidigung ihres Kleinstaates ohnehin Krieg führen mussten, vermieteten sie ihre Truppen und ihr Material (vor allem ihre Artillerie) für die Zeit, in der sie diese nicht selbst brauchten, an andere Staaten und sich selbst als Heerführer in der Regel gleich mit. Das hatte obendrein den Vorzug, dass sie auf diese Weise in der Bündnispolitik der italienischen Staaten ein größeres Gewicht erlangten, als sie angesichts der Größe ihrer Staaten sonst gehabt hätten.

7 Dazu Willibald Block, *Die Condottieri. Studien über die so genannten «unblutigen Schlachten»*, Berlin 1913.

8 Sacchetti, *Die wandernden Leuchtkäfer* (wie Anm. 1), S. 81.

9 Niccolò Machiavelli, *Der Fürst*, hrsg. von Rudolf Zorn, Stuttgart 1972, S. 49f.

10 Vgl. Volker Schmidtchen, *Kriegswesen im späten Mittelalter. Technik, Taktik, Theorie*, Weinheim 1990, S. 231 ff., sowie immer noch Hans Delbrück, *Geschichte der Kriegskunst im Rahmen der politischen Geschichte*, Bd. 4 (1920), Berlin 2000, S. 67 ff.; zusammenfassend Volker Schmidtchen, «Aspekte des Strukturwandels im europäischen Kriegswesen des späten Mittelalters und ihre Ursachen»; in: *Europa 1500. Integrationsprozesse im Widerstreit: Staaten, Regionen, Personenverbände, Christenheit*, hrsg. von Ferdinand Seibt und Winfried Eberhard, Stuttgart 1987, S. 445–467.

11 Dazu Delbrück, *Geschichte der Kriegskunst*, Bd. 4 (wie Anm. 10), S. 92 ff., 106 ff., 121 ff.

12 Dem Bericht Guicciardinis zufolge soll Trivulzio auf die Frage des französischen Königs, welche Rüstungen und Vorräte für die Eroberung Mailands vonnöten seien, geantwortet haben: «Tre cose, Sire, ci bisognano preparare danari, danari e poi danari!» Trivulzio variierte damit die auf Livius zurückgehende und von Machiavelli zustimmend zitierte Feststellung, im Krieg seien drei Dinge nötig: ein tüchtiges Heer, kluge Heerführer und Glück. Vgl. hierzu Michael Stolleis, *Pecunia Nervus Rerum. Zur Staatsfinanzierung der frühen Neuzeit*, Frankfurt am Main 1983, S. 64 f.

13 Zur Entwicklung der staatlichen Einkommensstrukturen im 16. und 17. Jahrhundert vgl. Michael Mann, *Geschichte der Macht*, Bd. 2, Frankfurt am Main 1991, S. 321 f., sowie Wolfgang Reinhard, *Geschichte der Staatsgewalt*, München 1999, S. 309 ff.

14 Hierzu zusammenfassend Baumann, *Landsknechte* (wie Anm. 3), S. 92 ff., sowie ausführlich Peter Burschel, *Söldner im Nordwestdeutschland des 16. und 17. Jahrhunderts. Sozialgeschichtliche Studien*, Göttingen 1994 (= Veröffentlichungen des Max-Planck-Instituts für Geschichte, Bd. 113); außerdem Brage Bei der Wieden, «Niederdeutsche Söldner vor dem Dreißigjährigen Krieg: Geistige und mentale Grenzen des sozialen Raums»; in: Kroener/Pröve (Hrsg.), *Krieg und Frieden. Militär und Gesellschaft in der frühen Neuzeit*, Paderborn 1996, S. 85–107 (mit kritischen Bemerkungen zu Burschel).

15 Dazu Matthias Rogg, «‹Zerhauen und zerschnitten, nach adelichen Sitten›: Herkunft, Entwicklung und Funktion soldatischer Tracht des 16. Jahrhunderts im Spiegel zeitgenössischer Kunst»; in: Kroener/Pröve (Hrsg.), *Krieg und Frieden* (wie Anm. 14), S. 109–135, sowie Rainer und Trudl Wohlfeil, «Das Landsknecht-Bild als geschichtliche Quelle.

Überlegungen zur Historischen Bildkunde»; in: *Militärgeschichte*, hrsg. von Manfred Messerschmidt u. a., Stuttgart 1982, S. 81–99.

16 Dazu mit weiteren Literaturhinweisen Bernhard R. Kroener, «‹Das Schwungrad an der Staatsmaschine›? Die Bedeutung der bewaffneten Macht in der europäischen Geschichte der Frühen Neuzeit»; in: Kroener/Pröve (Hrsg.), *Krieg und Frieden* (wie Anm. 14), S. 1–23, hier S. 14 ff., sowie ders., «Soldat oder Soldateska? Programmatischer Aufriss einer Sozialgeschichte militärischer Unterschichten in der ersten Hälfte des 17. Jahrhunderts»; in: *Militärgeschichte* (wie Anm. 15), S. 100–123, hier S. 111 ff.

17 Der zeitgenössische Begriff «Militär-Staat» hatte zunächst bloß einen besonderen Stand beziehungsweise einen Teil des Ganzen bezeichnet. Im Gefolge der Ausbildung umfassender Staatlichkeit hat die Formel «imperium in imperio» für Staat im Staate dann aber eine zunehmend negative Bedeutung erlangt; vgl. Paul-Ludwig Weinacht, *Staat. Studien zur Bedeutungsgeschichte des Wortes von den Anfängen bis ins 19. Jahrhundert*, Berlin 1968, S. 107 ff. und 189 f.

18 Beispielhaft hierfür eine Bemerkung Luthers in seinen Tischgesprächen: «Es seint landtsknecht unter leuten wie buckling untern heringen: Ein verdorbener Hering gibt ein buckling, und was sonst zu nichte dint, gibt ein Kriegsmann.» *D. Martin Luthers Werke*. Kritische Gesammtausgabe. Tischreden Bd. 4, Weimar 1916, S. 600.

19 Dazu Gerhard Oestreich, «Der römische Stoizismus und die oranische Heeresreform»; in: ders., *Geist und Gestalt des frühmodernen Staates*, Berlin 1969, S. 11–34; Oestreich, «Politischer Neustoizismus und Niederländische Bewegung in Europa und besonders in Brandenburg-Preußen»; in: ebd., S. 101–156; Wolfgang Reinhard, «Humanismus und Militarismus. Antike-Rezeption und Kriegshandwerk in der oranischen Heeresreform»; in: *Krieg und Frieden im Horizont des Renaissancehumanismus*, hrsg. von Franz Josef Worstbrock, Weinheim 1986 (= Mitteilungen XIII der Kommission für Humanismusforschung), S. 185–204.

20 Michael Roberts hat die waffentechnischen Entwicklungen und taktischen Veränderungen in seiner berühmten Antrittsvorlesung an der Queen's University in Belfast im Begriff einer «militärischen Revoltion» zusammengefasst. Vgl. Michael Roberts, «The Military Revolution, 1560–1660»; in: *The Military Revolution Debate. Readings on the Military Transformation of Early Modern Europe*, hrsg. von Clifford J. Rogers, Boulder u. a. 1995, S. 13–35; dazu auch Geoffrey Parker, *Die militärische Revolution. Die Kriegskunst und der Aufstieg des Westens 1500–1800*, Frankfurt am Main/New York 1990; auf den Beitrag Spaniens zu dieser Revolution, der bei Roberts nur gestreift wird, hat Fernando González de

Leon, «‹Doctors of the Military Dicipline›: Technical Expertise and the Paradigm of the Spanish Soldier in the Early Modern Period»; in: *Sixteenth Century Journal*, XXVII. Jg., 1996, Heft 1, S. 61–85, hingewiesen.

21 Weber selbst hat im Übrigen keineswegs eine so starke Determiniertheit dieser Entwicklung angenommen, wie sie von seinen Nachfolgern unterstellt wird; vgl. Max Weber, *Wirtschaft und Gesellschaft*, hrsg. von Johannes Winckelmann, Tübingen 1972, S. 588 ff.

22 Für eine Zusammenfassung dieser Entwicklung vgl. Peter Burschel, «Zur Sozialgeschichte innermilitärischer Disziplinierung»; in: *Zeitschrift für Geschichtswissenschaft*, 42. Jg., 1994, Heft 11, S. 965–981.

23 Dazu detailliert Volker Schmidtchen, *Bombarden, Befestigungen, Büchsenmeister. Eine Studie zur Entwicklung der Militärtechnik*, Düsseldorf 1977; allgemein John U. Nef, *Western Civilization since the Renaissance. Peace, War, Industry and the Arts*, New York 1963, S. 23 ff.

24 Max Weber, *Der Sozialismus*, hrsg. von Herfried Münkler, Weinheim 1995, S. 82 f.

25 Dazu ausführlich Simon Pepper/Nicholas Adams, *Firearms and Fortifications. Military Architecture and Siege Warfare in Sixteenth Century Siena*, Chicago/London 1986.

26 Vgl. Werner Hahlweg, *Die Heeresreform der Oranier und die Antike* (1941), Osnabrück 1987.

27 Vgl. Reinhard, «Humanismus und Militarismus» (wie Anm. 19), insbes. S. 194 ff.

28 Max Weber hat eine starke Verbindung zwischen der standardisierten Ausrüstung der Soldaten durch den Staat und der Durchsetzung der Massendisziplin hergestellt: «Die Trennung des Kriegers von den Kriegsbetriebsmitteln und deren Konzentration in den Händen des Kriegsherrn […] ist überall eine der typischen Grundlagen dieser Massendisziplin gewesen.» Max Weber, *Wirtschaft und Gesellschaft* (wie Anm. 21), S. 686.

29 Ausgangspunkt dieser Debatte ist Michael Walzers Buch *Gibt es den gerechten Krieg?*, Stuttgart 1982 (amerikan. Original: *Just and Unjust Wars. A Moral Argument with Historical Illustrations*, 1977).

30 Michael Ignatieff, «Die Ehre des Kriegers»; in: ders., *Die Zivilisierung des Krieges. Ethnische Konflikte, Menschenrechte, Medien*, Hamburg 2000, S. 138–204.

31 Das hieß freilich keineswegs, dass die Vermietung von Truppen gänzlich aus der Übung kam. Es waren jedoch nicht länger Privatunternehmer, die auf diese Weise Geschäfte tätigten und Gewinne einstreichen wollten, sondern die Staaten beziehungsweise ihre souveränen Oberhäupter, die durch die Vermietung ihrer Truppen versuchten, den dafür

getätigten Ausgaben gewisse Einnahmen gegenüberzustellen. Vor allem der Landgraf von Hessen-Kassel hat sich durch die Vermietung einiger Regimenter an die Briten hervorgetan, die dann im amerikanischen Unabhängigkeitskrieg eingesetzt wurden.

32 Bernhard R. Kroener, «Vom ‹extra ordinari Kriegsvolck› zum ‹miles perpetuus›»; in: *Militärgeschichtliche Mitteilungen*, Bd. 43, 1988, Heft 1, S. 141–187, insbes. S. 166 ff.

33 Zum Anstieg des Steueraufkommens vgl. neben der in Anm. 13 aufgeführten Literatur Martin van Creveld, *Aufstieg und Untergang des Staates*, München 1999, S. 169 ff.; Michael Stolleis, *Pecunia Nervus Rerum* (wie Anm. 12), S. 103 ff., sowie Norbert Winnige, «Von der Kontribution zur Akzise: Militärfinanzierung als Movens staatlicher Steuerpolitik»; in: Kroener/Pröve (Hrsg.), *Krieg und Frieden* (wie Anm. 14), S. 59–83.

34 Dazu nach wie vor Ludwig Dehio, *Gleichgewicht oder Hegemonie. Betrachtungen über ein Grundproblem der neueren Staatengeschichte*, Krefeld o. J., insbes. S. 59 ff.; kritisch zum Modell des Gleichgewichts, aber mit einer Fülle wertvoller Hinweise Alfred Vagts, «Die Chimäre des europäischen Gleichgewichts»; in: ders., *Bilanzen und Balancen*, hrsg. von Hans-Ulrich Wehler, Frankfurt am Main 1979, S. 131–160.

35 Die bedeutendste Ausnahme ist sicherlich die antinapoleonische Guerilla in Spanien von 1807 bis 1813, an der sich die napoleonischen Armeen buchstäblich die Zähne ausgebissen haben. Auch Russland hat im Krieg gegen Napoleon (wie später dann noch einmal gegen Hitler) auf den Partisanenkrieg zurückgegriffen, allerdings in Kombination mit dem Krieg regulärer Armeen. Beide Mächte sind freilich an der europäischen Peripherie gelegen.

36 Vgl. den zusammenfassenden Überblick bei Paulus Engelhardt, «Die Lehre vom ‹gerechten Krieg› in der vorreformatorischen und katholischen Tradition»; in: *Der gerechte Krieg: Christentum, Islam, Marxismus*, Red. Reiner Steinweg, Frankfurt am Main 1980 (= Friedensanalysen 12), S. 72–123.

37 Dazu Gerhard Beestermöller, *Thomas von Aquin und der gerechte Krieg. Friedensethik im theologischen Kontext der Summa Theologiae*, Köln 1990.

38 Letzteres betont mit Blick auf die aktuellen politischen Konstellationen Gerhard Beestermöller, «‹Rettet den Armen und befreit den Dürftigen aus der Hand des Sünders› (Ps. 82,4). Thomas von Aquin und die humanitäre Intervention»; in: *Die Zukunft der Familie und deren Gefährdungen. Festschrift für Norbert Glatzel zum 65. Geburtstag*, hrsg. von Nils Goldschmidt u. a., Münster 2002, S. 401–419.

39 Vgl. Jörg Fisch, *Die europäische Expansion und das Völkerrecht. Die Auseinandersetzung um den Status der überseeischen Gebiete vom 15. Jahrhundert bis zur Gegenwart*, Stuttgart 1984, insbes. S. 167 ff. sowie S. 209–246.

40 Dazu Otto Kimminich, «Die Entstehung des neuzeitlichen Völkerrechts»; in: *Pipers Handbuch der politischen Ideen*, hrsg. von Iring Fetscher und Herfried Münkler, Bd. 3, München 1985, S. 73–100, hier insbes. S. 84 f.; in Wilhelm G. Grewes, *Epochen der Völkerrechtsgeschichte*, Baden-Baden 1984, S. 247 ff., ist der Abschnitt zu Gentili «bellum als duellum» überschrieben.

41 Dazu ausführlich Carl Schmitt, *Der Nomos der Erde im Völkerrecht des Ius Publicum Europaeum*, Köln 1950, S. 111 ff.

42 Vgl. Wilhelm G. Grewe, *Völkerrechtsgeschichte* (wie Anm. 40), S. 245 ff., sowie Martin van Creveld, *Aufstieg und Untergang des Staates*, München 1999, S. 185 ff.

43 Carl von Clausewitz, *Vom Kriege*, 19. Aufl., hrsg. von Werner Hahlweg, Bonn 1980, S. 474. Clausewitz hat dies aus eigener Erfahrung anschaulich erläutert: «Nun ist es eine bekannte Erfahrung, dass die Verluste an physischen Streitkräften im Laufe des Gefechts selten eine große Verschiedenheit zwischen Sieger und Besiegten geben, oft gar keine, zuweilen auch wohl eine sich verkehrt verhaltende, und dass die entscheidendsten Verluste für den Besiegten erst mit dem Abzug eintreten, nämlich die, welche der Sieger nicht mit ihm teilt. Die schwachen Reste schon erschütterter Bataillone werden von der Reiterei zusammengeworfen, Ermüdete bleiben liegen, zerbrochene Geschütze und Pulverwagen bleiben stehen, andere können in schlechten Wegen nicht schnell genug fort und werden von der feindlichen Reiterei erreicht; in der Nacht verirren sich einzelne Haufen und fallen dem Feind wehrlos in die Hände, und so gewinnt der Sieg meistens erst Körper, nachdem er schon entschieden ist.» Ebd., S. 428.

44 Der Aufstieg des Militärs innerhalb der Rangordnung einer Gesellschaft dürfte entscheidend mit den beschriebenen Veränderungen der Kriegführung zusammenhängen. Zugespitzt wird man sagen können: Für die entgangene Möglichkeit des Beutemachens wurde es durch soziale Anerkennung entschädigt. Was im Hinblick auf die neuen Kriege umgekehrt wiederum heißt: Wo keine soziale Anerkennung zu bekommen ist, tritt die Orientierung auf Beute wieder ungehemmt hervor.

45 Dazu Ute Frevert, *Die kasernierte Nation. Militärdienst und Zivilgesellschaft in Deutschland*, München 2001, insbes. S. 39 ff.

46 Vgl. Wolfgang Reinhard, «Humanismus und Militarismus» (wie Anm. 19), S. 191 ff.

47 Vgl. Herfried Münkler, *Machiavelli. Die Begründung des politischen Denkens der Neuzeit aus der Krise der Republik Florenz*, Frankfurt am Main 1982, S. 381 ff. In der schottischen Moralphilosophie ist diese Debatte in der zweiten Hälfte des 18. Jahrhunderts noch einmal geführt wor-

den; vgl. dazu Matthias Bohlender, «‹Die Poetik der Schlacht und die Prosa des Krieges›. Nationalverteidigung und Bürgermiliz im moralphilosophischen Diskurs der schottischen Aufklärung»; in: Johannes Kunisch/Herfried Münkler (Hrsg.), *Die Wiedergeburt des Krieges aus dem Geiste der Revolution*, Berlin 1999, S. 17–41.

48 Volker Schmidtchen hat dies in seinem Aufsatz «Aspekte des Strukturwandels im europäischen Kriegswesen des späten Mittelalters» (wie Anm. 10), S. 451 ff. am Beispiel der Schlacht von Kortrijk (1302), der so genannten Sporenschlacht, sehr genau beschrieben.

49 Dazu Trutz von Trotha, «Das Kalaschsyndrom. Gewalt zwischen Privatisierung, Männlichkeit, Jugend, Opferanspruch und massenmedialer Verherrlichung»; in: *Frankfurter Rundschau*, 15. Dez. 2001, S. 19, sowie Paul Richards, *Fighting for the Rain Forest. War, Youth and Ressources in Sierra Leone*, Oxford 1996.

50 Vgl. Herfried Münkler (Hrsg.), *Der Partisan. Theorie, Strategie, Gestalt*, Opladen 1990.

51 Vgl. das Kapitel «Zwischen Entscheidungsschlacht und Partisanenkrieg: Clausewitz' Theorie des Krieges» in meinem Buch *Über den Krieg*, Weilerswist 2002, S. 75–90.

52 Clausewitz, *Vom Kriege* (wie Anm. 43), S. 799; Clausewitz selbst ist nicht so ohne weiteres bereit, diesen Einwänden gegen die Entfesselung des Volkskriegs zu folgen, und macht geltend, «dass der Volkskrieg im Allgemeinen als eine Folge des Durchbruchs anzusehen ist, den das kriegerische Element in unserer Zeit durch seine alte künstliche Umwallung gemacht hat; als eine Erweiterung und Verstärkung des ganzen Gärungsprozesses, den wir Krieg nennen».

53 Ebd., S. 800.

54 Dazu Wolfgang Schivelbusch, *Die Kultur der Niederlage*, Berlin 2001, S. 133 ff.

55 Die einzig gravierenden Veränderungen waren das Verschwinden Polens von der politischen Landkarte Europas am Ende des 18. Jahrhunderts und die Gründung des Deutschen Reiches 1871, durch die die politischen Gewichte verschoben und die militärischen Szenarien verändert wurden. Am Prinzip der Symmetrie hat sich damit jedoch nichts Grundlegendes verändert.

56 Christopher Daase hat zu zeigen versucht, dass dies nicht nur für Rüstungen, sondern auch für die Führung der Kriege selbst gilt; vgl. Daase, *Kleine Kriege – große Wirkung*, Baden-Baden 1999, S. 91 ff.

57 Vgl. als knappe Zusammenfassung Werner Gembruch, «Die preußischen Reformer»; in: *Pipers Handbuch der politischen Ideen*, hrsg. von Iring Fetscher und Herfried Münkler, Bd. 4, München 1986, S. 79–91.

58 Dazu jetzt Roger Chickering, *Das Deutsche Reich und der Erste Weltkrieg*,

München 2002, S. 48 ff., 122 ff., sowie John Keegan, *Der Erste Weltkrieg. Eine europäische Tragödie*, Reinbek bei Hamburg 2000, S. 289 ff.

59 Vgl. Mary Kaldor, *Der imaginäre Krieg. Eine Geschichte des Ost-West-Konflikts*, Hamburg 1992, S. 199 ff., sowie Michael Salewski (Hrsg.), *Das Zeitalter der Bombe. Die Geschichte der atomaren Bedrohung von Hiroshima bis heute*, München 1995.

60 Unter der Hand freilich ist der Krieg weitergegangen; er konnte jedoch nicht mehr «geführt», sondern nur noch «gedacht» werden: An die Stelle der physischen Vernichtung der gegnerischen Waffensysteme in Kampfhandlungen trat deren Entwertung in der Form von Rüstungswettläufen, und mit den Fortschritten der Mikroelektronik geriet die Sowjetunion seit Anfang der achtziger Jahre immer mehr ins Hintertreffen. Mitte der achtziger Jahre dürfte der sowjetischen Führung klar geworden sein, dass sie ökonomisch wie technologisch nicht mehr in der Lage war, ein zu dem der USA symmetrisches Rüstungspotenzial bereitzustellen.

61 Vgl. *Ewiger Friede? Dokumente einer deutschen Diskussion um 1800*, hrsg. von Anita und Walter Dietze, München 1989, sowie Claudius R. Fischbach, *Krieg und Frieden in der Französischen Aufklärung*, Münster/New York 1990.

62 Immanuel Kant, «Zum Ewigen Frieden. Ein philosophischer Entwurf»; in: ders., *Werke in zehn Bänden*, hrsg. von Wilhelm Weischedel, Darmstadt 1970, Bd. 9, S. 226.

63 Ebd. Es fällt auf, dass in den meisten der überwiegend rechtstheoretisch oder moralphilosophisch ausgerichteten jüngeren Interpretationen der Kant'schen Friedensschrift die starke sozioökonomische Fundierung von Kants Überlegungen kaum Beachtung gefunden hat.

64 Einschlägige Textpassagen von Comte und Spencer sind zusammengestellt bei Günther Wachtler (Hrsg.), *Militär, Krieg, Gesellschaft. Texte zur Militärsoziologie*, Darmstadt 1983, S. 27 ff., 38 ff.

65 Joseph A. Schumpeter, *Kapitalismus, Sozialismus und Demokratie*. Einleitung von Edgar Salin, Tübingen 1950, S. 210.

66 Dazu Michael Howard, *Die Erfindung des Friedens. Über den Krieg und die Ordnung der Welt*, Lüneburg 2001, S. 100 f.

67 Immanuel Kant, «Zum Ewigen Frieden» (wie Anm. 62), S. 205f.

68 Zum Theorem des demokratischen Friedens vgl. Michael E. Brown/Sean M. Lynn-Jones/Steven E. Miller (Hrsg.), *Debating the Democratic Peace*, Cambridge (Mass.)/London 1996, sowie Thomas Risse-Kappen, «Wie weiter mit dem ‹demokratischen Frieden›?»; in: *Zeitschrift für Internationale Beziehungen*, Bd. 1, 1994, S. 367–379.

69 Stellvertretend für viele sei hier auf Klaus Jürgen Gantzel, «Kriegsursachen – Tendenzen und Perspektiven»; in: *Ethik und Sozialwissenschaften*,

Bd. 8, 1997, Heft 3, S. 257–266, sowie Dieter Senghaas, *Den Frieden denken. Si vis pacem, para pacem*, Frankfurt am Main 1995, insbes. S. 196–223, verwiesen.

Anmerkungen zu Kapitel 4

1 Peter Lock, «Light Weapons and Conflict in Africa»; in: *Peace and Security. The IIP Research Quarterly*, Bd. XXXI, Dez. 1999, S. 31–36, hier S. 35. Dass vor allem Kalaschnikows so billig zu bekommen sind, hat auch mit ihrer buchstäblichen Unverwüstlichkeit zu tun: Da sie mit der Zeit oder durch Gebrauch kaum funktionsunfähig werden, zugleich aber immer neue Modelle hinzukommen, sind ältere Modelle oft für Spottpreise zu erhalten.

2 «Die automatischen Handfeuerwaffen sind heute leicht und kurz, ihre neuen Generationen ähneln immer mehr Spielzeugwaffen. Der alte Mauser-Karabiner war zu groß, zu schwer, zu lang für ein Kind. Ein kleines Kind hat zu kurze Arme, um den Abzug zu drücken, und auch die Zieleinrichtung ist für sein Auge nicht geeignet. Die moderne Waffe löst diese Probleme, überwindet diese Hindernisse. Ihre Maße sind hervorragend der Größe eines Jungen angepasst, und diese Waffen wirken eher in den Händen eines erwachsenen, kräftig gebauten Soldaten komisch und kindlich.» Ryszard Kapuściński, *Afrikanisches Fieber*, Frankfurt am Main 1999, S. 149.

3 Die Beobachtung dieser Unterschiede zwischen neuen und klassischen Kriegen ist der Grund dafür, dass diese Kriege mitunter auch als «postmoderne Kriege» bezeichnet werden; vgl. Mark Duffield, «Post-modern Conflict: Warlords, Post-adjustment States and Private Protection»; in: *Civil Wars*, Bd. 1, 1998, Heft 1, S. 65–102.

4 Vgl. oben, Kapitel 1, S. 18–23.

5 Peter Lock, «Privatisierung der Sicherheit im Spannungsfeld zunehmend gewaltoffener Räume und staatlichen Gewaltmonopols – Thesen zur sozialen Apartheid»; in: Österreichisches Zentrum für Konfliktlösung (Hrsg.), *Wie sicher ist Europa?*, Münster 2001, S. 65–78, hier S. 75.

6 Ahmed Rashid, *Taliban. Afghanistans Gotteskrieger und der Dschihad*, München 2001, S. 192.

7 «Vor den Rekrutierungsbüros der Allianz», berichtet Hans Christoph Buch (*Blut im Schuh*, Frankfurt am Main 2001, S. 258) von einem Aufenthalt im zerfallenden Zaire, «herrscht ein reger Andrang von Kindern und Jugendlichen, die sich freiwillig zum Kriegsdienst melden, weil dies die einzige Möglichkeit ist, Kleider und Essen zu bekommen. Sie brennen darauf, sich dem Rebellenheer anzuschließen, das der zairischen Armee

und den von Mobutu angeworbenen Söldnern am Flughafen von Kisangani eine vernichtende Niederlage beigebracht hat.»

8 Lock, «Privatisierung der Sicherheit» (wie Anm. 5), S. 74.

9 Peter Scholl-Latour, *Afrikanische Totenklage*, München 2001, S. 425; was Scholl-Latour aus Sierra Leone berichtet, wird von Hans Christoph Buch aus Liberia bestätigt: «Am Nachmittag, wenn die Kindersoldaten der NPFL sich Mut angetrunken haben, wird es gefährlich; sie gestikulieren mit ihren Waffen und sind nur mühsam davon abzuhalten, vor laufender Kamera einen Gefangenen zu exekutieren.» Buch, *Blut im Schuh* (wie Anm. 7), S. 234.

10 Rashid, *Taliban* (wie Anm. 6), S. 138.

11 David Rieff, *Schlachthaus Bosnien und das Versagen des Westens*, München 1995, S. 188; der moralische Zerrüttungsprozess jener Schichten und Gruppen, die im Zentrum einer funktionierenden Zivilgesellschaft stehen, ist für das erste Jahr der Belagerung Sarajevos minutiös beschrieben bei Zlatko Dizdarević, *Der Alltag des Krieges. Ein Tagebuch aus Sarajevo*, Frankfurt am Main/New York 1995.

12 Für die Zeit des Condottieriwesens in Italien ist beobachtet worden, dass das Banditentum in Kriegszeiten zurückging und in Friedenszeiten anschwoll; vgl. Wolfgang Reinhard, *Geschichte der Staatsgewalt*, München 1998, S. 346. Das gilt auch für die neuen Kriege, nur dass hier beides sehr viel umstandsloser ineinander übergeht.

13 In Liberia wie Sierra Leone haben die Warlords die bewaffneten Jugendlichen mit billigen Drogen aufgeputscht. Scholl-Latour (*Afrikanische Totenklage* [wie Anm. 9], S. 366) zitiert einen Bericht von *Human's Right Watch*, wonach der Fall eines Jugendlichen als typisch anzusehen sei, der, nachdem er sich einer Kampfgruppe angeschlossen hatte, zunächst seinen früheren Lehrer, der ihn schlecht benotet, und danach seinen ehemaligen Arbeitgeber, der ihn schlecht bezahlt hatte, tötete. Anschließend vergewaltigte er die Mütter seiner früheren Freunde.

14 Machiavellis berüchtigter Vorschlag, ein mit Glück und Gewalt an die Macht gekommener Herrscher müsse dem Vorbild des Cesare Borgia entsprechend seine Obristen und Hauptleute töten, hat darin seine Grundlage: in einer in mancher Hinsicht vergleichbaren Situation hat Machiavelli erkannt, dass der Weg imitativer Nachfolge versperrt werden muss, um zu einer Konsolidierung der Herrschaft zu gelangen.

15 Beispielhaft hierfür ist die breit angelegte Gegenschrift des Ethnologen Hans Peter Duerr gegen Norbert Elias' Theorie eines langsam, aber stetig voranschreitenden Prozesses menschlicher Selbstzivilisierung. Duerr stellt dagegen die These, dass sich menschliches Verhalten in seiner Substanz, nicht unbedingt seiner Form, immer gleich bleibe, und dabei spielt für ihn die in Kriegen gegen Frauen ausgeübte Gewalt eine

große Rolle; vgl. Hans Peter Duerr. *Obszönität und Gewalt. Der Mythos vom Zivilisationsprozess*, Bd. 3, Frankfurt am Main 1993, S. 242 ff., 319 ff., 363 ff., 391 ff., 428 ff.

16 Vgl. Stefan Winkle, *Geißeln der Menschheit. Kulturgeschichte der Seuchen*, Düsseldorf/Zürich 1977, S. 570 ff.

17 «Genfer Abkommen über den Schutz von Zivilpersonen in Kriegszeiten vom 12. August 1949», Artikel 27, in: *Archiv des Völkerrechts*, Bd. 2, 1950, Heft 4, S. 445–490, hier S. 454.

18 «Genfer Abkommen» (wie Anm. 17), Artikel 29, S. 454. Das am 21. 10. 1950 in Kraft getretene Abkommen wurde im Übrigen von Jugoslawien am 21.04.1950 ratifiziert; dazu und zur Weiterentwicklung der einschlägigen Bestimmungen im Völkerrecht vgl. Helga Wullweber, «Vergewaltigung als Waffe und das Kriegsvölkerrecht»; in: *Kritische Justiz*, Bd. 26, 1993, S. 179–193.

19 Zit. nach Maria Welser, *Am Ende wünschst Du Dir nur mehr den Tod*, München 1993, S. 149.

20 Vgl. Noam Chomsky, *People without Rights. Kosovo, Ost-Timor und der Westen*, Hamburg/Wien, S. 53 ff.

21 Dazu Wolfgang Sofsky, *Zeiten des Schreckens. Amok, Terror, Krieg*, Frankfurt am Main 2002, S. 162 ff.

22 Eine der wenigen Darstellungen des 20. Jahrhunderts, in denen den Ereignissen auf dem Balkan und in Kleinasien eine für den weiteren Verlauf der europäischen Geschichte zentrale Bedeutung zuerkannt wird, ist Dan Diner, *Das Jahrhundert verstehen. Eine universalgeschichtliche Deutung*, München 1999, insbes. S. 195 ff.

23 Dazu Hannes Heer/Klaus Naumann (Hrsg.), *Vernichtungskrieg. Verbrechen der Wehrmacht 1941–1944*, Hamburg 1995.

24 Vgl. Silva Meznaric, «Gender as an Ethno-Marker: Rape, War, and Identity Politics in the Former Yugoslavia»; in: Valentine M. Moghadam (Hrsg.), *Identity Politics and Woman. Cultural Reassertions and Feminisms in International Perspective*, Boulder u. a. 1994, S. 76–97; Julie Moscow, «‹Our Women›/‹Their Women›. Symbolic Boundaries, Territorial Markers, and Violence in the Balkans»; in: *Peace and Change*, Bd. 20, 1995, Heft 4, S. 515–529, sowie Slavenka Drakulić, «The Rape of Women in Bosnia»; in: *Women and Violence*, zusammengestellt von Miranda Davies, London/New Jersey 1994, S. 176–181.

25 «Vor Ausbruch der Kämpfe», fasst Rieff (*Schlachthaus* [wie Anm. 11], S. 140) die gegen die kulturelle Identität gerichteten Zerstörungen im Bosnienkrieg zusammen, «hatte es in der Bosanska Krajina ungefähr tausend Moscheen gegeben. Im Winter 1994 standen höchsten noch hundert, wahrscheinlich noch weniger.»

26 Dazu Ruth Seifert, «Der weibliche Körper als Symbol und Zeichen.

Geschlechtsspezifische Gewalt und die kulturelle Konstruktion des Krieges»; in: Andreas Gestrich (Hrsg.), *Gewalt im Krieg. Ausübung, Erfahrung und Verweigerung von Gewalt in Kriegen des 20. Jahrhunderts*, Münster 1995 (= Jb. für Histor. Friedensforschung, Bd. 4), S. 12–33, hier S. 28 f.

27 Vgl. oben, Kapitel 1, S. 29.

28 Vgl. oben, Kapitel 2, S. 75 f.

29 Vgl. oben, Kapitel 2, S. 59–63.

30 Susan Brownmiller, *Gegen unseren Willen. Vergewaltigung und Männerherrschaft*, Frankfurt am Main 1978, S. 45; daran anschließend auch Claudia Opitz, «Von Frauen im Krieg zum Krieg gegen Frauen. Krieg, Gewalt und Geschlechterbeziehungen aus historischer Sicht»; in: *L'Homme*, 3. Jg., 1992, Heft 1, S. 31–44, hier S. 40 ff.

31 So auch Seifert, «Der weibliche Körper als Symbol und Zeichen» (wie Anm. 26), S. 26.

32 Zur Unterscheidung zwischen vergewaltigungslastigen und vergewaltigungsarmen Gesellschaften vgl. Seifert, «Der weibliche Körper als Symbol und Zeichen» (wie Anm. 26), S. 15, die als Gründe für niedrige Vergewaltigungszahlen eine notorisch schwache Stellung von Frauen und eine unfraglich starke Position von Männern nennt.

33 Zu den Vergewaltigungen in Bangladesh vgl. Kevin Gerard Neill, «Duty, Honor, Rape: Sexual Assault Against Woman During War»; in: *Journal of International Women's Studies*, Bd. 2, 2001, Heft 1; zu den Vergewaltigungen in Nordafghanistan vgl. Rashid, *Taliban* (wie Anm. 6), S. 138.

34 Buch, *Blut im Schuh* (wie Anm. 7), S. 170 und 303.

35 Dazu Clotilde Twagiramariya und Meredeth Turshen, «‹Favors› to Give and ‹Consenting› Victims. The Sexual Politics of Survival in Rwanda»; in: diess. (Hrsg.), *What Women Do in Wartime. Gender and Conflict in Africa*, London/New York 1998, S. 101–117.

36 Vgl. die entsprechenden Einträge in den von der Arbeitsgemeinschaft Kriegsursachenforschung herausgegebenen Bänden über das Kriegsgeschehen der Jahre 1999 und 2000.

37 Diese Dimension von Gewaltanwendung steht im Mittelpunkt der Analysen von Wolfgang Sofsky, *Zeiten des Schreckens* (wie Anm. 21), insbes. S. 91 ff., 130 ff., 147 ff.

38 Ebd., S. 160 f.

39 So etwa Wullweber, «Vergewaltigung als Waffe» (wie Anm. 18), S. 182 f.

40 Rieff, *Schlachthaus* (wie Anm. 11), S. 155.

41 Freilich ist die Anwendung sexueller Gewalt, zumeist die Vergewaltigung von Frauen, gelegentlich auch die Kastration von Männern, dort

besonders häufig zu beobachten, wo die Kriegführenden unterschiedlichen ethnischen oder religiösen Gemeinschaften zuzurechnen sind. Im amerikanischen Bürgerkrieg wie im Vietnamkrieg von Seiten des Vietcong hat Vergewaltigung nicht zu den Mitteln der Demütigung und Einschüchterung des Gegners gehört.

42 Lock, «Privatisierung der Sicherheit» (wie Anm. 5), S. 74.

43 Eine kritische Bestandsaufnahme der Verbindung von humanitärer Hilfe und Bürgerkriegsökonomie findet sich bei John Prendergast, *Frontline Diplomacy: Humanitarian Aid and Conflict in Africa*, Boulder/London 1996; dazu auch François Jean, «Humanitäre Hilfe und Kriegsökonomie»; in: François Jean/Jean-Christophe Rufin (Hrsg.), *Ökonomie der Bürgerkriege*, Hamburg 1999, S. 440–476.

44 Rieff, *Schlachthaus* (wie Anm. 11), S. 127.

45 Dazu ausführlich Mary B. Anderson, *Do No Harm: How Aid Can Support Peace – or War*, Boulder/London 1999, sowie David Keen/Ken Wilson, «Engaging with Violence: A Reassessment of Relief in Wartime»; in: Joanna Macrae/Anthony Zwi (Hrsg.), *War and Hunger. Rethinking International Responses to Complex Emergencies*, London 1994, S. 209–221.

46 Michael Birnbaum, *Krisenherd Somalia. Das Land des Terrors und der Anarchie*, München 2002, S. 93 f.

47 Dazu ausführlich Christopher Daase, *Kleine Kriege – große Wirkung. Wie unkonventionelle Kriegführung die internationale Politik verändert*, Baden-Baden 1999, S. 196 ff.

48 Ebd., S. 173 ff.

49 «Der ganze Krieg», so ein Resümee über die Balkankriege der neunziger Jahre, «wurde offensichtlich mit den Mitteln des Fernsehens geführt: Der amerikanische Präsident ordnete Angriffe der Nato an, nachdem er bei CNN eine Reportage über drei Kinder gesehen hatte, die auf ihrem Schlitten erschossen worden waren – Berichte seiner Geheimdienste über die wirkliche Lage vor Ort brauchte er dazu gar nicht mehr. Alles wird zum Schein, zur Theatervorstellung, die Wahrheit scheint nirgends mehr zu finden zu sein.» Paolo Rumiz, *Masken für ein Massaker. Der manipulierte Krieg: Spurensuche auf dem Balkan*, München 2000, S. 47 f.

50 Hierzu Mark Duffield, «The Political Economy of Internal War: Asset Transfer, Complex Emergencies and International Aid»; in: Joanna Macrae/Anthony Zwi (Hrsg.), *War and Hunger: Rethinking International Responses to Complex Emergencies*, London 1994, S. 50–69, sowie Jean-Christophe Rufin, «Kriegswirtschaft in internen Konflikten»; in: François Jean/Jean-Christophe Rufin (Hrsg.), *Ökonomie der Bürgerkriege*, Hamburg 1999, S. 15–46.

51 Dazu Michael Riekenberg, «Warlords»; in: *Comparatio*, Heft 5/6, 1999, S. 187–205.

52 Vgl. Mats Berdal/David Keen, «Violence and Economic Agendas in Civil Wars: Some Policy Implications»; in: *Millenium. Journal of International Studies*, 26. Jg., 1997, Heft 3, S. 795–818.

53 Hierzu und zum Folgenden vgl. Barnett R. Rubin, *The Political Economy of War and Peace in Afghanistan*. Council of Foreign Relations, New York 1999.

54 Vgl. Rashid, *Taliban* (wie Anm. 6), S. 204, 214.

55 Ebd., S. 62 f.

56 Diese Definition informeller Ökonomien ist übernommen von Peter Lock, «Privatisierung der Sicherheit» (wie Anm. 5), S. 69.

57 Vgl. Nazih F. Richani, «The Political Economy of Violence: The War-System in Colombia»; in: *Journal of Interamerican Studies and World Affairs*, 39. Jg., 1997, Heft 2, S. 37–82.

58 Vgl. William Reno, *Warlord Politics and African States*, Boulder/London 1998.

59 Dazu Riekenberg, «Warlords» (wie Anm. 51), S. 191 ff.

60 Vgl. Alain Labrousse, «Kolumbien und Peru: politische Gewalt und Kriminalität»; in: François Jean/Jean-Christophe Rufin (Hrsg.), *Ökonomie der Bürgerkriege* (wie Anm. 43), S. 313–343; John Simpson, *In the Forests of the Night: Encounters in Peru with Terrorism, Drug-Running and Military Oppression*, London 1994, sowie Mauricio Rubio, *Conflict, Crime and Violence in Colombia*, World Bank, Washington D.C. 1999.

61 Der Begriff des «interessierten Dritten» als Bezeichnung der Anlehnungs- und Unterstützungsmacht ist von Rolf Schroers (*Der Partisan. Ein Beitrag zur politischen Anthropologie*, Köln/Berlin 1961, S. 247 ff.) geprägt und von Carl Schmitt (*Theorie des Partisanen. Zwischenbemerkung zum Begriff des Politischen*, Berlin 1963, S. 78) in breitere Diskussionszusammenhänge eingeführt worden.

62 Das Einfliegen eines kubanischen Expeditionskorps war freilich nur eine Reaktion auf das massive Eingreifen südafrikanischer Truppen in den angolanischen Bürgerkrieg.

63 Vgl. Berndt Georg Thamm, «Rauschgift, Terror und Konflikte. Drogenkapital und aktuelles Kriegsgeschehen»; in: *Suchtreport* Nr. 3/2000, S. 4–11.

64 Vgl. Pierre Kopp, «Embargo und wirtschaftliche Kriminalisierung»; in: Jean/Rufin (Hrsg.), *Ökonomie der Bürgerkriege* (wie Anm. 43), S. 347–378.

65 Die kosovo-albanische UCK hat ihren Krieg im Wesentlichen aus dem Drogenhandel und der Kontrolle der Prostitution in Westeuropa finanziert; vgl. Jürgen Roth, *Netzwerke des Terrors*, Hamburg 2001, S. 182 ff.

66 Vgl. den Abschnitt über «die sexuelle Versklavung» bei Pino Arlacchi, *Ware Mensch. Der Skandal des modernen Sklavenhandels*, München/Zürich 1999, S. 83 ff. Kriegsgebiete erweisen sich dabei als ein gutes Reservoir für eine wachsende Nachfrage nach Sexsklavinnen, und so zeigt sich auch hier ein intensives Zusammenspiel zwischen den Märkten der Friedensökonomien und den Angeboten von Kriegswirtschaften.

Anmerkungen zu Kapitel 5

1 Carl von Clausewitz, *Vom Kriege*, 19. Aufl., hrsg. von Werner Hahlweg, Bonn 1980, S. 191 f.

2 Am schärfsten ist dieser Aspekt herausgearbeitet bei David Fromkin, «Die Strategie des Terrorismus»; in: Manfred Funke (Hrsg.), *Terrorismus. Untersuchungen zur Strategie und Struktur revolutionärer Gewaltpolitik*, Bonn 1977, S. 83–99, insbes. S. 93 ff.; zusammenfassend auch Herfried Münkler, «Guerillakrieg und Terrorismus»; in: *Neue politische Literatur*, XXV. Jg., 1980, Heft 3, S. 299–326.

3 Dazu Peter Waldmann, *Terrorismus. Provokation der Macht*, München 1998, S. 48 f., sowie Bruce Hoffman, *Terrorismus – der unerklärte Krieg. Neue Gefahren politischer Gewalt*, Frankfurt am Main 1999, S. 172 ff.

4 Clausewitz, *Vom Kriege* (wie Anm. 1), S. 429.

5 In der journalistischen Publizistik ist die Verbindung von Terrorismus und Feigheit ein verbreitetes Stereotyp; gemeint ist jedoch eher Heimtücke als Feigheit.

6 Vgl. oben, Kapitel 4, S. 169 f.

7 Vgl. Gilles Kepel, *Das Schwarzbuch des Dschihad. Aufstieg und Niedergang des Islamismus*, München/Zürich 2002, S. 356 ff.

8 Vgl. Walter Laqueur, *Terrorismus*, Kronberg/Ts. 1977, S. 4–21, ebenso Caleb Carr, *The Lessons of Terror. A History of Warfare against Civilians: Why it has Always Failed and Why it will Fail Again*, New York/Toronto 2002, der freilich einen sehr unpräzisen Begriff des Terrors zugrunde legt und die These verficht, terroristische Taktiken und Strategien seien grundsätzlich zum Scheitern verurteilt.

9 Dazu ausführlich Laqueur, *Terrorismus* (wie Anm. 8), S. 22–77.

10 Vgl. André Beaufre, *Die Revolutionierung des Kriegsbildes. Neue Formen der Gewaltanwendung*, Stuttgart 1973, S. 176 ff.

11 Dazu Hoffman, *Terrorismus – der unerklärte Krieg* (wie Anm. 3), S. 57–84.

12 Hier ist präziser, als dies zumeist der Fall ist, zwischen offizieller Legitimation und ursprünglicher Motivation der Gruppen zu unterscheiden: In der anfänglichen Entwicklung vieler sich später islamistisch legiti-

mierender Terrorgruppen haben religiöse Aspekte keine oder allenfalls eine untergeordnete Rolle gespielt. Diese sind erst unter dem Eindruck einer Reihe von Misserfolgen hinzugekommen, haben dann aber erheblich zur weiteren Radikalisierung der Gruppen beigetragen. Das vermehrte Auftauchen von Selbstmordattentätern ist mit dieser Entwicklung untrennbar verbunden; vgl. dazu auch Mark Juergensmeyer, *Terror in the Mind of God. The Global Rise of Religious Violence*, Berkeley 2000.

13 Vgl. Hoffman, *Terrorismus – der unerklärte Krieg* (wie Anm. 3), S. 112–171; Waldmann, *Terrorismus* (wie Anm. 3), S. 98–119; Walter Laqueur, *Die globale Bedrohung. Neue Gefahren des Terrorismus*, Berlin 1998, S. 165–201.

14 Vgl. hierzu die aus journalistischer Feder stammende, mit zahlreichen Hintergrundinformationen versehene Arbeit von Oliver Schröm, *Im Schatten des Schakals. Carlos und die Wegbereiter des internationalen Terrorismus*, Berlin 2002. Hier wird auch die Beteiligung deutscher Terroristen aus dem Umfeld der so genannten Revolutionären Zellen an palästinensischen Aktionen detailliert dargestellt. Folgt man Schröm, so agierten die «Verbündeten» fast immer als Gewalteskalierer.

15 Womöglich beruht diese Beobachtung auf einer perspektivischen Verkürzung, die von der europäischen beziehungsweise europäisch dominierten Kriegsgeschichte ausgeht und schrittweise die (häufig europäisch beeinflusste) nichteuropäische Kriegsgeschichte stärker ins Auge fasst. Durchweg haben Strategien des Kleinen Krieges außerhalb Europas eine sehr viel wichtigere Rolle gespielt als im Europa des 17. bis 20. Jahrhunderts. Die wachsende politisch-militärische Relevanz dieser Regionen oder womöglich auch nur die mediale Ausweitung unseres Beobachtungsfeldes sind dann die Ursache dafür, dass die Kriegsgeschichte des letzten halben Jahrhunderts uns als ein Prozess der Freisetzung ursprünglich eingebundener und untergeordneter taktischer Elemente auf strategischer Ebene erscheint.

16 Vgl. oben, Kapitel 2, S. 63–75.

17 Mao Tse-tungs strategische Innovation gegenüber herkömmlichen Strategien des Partisanenkrieges bestand – aus eurozentrischer Sicht – darin, dass er die Gleichzeitigkeit vom Kleinen und Großen Krieg in eine Ungleichzeitigkeit überführte, in der dem Partisanenkrieg die Funktion zugedacht wurde, die Vorbereitungs- und Einübungsphase des anschließend mit regulären Streitkräften geführten Krieges zu sein, wobei die regulär kämpfenden Kräfte schrittweise aus den Partisaneneinheiten heraus entwickelt wurden.

18 Dazu Waldmann, *Terrorismus* (wie Anm. 3), S. 56 ff., sowie Hoffman, *Terrorismus – der unerklärte Krieg* (wie Anm. 3), S. 172 ff.

19 Diese Entwicklung hat freilich bereits mit der massenindustriellen

Fertigung von Kriegsgerät begonnen, in deren Folge die Industriearbeiterschaft der Krieg führenden Staaten in den Status eines «Semikombattanten» erhoben wurde; darauf begründete sich die britisch-amerikanische Strategie, den Bombenkrieg nicht nur gegen die Produktionsstätten, sondern insbesondere auch gegen die Arbeiterwohnviertel in Deutschland zu führen; zu den moralischen wie völkerrechtlichen Folgen dieser Entscheidung vgl. Michael Walzer, *Gibt es den gerechten Krieg?*, Stuttgart 1982, S. 363–374.

20 Zit. nach Carl Schmitt, *Theorie des Partisanen. Zwischenbemerkung zum Begriff des Politischen*, Berlin 1963, S. 20.

21 In jüngster Zeit ist in einer Reihe von Publikationen China die Rolle eines potenziell symmetrischen Herausforderers der USA zugesprochen worden. In der chinesischen Selbstwahrnehmung ist dies nicht der Fall: Die chinesischen Szenarien eines Konflikts mit den USA gehen von einem asymmetrischen Krieg aus; vgl. Qiao Liang/Wang Xiangsui, *Unrestricted Warfare*, Peking 1999 (auszugsweise Übersetzung ins Amerikanische). Die Verfasser der Studie, Offiziere der chinesischen Volksbefreiungsarmee, haben sich darin selbst die Aufgabe gestellt, «to propose tactics for developing countries, in particular China, to compensate for their military inferiority vis-à-vis the United States during a high-tech war».

22 Vgl. Gabriel Kolko, *Anatomy of a War: Vietnam, the United States, and the Modern Historical Experience*, New York 1985.

23 Nicht die Kampfhandlungen selbst, bei denen wahrscheinlich mehr als eintausend Somalier, bewaffnete, vor allem aber auch unbewaffnete, zu Tode kamen, sind im Sinne der oben gegebenen Definition als terroristisch zu bezeichnen, sondern die Entkleidung und Verstümmelung gefallener Soldaten vor laufenden Kameras in der Erwartung, dass diese Bilder in den USA ausgestrahlt würden. Die Kampfhandlungen im Zusammenhang mit der gescheiterten Festnahme Aidids folgten dem Modell des Partisanenkrieges; die «Siegesfeier mit Leichen» dagegen war eine an die Weltöffentlichkeit adressierte Inszenierung, die nur eine Funktion hatte: die Verbreitung von Schrecken. Offenbar hatte Aidids Taktik in den Wochen zuvor darauf abgestellt, die UN-Truppen in Somalia zu einem Massaker an somalischen Zivilisten zu provozieren, das er dann propagandistisch für seine Zwecke ausschlachten konnte; vgl. Michael Birnbaum, *Krisenherd Somalia*, München 2002, S. 108 ff.

24 Vgl. Peter Bergen, *Heiliger Krieg Inc. Osama Bin Ladens Terrornetz*, Berlin 2001, S. 105 f.

25 Vgl. oben Kapitel 3, S. 91 ff.

26 Zusammenfassend Shlomo Shpiro, «Medien und Terrorismus»; in: *Internationale Politik*, 56. Jg., 2001, Heft 12, S. 19–24.

27 Vgl. Franklin L. Ford, *Der politische Mord. Von der Antike bis zur Gegenwart*, Hamburg 1990, S. 264 ff.

28 Dazu Walter Laqueur, *Die globale Bedrohung* (wie Anm. 13), S. 51 ff. sowie 60 ff.

29 Vgl. Waldmann, *Terrorismus* (wie Anm. 3), S. 23 f.; Laqueur, *Die globale Bedrohung* (wie Anm. 13), S. 315 ff.

Anmerkungen zu Kapitel 6

1 Vgl. Jack Levy, «Domestic Politics and War»; in: *Journal of Interdisciplinary History*, Bd. 18, 1988, Heft 4, S. 653–673; Michael E. Brown/Sean M. Lynn-Jones/Steven E. Miller (Hrsg.), *Debating the Democratic Peace*, Cambridge (Mass.)/London 1996; Thomas Risse-Kappen, «Wie weiter mit dem ‹demokratischen Frieden›»?, in: *Zeitschrift für internationale Beziehungen*, Bd. 1, 1994, S. 367–379.

2 So etwa Ernst-Otto Czempiel, *Kluge Macht. Außenpolitik für das 21. Jahrhundert*, München 1999, insbes. S. 70 ff.

3 Beispielhaft für die systematische Vernachlässigung des Kosten-Problems ist die Zusammenfassung der Theorie des demokratischen Friedens bei Ernst-Otto Czempiel, *Neue Sicherheit in Europa. Eine Kritik an Neorealismus und Realpolitik*, Frankfurt am Main/New York 2002, S. 33: «Die Ursache [dafür, «dass Demokratien untereinander sich noch nie bekämpft haben»] wird einmal in den Verhaltensnormen verortet, sodann in der Struktur des Entscheidungsprozesses. Die demokratischen Normen, die auf Gewaltlosigkeit, Interessenausgleich und Kompromiss verweisen, werden von den Demokratien auch in ihrem Außenverhalten befolgt. Die Gewaltenteilung errichtet so viele Barrieren für ein möglicherweise zur Gewaltanwendung tendierendes politisches System, dass die Gesellschaft über ausreichende Kontroll- und Bremsmöglichkeiten verfügt.»

4 Vgl. oben, Kapitel 4, S. 131–141.

5 Ein Beispiel hierfür ist die Thematisierung von Erdöl- und Erdgasvorkommen im Nahen und Mittleren Osten sowie in Zentralasien, wenn es um die Erklärung des militärischen Engagements westlicher Mächte, insbesondere der USA, in diesen Regionen geht.

6 Dazu Dieter Storz, *Kriegsbild und Rüstung vor 1914. Europäische Landstreitkräfte vor dem Ersten Weltkrieg*, Herford u.a. 1992 (= Militärgeschichte und Wehrwissenschaften, Bd. 1).

7 Johann von Bloch, *Die wahrscheinlichen politischen und militärischen Folgen eines Krieges zwischen Grossmächten*, Berlin 1901; Engels' Warnung vor den katastrophalen Folgen eines großen Krieges in Europa findet

sich vor allem in seiner 1895 verfassten «Einleitung zu Marx' ‹Klassenkämpfe in Frankreich›», in: *Marx-Engels-Werke*, Bd. 22, Berlin 1963, S. 509–527, insbes. S. 517; vgl. hierzu auch das Kapitel «Dialektik des Militarismus oder Hegung des Krieges» in meinem Buch *Über den Krieg. Stationen der Kriegsgeschichte im Spiegel ihrer theoretischen Reflexion*, Weilerswist 2002, S. 116–148.

8 Diese Angaben nach Gabriel Kolko, *Das Jahrhundert der Kriege*, Frankfurt am Main 1999, S. 96–100; zur inneren Entwicklung der deutschen Gesellschaft während des Krieges vgl. Volker Ullrich, «Kriegsalltag. Zur inneren Revolutionierung der Wilhelminischen Gesellschaft»; in: Wolfgang Michalka (Hrsg.), *Der Erste Weltkrieg*, München 1994, S. 603–621, sowie Roger Chickering, *Das Deutsche Reich und der Erste Weltkrieg*, München 2002, S. 117 ff.

9 Kolko, *Das Jahrhundert der Kriege* (wie Anm. 8), S. 107.

10 Zum schleichenden Zerfall der Heere wie zur offenen Meuterei von Truppenteilen vgl. John Keegan, *Der Erste Weltkrieg. Eine europäische Tragödie*, Reinbek bei Hamburg 2000, S. 429–515; Marc Ferro, *Der Große Krieg 1914–1918*, Frankfurt am Main 1988, S. 312–327, sowie Kolko, *Das Jahrhundert der Kriege* (wie Anm. 8), S. 138 ff.

11 Eine der aufschlussreichsten Arbeiten hierzu ist Marc Bloch, *Die seltsame Niederlage: Frankreich 1940*, Frankfurt am Main 1992. Blochs Analyse endet mit dem an Clausewitz' «Bekenntnisdenkschrift» von 1812 erinnernden Wunsch: «Ich wünsche auf jeden Fall, dass wir noch Blut zu vergießen haben, auch wenn es das von Menschen sein sollte, die mir teuer sind (ich spreche nicht von meinem, an dem mir nicht so viel gelegen ist). Denn es gibt keine Rettung, ohne dass man ein gewisses Opfer bringt, und keine vollständige nationale Freiheit, wenn man nichts daran gesetzt hat, sie selber zu erringen» (S. 230 f.).

12 Sieht man von den totalitären Regimen des nationalsozialistischen Deutschland und der Sowjetunion ab, so war die Kampfbereitschaft der Staaten, die am Ersten Weltkrieg teilgenommen hatten, eher beschränkt – trotz des fälligen Hinweises auf Großbritannien und die USA. Beide freilich sahen sich zur Errichtung einer zweiten Front gegen Deutschland im Westen, wie Stalin sie unentwegt gefordert hatte, erst in der Lage, als die Kampfkraft der Wehrmacht bereits im Schwinden begriffen und die alliierte Luftwaffe eine uneingeschränkte Lufthoheit im Frontgebiet sicherzustellen in der Lage war.

13 Dass der deutschen Offensivkonzeption eine französische gegenüberstand und die französische Armee in Lothringen und im Elsaß Anfang August zu einer breit angelegten Offensive überging (die freilich sehr bald in einer schweren Niederlage endete), ist in der Populärthematisierung des Ersten Weltkrieges zumeist in Vergessenheit geraten; vgl.

hierzu Ferro, *Der Große Krieg* (wie Anm. 10), S. 93 f., sowie Keegan, *Der Erste Weltkrieg* (wie Anm. 10), S. 137 ff.

14 Eine kritische Auseinandersetzung mit der Strategie des Blitzkriegs findet sich bei Karl-Heinz Frieser, «Die deutschen Blitzkriege: Operativer Triumph – strategische Tragödie»; in: Rolf-Dieter Müller und Hans-Erich Volkmann (Hrsg.), *Die Wehrmacht. Mythos und Realität*, München 1999, S. 182–196. Frieser bestreitet dem Konzept des Blitzkriegs die Qualität einer Strategie und reduziert es auf «ein militärisch-taktisches Phänomen». Er greift dabei auf seine Analyse des so genannten Westfeldzugs von 1940 (*Blitzkrieg-Legende. Der Westfeldzug 1940*, München 1995) zurück, in der er die Kontingenz der militärischen Ereignisse im Mai/Juni 1940 nachgezeichnet hat. Friesers Argumentation gründet sich jedoch auf einen überdehnten Strategiebegriff und die Auswertung eines einzigen Feldzugs. Eine komparative Betrachtung der Feldzüge von 1939 bis 1942 dürfte zu einem anderen Ergebnis kommen; vgl. etwa Basil Henry Liddell Hart, *Geschichte des Zweiten Weltkriegs*, Düsseldorf/Wien 1972, Bd. 1, S. 49 ff. Liddell Hart weist auf ähnliche strategische Überlegungen in Großbritannien hin, die jedoch nicht zum Tragen gekommen sind.

15 Vgl. Dilip Hiro, *The Longest War: The Iran-Iraq Military Conflict*, New York 1991. In diesem Krieg wurden von iranischer Seite erstmals in großem Stil Selbstmordeinheiten eingesetzt, zumindest Kinder, die in die iranischen Minengürtel geschickt wurden, um nachfolgenden Verbänden Gassen durch die Minen zu bahnen; vgl. hierzu Christoph Reuter, *Mein Leben ist eine Waffe. Selbstmordattentäter – Psychogramm eines Phänomens*, München 2002, S. 58 ff.

16 Die Defensivstrategie war nicht auf Frankreich beschränkt: Auch die Tschechoslowakei erbaute an ihrer Westgrenze einen ähnlichen Festungsgürtel, ebenso Holland und Belgien an ihren Ostgrenzen, und selbst das nationalsozialistische Deutschland errichtete zunächst den so genannten Westwall und später den Atlantikwall. Die großen Erwartungen, die deutscherseits mit Letzterem verbunden waren, analysiert Michael Salewski, «Die Abwehr der Invasion als Schlüssel zum ‹Endsieg›?»; in: Müller/Volkmann (Hrsg.), *Die Wehrmacht* (wie Anm. 14), S. 210–223.

17 Aus der Fülle der einschlägigen Literatur sei hier nur verwiesen auf Max Hasting, *Bomber Comand*, London 1979, sowie Richard Overy, *Die Wurzeln des Sieges. Warum die Alliierten den Zweiten Weltkrieg gewannen*, Stuttgart/München 2000, S. 136 ff.

18 Die Bombardierung von Arbeitersiedlungen hatte das Ziel, die Fehlzeiten in den Fabriken zu erhöhen oder, da die Fabrikarbeiter nachts nicht zum Schlaf gekommen waren, den Ausschuss der Munitionsproduktion

zu erhöhen. In einem Bericht des britischen Flugstabs von 1944 ist die strategische Direktive des Bombenkriegs in Zahlen ausgedrückt: «Wenn man diese Verluste [der Deutschen] anders ausdrücken möchte, dann sind ihnen 2 400 000 000 Arbeitsstunden zu einem Preis von 116 500 Tonnen abgeworfener Bomben verloren gegangen, was bedeutet, dass der Gegenwert jeder abgeworfenen Tonne Bomben 20 500 verlorenen Arbeitsstunden entspricht, oder etwas mehr als dem Viertel der Zeit, die benötigt wird, um ein Lancasterflugzeug zu bauen. [...] Dies bedeutet, dass eine Lancaster nur ein einziges Mal eine deutsche Stadt erreichen muss, um die eigenen Produktionskosten zu erwirtschaften, sodass ein jeder weiterer Flug reinen Gewinn abwirft.» Zit. nach Peter Englund, *Menschheit am Nullpunkt. Aus dem Abgrund des 20. Jahrhunderts*, Stuttgart 2001, S. 203 f.

19 Die deutsche Luftwaffe ist schon aufgrund des Fehlens schwerer Langstreckenbomber zu einem strategischen Bombenkrieg nie in der Lage gewesen. Die so genannte Luftschlacht über England wurde strategisch mit anderem Ziel geführt. Etwas anderes sind hingegen die Raketenangriffe auf London in einer späteren Phase des Krieges.

20 Dazu Daniel Eisermann, «Bomben für den Frieden? Die militärische Diplomatie der Nato und die Durchsetzung einer Friedensordnung im ehemaligen Jugoslawien»; in: Rüdiger Voigt (Hrsg.), *Krieg – Instrument der Politik? Bewaffnete Konflikte im Übergang vom 20. zum 21. Jahrhundert*, Baden-Baden 2002, S. 131–159, hier insbes. S. 151 f.

21 Vgl. dazu Michael Ignatieff, *Virtueller Krieg. Kosovo und die Folgen*, Hamburg 2001, insbes. S. 147 ff.

22 Entsprechende Zahlenangaben finden sich bei Klaus Jürgen Gantzel, «Über die Kriege nach dem Zweiten Weltkrieg»; in: Bernd Wegner (Hrsg.), *Wie Kriege entstehen. Zum historischen Hintergrund von Staatenkonflikten*, Paderborn 2000, S. 299–318, insbes. S. 302 ff.

23 Zur Schlacht von Omdurman vgl. Victor G. Kiernan, *European Empires from Conquest to Collapse, 1815–1960*, Bungay, Suffolk 1982, S. 79 f.

24 Vgl. John Ellis, *The Social History of the Machine Gun*, Baltimore 1986.

25 Die Folgen dieser Entwicklung finden sich nach wie vor am eindrucksvollsten beschrieben bei John Keegan, *Die Schlacht*, München 1978, S. 241–338, insbes. S. 288.

26 Dazu Martin van Creveld, *Die Zukunft des Krieges*, München 1998, S. 52 ff.

27 Vgl. oben Kapitel 5, S. 187 ff.

28 Vgl. hierzu Ullrich Bartosch, *Weltinnenpolitik. Zur Theorie des Friedens von Carl Friedrich von Weizsäcker*, Berlin 1995, insbes. S. 238 ff.

29 Jürgen Habermas, «Bestialität und Humanität»; in: Reinhard Merkel

(Hrsg.), *Der Kosovo-Krieg und das Völkerrecht*, Frankfurt am Main 2000, S. 51–65, hier S. 61.

30 Noam Chomsky, *War against People. Menschenrechte und Schurkenstaaten*, Hamburg und Wien 2001, insbes. S. 108–130.

31 Ulrich Beck, «Über den postnationalen Krieg»; in: *Blätter für deutsche und internationale Politik*, 8/99, S. 984–990, hier 985.

32 Ebd., S. 987. Die Clausewitz-Paraphrase vom Krieg als «Fortsetzung der Moral mit anderen Mitteln» ist offenbar gegen die Clausewitz'sche Kriegstheorie selbst gewandt, deren Geltung auf das beschränkt werden soll, was bei Beck als die *erste Moderne* firmiert: jene Epoche, in der das Prinzip «Völkerrecht bricht Menschenrecht» galt. In der *zweiten Moderne*, in der postnationale Kriege an der Tagesordnung sind, gelte hingegen der Grundsatz «Menschenrecht bricht Völkerrecht». «Postnational ist dieser Krieg, weil er weder im nationalen Interesse – die Fortsetzung der Politik mit anderen Mitteln – ausgetragen wird, noch aus alten Rivalitäten mehr oder minder verfeindeter Nationalstaaten heraus verstanden werden kann» (ebd., S. 984).

33 Die anschließenden Überlegungen folgen über weite Strecken dem Modell, das Philipp Genschel und Klaus Schlichte für den idealtypischen Verlauf von Bürgerkriegen entwickelt haben; vgl. Philipp Genschel/Klaus Schlichte, «Wenn Kriege chronisch werden: der Bürgerkrieg»; in: *Leviathan*, 25. Jg., 1997, Heft 4, S. 501–517. Vgl. dazu auch Heinrich-W. Krumwiede/Peter Waldmann (Hrsg.), *Bürgerkriege: Folgen und Regulierungsmöglichkeiten*, Baden-Baden 1998, sowie François Jean/Jean-Christophe Rufin (Hrsg.), *Ökonomie der Bürgerkriege*, Hamburg 1999.

34 Vgl. Kapitel 4, S. 136 ff.

35 Vgl. etwa Wolfgang Kersting, «Lassen sich Menschenrechte mit Gewalt zwischenstaatlich durchsetzen?» sowie Véronique Zanetti, «Menschenrechte und humanitäre Interventionspflicht»; beide in: Gustav Gustenau (Hrsg.), *Humanitäre militärische Intervention zwischen Legalität und Legitimität*, Baden-Baden 2000, S. 59–92 sowie 93–107.

36 Vgl. Kapitel 2, S. 63–75.

37 Die dramatischen Folgen, die der staatliche Zerfall Afghanistans und die den Rebellen der Nachbarländer von Seiten der Taliban und Al Qaidas gewährte Hilfe für die Destabilisierung der zentralasiatischen Republiken hatte, sind eindringlich beschrieben bei Ahmed Rashid, *Heiliger Krieg am Hindukusch. Der Kampf um Macht und Glauben in Zentralasien*, München 2002, S. 176 ff.

38 Noam Chomskys bittere Kritik an der amerikanischen Außenpolitik und dem in ihr prominenten Begriff der «Schurkenstaaten» hat nicht zuletzt in diesen immer wieder zu konstatierenden Doppelstandards

ihre Ursache; vgl. insbes. Chomsky, *War against People* (wie Anm. 30), insbes. S. 24 ff.

39 Dazu Armin A. Steinkamm, «Völkerrecht, humanitäre Intervention und Legitimation des Bundeswehr-Einsatzes»; in: Gustenau (Hrsg.), *Humanitäre militärische Intervention* (wie Anm. 35), S. 109–139; Hajo Schmidt, «‹Humanitäre Intervention› nach dem Kosovo-Krieg von 1999. Rechtsethische Reflexionen»; in: Voigt (Hrsg.), *Krieg – Instrument der Politik?* (wie Anm. 20), S. 109–130.

40 Vgl. dazu John R. MacArthur, *Die Schlacht der Lügen. Wie die USA den Golfkrieg verkauften*, München 1993, sowie Mira Beham, *Kriegstrommeln. Medien, Krieg und Politik*, München 1996.

41 Dass die US-amerikanische Gesellschaft sich hier durchaus von den westeuropäischen Gesellschaften unterscheidet, ist immer wieder beobachtet worden. So schreibt etwa Michael Howard, *Die Erfindung des Friedens. Über den Krieg und die Ordnung der Welt*, Lüneburg 2001, S. 100: «Überdies hat sich in der amerikanischen Populärkultur eine noch aus Zeiten Andrew Jacksons herrührende Kriegsbegeisterung erhalten.» Aber er schließt sogleich mit der Feststellung an: «Zugleich aber schreckt man, wie in allen urbanisierten Gesellschaften des Westens, davor zurück, schwere Verluste an Soldaten und Zivilisten in Kauf zu nehmen.»

42 Vgl. Anne Nivat, *Mitten durch den Krieg. Ein Winter in Tschetschenien*, Zürich 2001, S. 117 ff.

43 Die nach der deutschen Vereinigung in Gang gekommene Debatte über eine deutsche Beteiligung an solchen Interventionen und die sich danach mehrenden Auslandseinsätze der Bundeswehr geben hierzulande ein etwas anderes Bild. Das freilich ist vor allem den deutschen Besonderheiten geschuldet.

44 Vgl. Kapitel 4, S. 131 ff.

45 Dazu ausführlich Ignatieff, *Virtueller Krieg* (wie Anm. 21), S. 147 ff.

46 Dieser Begriff findet sich bei Jürgen Osterhammel, «Kulturelle Grenzen in der Expansion Europas»; in: *Saeculum*, Bd. 46, 1995, S. 101–138, hier S. 109 ff.

Danksagung

An den Anfängen der Arbeit an diesem Buch stand eine Reihe von Einladungen zu Vorträgen, die sich mit der Veränderung des Kriegsgeschehens am Ende des 20. Jahrhunderts, mit Fragen humanitärer militärischer Interventionen und schließlich mit den Herausforderungen des internationalen Terrorismus beschäftigten. Vor allem von den Nachfragen, Hinweisen und Einwänden im Anschluss an diese Vorträge habe ich sehr profitiert.

So habe ich meine anfänglichen Überlegungen kontinuierlich erweitern und präzisieren, ergänzen und korrigieren können. Von besonderer Bedeutung waren für mich dabei die Einladungen des Wiener Instituts für Internationale Friedenssicherung zu einer Forschungskonferenz nach Reichenau/Rax; der Clausewitz-Gesellschaft zu ihrer Berliner Jahrestagung 2001; des 4. Philosophicums in Lech, das dem Thema Krieg gewidmet war; zum Jahresrapport der Schweizer Völkerrechtsoffiziere in Bern; des Amtes für Studien und Übungen der Bundeswehr in Waldbröl; der Theresianischen Militärakademie in Wiener Neustadt; der Führungsakademie der Bundeswehr in Hamburg sowie des katholischen Militärbischofamts in Berlin. Nicht weniger wichtig als die Diskussion mit denen, die mit den behandelten Fragen von Berufs wegen zu tun haben, waren die stärker politisch konturierten Debatten im Anschluss an Vorträge bei der Hans-

Seidel- sowie der Heinrich-Böll-Stiftung, aber auch die Gespräche, die sich nach Vorträgen vor dem Stifterverband Baden-Württemberg in Stuttgart und der Carl Friedrich von Siemens Stiftung in München ergeben haben. Weiterhin erwähnen möchte ich die Diskussionen mit Studenten wie Kollegen nach Vorträgen und Vorlesungen an der Universität Bielefeld, der Freien Universität Berlin, der Johann Wolfgang Goethe-Universität Frankfurt sowie der Ruprecht-Karls-Universität in Heidelberg. Von all diesen Debatten und Gesprächen – einige in eher hitziger Atmosphäre, andere in größerer Gelassenheit – habe ich unendlich profitiert. Denen, die mich jeweils eingeladen und betreut haben, gilt mein Dank.

In unterschiedlichen Stadien der Manuskripterstellung haben Kollegen und Mitarbeiter meines Lehrstuhls «Theorie der Politik» sowie der Berlin-Brandenburgischen Akademie der Wissenschaften Teile des Textes gelesen, kommentiert und mir mit Einwänden und Nachfragen weitergeholfen. Namentlich nennen möchte ich Steffi Franke, Winfried Schröder, Skadi Krause, M. A., Dr. Hans Grünberger, Dr. Gerald Hubmann, Dr. Klaus Schlichte und insbesondere Dr. Karsten Fischer. Ohne ihre intellektuelle Wegbegleitung wäre das Buch nicht in der vorliegenden Form entstanden. Freilich bin ich den Warnungen und Einschränkungen, die mir in Randnotizen und Briefen zuteil wurden, nicht überall gefolgt, sodass in diesem Fall ohne Vorbehalte gilt, was sonst oft bloß dahin gesagt wird: dass alle Irrtümer und Fehler, die sich zweifellos finden lassen, allein auf mein eigenes Konto gehen.

Wie immer in den letzten Jahren hat Karina Hoffmann meine handschriftlichen Aufzeichnungen abgeschrieben, Ergänzungen eingefügt, gestrichene Passagen getilgt und bei all dem die Übersicht behalten. Bernd Klöckener war ein

Lektor, wie man ihn sich stets wünscht und selten bekommt: Seine sorgfältige Lektüre, seine Vorschläge zur sprachlichen Glättung des Textes und seine Ermunterung, die sozialwissenschaftliche Fachsprache gelegentlich auch einmal hinter mir zu lassen, haben mir sehr weitergeholfen. Am allerwichtigsten für mich aber war einmal mehr meine Frau, Dr. Marina Münkler, mit der ich die Grundprobleme des Buches immer wieder aufs Neue durchgesprochen habe und die für mich gerade in der Schlussphase der Arbeit eine unersetzliche Leserin des Textes und Begleiterin des Denkens gewesen ist. Ihr ist das Buch in Dankbarkeit gewidmet.

Bildquellen

Archiv für Kunst und Geschichte 66
Bildarchiv Preußischer Kulturbesitz 79, 99, 107
dpa 166, 203, 235
Picture Press: Howard Davies/Corbis 23, Corbis 147
Reuters 133
Ullstein 38, 51, 123, 186, 215